Hans Morschitzky

Die Angst vor dem Tod

Existenzielle Ängste wahrnehmen und als Chance nutzen

Patmos Verlag

Wichtiger Hinweis:
Die in diesem Buch enthaltenen Informationen, Hinweise und Übungen wurden nach bestem Wissen des Autors erstellt und sorgfältig geprüft. Sie ersetzen jedoch nicht den persönlich eingeholten (psycho-)therapeutischen oder medizinischen Rat. Verlag und Autor können für Irrtümer oder etwaige Schäden, die aus der Anwendung der dargestellten Informationen, Hinweise oder Übungen resultieren, keine Haftung übernehmen. Deren Nutzung bzw. Durchführung erfolgt auf eigene Verantwortung der Leserinnen und Leser.

MIX
Papier | Fördert gute Waldnutzung
FSC® C083411

Die Verlagsgruppe Patmos ist sich ihrer Verantwortung gegenüber unserer Umwelt bewusst. Wir folgen dem Prinzip der Nachhaltigkeit und streben den Einklang von wirtschaftlicher Entwicklung, sozialer Sicherheit und Erhaltung unserer natürlichen Lebensgrundlagen an. Näheres zur Nachhaltigkeitsstrategie der Verlagsgruppe Patmos auf unserer Website www.verlagsgruppe-patmos.de/nachhaltig-gut-leben
Übereinstimmend mit der EU-Verordnung zur allgemeinen Produktsicherheit (GPSR) stellen wir sicher, dass unsere Produkte die Sicherheitsstandards erfüllen. Näheres dazu auf unserer Website www.verlagsgruppe-patmos.de/produktsicherheit.
Bei Fragen zur Produktsicherheit wenden Sie sich bitte an produktsicherheit@verlagsgruppe-patmos.de

Bibliografische Information der Deutschen Nationalbibliothek
Die Deutsche Nationalbibliothek verzeichnet diese Publikation in der Deutschen Nationalbibliografie; detaillierte bibliografische Daten sind im Internet über http://dnb.d-nb.de abrufbar.

2. Auflage 2025

Verlagsgruppe Patmos in der Schwabenverlag AG, Senefelderstr. 12, 73760 Ostfildern
www.patmos.de

Umschlaggestaltung: Finken & Bumiller, Stuttgart
Gestaltung, Satz und Repro: Schwabenverlag AG, Ostfildern
Druck: CPI books GmbH, Leck
Hergestellt in Deutschland
ISBN 978-3-8436-1278-4

Die Angst vor dem Tod

Inhalt

Teil 2
Existenzielle Ängste bewältigen

Vorwort

Die Covid-19-Pandemie im Jahr 2020 hat die Thematik von Sterben und Tod weltweit in den Mittelpunkt der Aufmerksamkeit aller Menschen gestellt. Schlagartig wurde deutlich, was jeder weiß, aber nicht gerne wissen möchte: Der *Tod* geht uns alle an, egal wie alt und gesund wir sind; er ist das unumkehrbare Erlöschen aller Funktionen unseres Körpers. Das *Sterben* ist das Geschehen, das dazu führt. Der Glaube an ein *Jenseits*, an ein ewiges Leben nach dem Tod bei Gott oder im Kosmos, vermindert bei vielen Menschen die Angst vor dem Tod als dem absoluten Ende der menschlichen Existenz. Auch wenn man versucht, so gut wie möglich im Augenblick zu leben und sich auf die Chancen des Lebens zu konzentrieren, erfordert der Tod, der auf jeden Fall irgendwann eintreten wird, eine Stellungnahme zur Frage: »Ist der Tod das endgültige Aus unserer Person oder gibt es ein Danach in einer anderen Welt bzw. Dimension«?

Im Mittelpunkt dieses Ratgebers stehen drei existenzielle Ängste, die jeden von uns mehr oder weniger stark beschäftigen: die Angst vor dem Tod, die Angst vor einem ungewissen Davor im Sterben und die Angst vor einem unsicheren Danach. Bei der *Furcht vor dem Sterben* geht es um ganz konkrete, sehr belastende Vorstellungen vom Sterben, bei der *Angst vor dem Tod* und bei der *Angst vor dem Danach* um das angstvolle Bewusstwerden der Endlichkeit der menschlichen Existenz und um den möglichen Zustand nach dem Tod. *Todesangst* bezeichnet dagegen die Furcht aufgrund einer akuten Bedrohung von Leib und Leben durch schwere Krankheiten oder reale äußere Bedrohungen durch Menschen, Umweltkatastrophen und Unfälle. Die Angst vor dem Tod wird von vielen Menschen der Gegenwart im Trubel des Alltagslebens beiseitegeschoben und erst in Phasen akuter Todesangst als unbewältigtes Problem erkannt.

In meinen Ratgebern zu den verschiedenen Angststörungen nach dem derzeit (2021) gültigen internationalen Diagnoseschema ICD-10 habe ich auf existenzielle Ängste nur in der Weise hingewiesen, dass ich sie im Rahmen des jeweiligen Buches nicht thematisieren kann – eine letztlich unbefriedigende Stellungnahme!

Anlass für dieses Buch sind fachliche und persönliche Motive. Die *fachliche Motivation* lässt sich am besten so beschreiben: Als Klinischer

Psychologe und Psychotherapeut in Linz, Österreich, verfüge ich über drei Jahrzehnte psychotherapeutische Erfahrung in der Behandlung von praktisch allen psychischen Störungen, vor allem jedoch Angststörungen, Hypochondrie, Somatischer Belastungsstörung (bisher »Somatoforme Störungen« genannt), Zwangsstörungen, Depressionen, Anpassungsstörungen, akuten und posttraumatischen Belastungsstörungen. Dabei habe ich bei meinen Patientinnen und Patienten die große Bedeutung und das hohe Ausmaß an existenziellen Ängsten oft erlebt. Diese lassen sich weder mit den klassischen Formen von Psychotherapie noch mit Psychopharmaka angemessen und ausreichend behandeln, weshalb zusätzliche Strategien erforderlich sind.

Die *persönliche Motivation* für dieses Buch hängt mit zwei Aspekten zusammen: mit meinem Aller und einer chronischen Erkrankung. Ich habe dieses Buch im Alter von 67 Jahren geschrieben, mit einer statistisch verbleibenden Lebenserwartung von nur mehr 12 Jahren, wenn man bedenkt, dass Männer durchschnittlich mit 79 Jahren sterben. In meinem fortgeschrittenen Alter habe ich den Tod eher vor Augen, als dies bei jüngeren Menschen der Fall ist. Darüber hinaus leide ich bereits seit dem 44. Lebensjahr an Diabetes mellitus Typ II. Als meine Mutter mit 75 Jahren an den körperlichen Folgen eines schweren Diabetes mellitus Typ II verstarb, war meine eigene Diabeteserkrankung bereits zwei Jahre lang bekannt, neben der Vererbung bedingt durch schädliche Lifestyle-Faktoren wie Übergewicht, falsche Ernährung, wenig Schlaf, viel zu wenig Sport und Bewegung und vor allem auch durch großen beruflichen und familiären Stress. Damals verharmloste ich meine Erkrankung als »reinen Stresszucker«, der sich leicht beseitigen lasse, was aber ein Trugschluss war.

Eine radikale Änderung meines Lebensstils, die hilfreiche Angst vor den möglichen Krankheitsfolgen und die bestmöglichen Medikamente, die ich von einer sehr kompetenten, psychosomatisch orientierten Fachärztin erhalte, haben mich in einer Weise gesund erhalten, wie dies bei vielen anderen Betroffenen nach so langer Krankheit leider nicht mehr der Fall ist. Noch kann ich sagen: »Ich habe zwar eine chronische Krankheit, ich war aber in den letzten drei Jahrzehnten keinen einzigen Tag im Krankenstand – außer aufgrund einer medizinischen Abklärung mittels Herzkatheter, die wegen eines pathologischen Belastungs-EKGs notwendig war, aber ohne Befund blieb.« Doch wie lange kann ich derartige Sätze noch von mir geben? Mein Langzeit-Zuckerwert hat bisher immer mit der Zahl 6, niemals mit 7 oder gar 8 begonnen, wo körperliche Schäden drohen. Damit muss ich rechnen: Körperliche Folgeerkrankungen bei einem langjährigen Diabetes mellitus werden auch bei mir nicht ausbleiben. Angesichts dieser Aussichten bemühe ich mich, von Tag zu Tag so zu leben, dass mein verbleibendes Leben möglichst sinnerfüllt verläuft.

Mit diesem Buch wende ich mich über Menschen mit Angststörungen und psychosomatischen Störungen hinaus an einen größeren Leserkreis. Ich spreche Personen an, die angesichts von existenziellen Ängsten über ihr Leben und die Welt nachdenken möchten und eine weltanschauliche Orientierung suchen, und zwar auch unabhängig von körperlichen, seelischen und psychosozialen Problemen.

Ich würde mich freuen, wenn Fachleute aus den Bereichen der Medizin, Psychologie, Psychotherapie und der Kranken- und Altenpflege ebenfalls davon profitieren könnten, etwa in der Form, dass sie ihren Patientinnen und Patienten bzw. Anvertrauten nach der Lektüre dieses Buches bestimmte Anregungen und Hilfestellungen zur eigenständigen Bewältigung geben oder im Rahmen einer Psychotherapie stärker als bisher berücksichtigen.

Ich habe mich bemüht, inhaltlich und sprachlich ein Niveau zu halten, das Nicht-Fachleuten ebenso gerecht wird wie den verschiedenen Fachleuten. Interessierte können sich anhand der von mir verwendeten Bücher laut Literaturverzeichnis über die angesprochenen Themen noch eingehender informieren.

Die Bewältigung der Furcht vor dem Sterben und der Angst vor dem Tod und dem Danach bleibt eine lebenslange Aufgabe für Menschen christlichen, islamischen, jüdischen und anderen Glaubens, ebenso auch für kirchlich ungebundene, agnostisch oder atheistisch eingestellte Personen. Berühmte Psychotherapeuten wie Sigmund Freud, C. G. Jung und Irvin D. Yalom, die zur Todesthematik wichtige Texte veröffentlicht haben, litten zumindest phasenweise selbst unter der Angst vor dem Tod oder gar unter akuter Todesangst und legen damit ein eindrucksvolles Zeugnis dafür ab, dass jeder Mensch, der sein Leben liebt, sich davor fürchtet, es zu verlieren.

Dieses Buch soll dazu beitragen, dass Ihre Furcht vor dem Sterben und Ihre Angst vor dem Tod und dem Danach nicht Ihr ganzes Leben verderben und lähmen, sondern als sinnvoller Antrieb dienen, Ihre Lebenschancen und Ihre Lebensqualität zu erhöhen. Dazu ist es nötig, dass Sie Ihre existenziellen Ängste zumindest phasenweise voll und ganz zulassen, statt sie permanent zu verdrängen, ohne dass Sie sich deswegen täglich damit beschäftigen müssen, wie dies manche Menschen, speziell die Mönche im Mittelalter sowie bestimmte Philosophen im alten Rom, getan haben. Wir sind in unserem Leben ständig auf dem Weg zum Tod, sollten uns dabei jedoch auf das konzentrieren, was wir im Hier und Jetzt noch erreichen können, und nicht auf das, was wir verlieren werden.

Teil 1 dieses Buches beschreibt die Furcht vor dem Sterben und die Angst vor dem Tod und dem Danach bei gesunden und bei psychisch kranken Personen, aber auch die akute Todesangst von Menschen mit lebensbedrohlichen Erkrankungen.

Teil 2 bietet verschiedene Analysen, anregende Reflexionen und konkrete Hilfestellungen im Umgang mit existenziellen Ängsten.

Fünf *Grundhaltungen,* die in Form von sieben Ratschlägen präsentiert werden, sind für den Umgang mit der Angst vor dem Tod, dem Davor und dem Danach von zentraler Bedeutung:

1. Der Angst vor dem Tod ins Auge sehen (Ratschlag 1).
2. Auf Sinnsuche gehen (Ratschlag 2).
3. Entsprechend den eigenen Werten leben (Ratschlag 3 und 4).
4. Sich auf Sterben und Tod vorbereiten (Ratschlag 5 und 6).
5. Zur eigenen Spiritualität oder Weltanschauung finden (Ratschlag 7).

Ich bringe in diesem Buch keine eigenen religiösen, spirituellen und weltanschaulichen Standpunkte ein, sondern biete allen Leserinnen und Lesern – psychisch gesunden und psychisch bzw. körperlich kranken Personen – Hilfestellungen, zu ihren eigenen Anschauungen zu finden.

Für den Fall, dass Ihre Ängste vor Sterben, Tod und dem Danach übermächtig geworden sind, empfehle ich Ihnen dringend eine Psychotherapie bei einer kompetenten Person, mit der zusammen Sie mit Ihren existenziellen Ängsten so erfolgreich umgehen lernen, dass sie Ihnen nicht mehr das ganze weitere Leben so verderben wie bisher.

Ich bedanke mich bei meiner langjährigen Lektorin Dr. Christiane Neuen, deren engagierte Unterstützung wesentlich dazu beigetragen hat, dass die Inhalte dieses Buches besser verständlich und leichter lesbar wurden.

Für Rückmeldungen bin ich dankbar. Meine Kontaktdaten finden Sie auf meiner Homepage https://panikattacken.at.

Dr. Hans Morschitzky

Teil I
Existenzielle Ängste: Ängste vor Sterben, Tod und dem Danach

Existenzielle Ängste als normale psychische Reaktion

Das Wesen existenzieller Ängste: Befürchtungen um das eigene Leben

Begriffsklärungen: Furcht vor dem Sterben, Angst vor dem Tod, Angst vor dem Danach

Ängste und Sorgen um die menschliche Existenz beziehen sich auf zahlreiche Bedrohungen des Menschen im Leben und am Ende des Lebens. Mit *Existenzängsten* wird gewöhnlich die Besorgtheit um die *sozioökonomische Sicherheit,* das heißt um die Gefährdung des menschlichen Grundbedürfnisses nach sozialer Sicherheit und materieller Absicherung während des Lebens, bezeichnet. Das existenzielle Grundbedürfnis nach Sicherheit im Leben ist neben dem biologischen Grundbedürfnis nach physischem Überleben und körperlichem Wohlbefinden die Basis für die Befriedigung der sozialen, persönlichkeitsbezogenen und spirituellen Grundbedürfnisse des Menschen.[1]

Existenzielle Ängste beziehen sich dagegen auf folgende Themen:

- die *Endlichkeit der menschlichen Existenz,* die die Angst vor dem Tod begründet,
- die *Art des Sterben-Müssens,* die die Angst vor langen und schweren Leidenszuständen oder auch die Angst vor einer damit verbundenen sozialen Isolation auslösen kann,
- das *Weiterleben bzw. Nichtweiterleben nach dem Tod,* das mit personenspezifischen Befürchtungen verbunden sein kann,
- den *Sinn des Lebens,* was zur Angst vor dessen Verfehlung führt,
- die *Freiheit und Verantwortung* im Leben, die mit der Angst vor Fehlentscheidungen und damit verbundenen Schuldgefühlen einhergehen kann.

In diesem Buch geht es um *existenzielle Ängste* rund um die Themen Sterben, Tod und dem Danach. Diese Ängste und Befürchtungen werden ausgelöst durch die eigene reale oder potenzielle Betroffenheit in Form bestimmter Gedanken, Vorstellungen oder Ereignisse sowie durch die Anteilnahme am Schicksal anderer Menschen.

In der deutschen und englischen Fach- und Populärliteratur werden die Begriffe Todesangst, Angst vor dem Tod, Todesfurcht und Furcht vor dem Sterben sehr uneinheitlich verwendet, oft sogar als mehr oder weniger dasselbe betrachtet. Die Angst vor dem Tod ist aber mit der Todesangst angesichts einer akuten Lebensbedrohung ebenso wenig identisch wie die Furcht vor dem Sterben mit der Angst vor dem Tod. *Sterben* als prozesshafter Verlauf dauert länger als der darauffolgende Eintritt des Todes. Sterben ist die letzte Lebensphase vor dem Tod.

Der *Tod* ist und bleibt für die meisten von uns ein sehr belastendes Ereignis am Lebensende, und wir hoffen auf ein gutes Sterben, ohne dass wir monate- oder gar jahrelanges Leiden und qualvolle Todesstunden erdulden müssen.

Dieses Buch folgt den Empfehlungen verschiedener Fachleute[2], eine präzise Begriffsdefinition in folgender Weise vorzunehmen:

Furcht vor dem Sterben. Sie besteht in der Befürchtung konkreter, zum Tod führender Erkrankungen und den damit verbundenen Leidenszuständen. Die *Furcht* zeigt sich dabei im eigentlichen Sinne des Wortes als konkrete Befürchtung in Bezug auf die Art und Weise, wie man zu Tode kommen könnte.

Angst vor dem Tod. Sie besteht in der zentralen Thematik der Endlichkeit der menschlichen Existenz. *Angst* zeigt sich dabei in typischer Weise als Bedrohung durch eine unsichere Zukunft, charakterisiert einerseits durch die Ungewissheit, wann und wodurch das Leben beendet sein wird, und andererseits durch das Nichtwissen, ob und wie das Leben nach dem Tod in irgendeiner Weise weitergehen wird. Viele Fachleute bezeichnen diese Form von existenzieller Angst auch als »Todesfurcht«.

Todesangst. Sie besteht in einer *akuten Angst* angesichts einer realen Bedrohung von Leib und Leben durch eine schwere Erkrankung, wie etwa Krebs oder Herz-Kreislauf-Erkrankungen, oder durch Einwirkungen von außen, etwa durch Menschen, Naturkatastrophen, Arbeits- und Freizeitunfälle.

Die Angst vor Sterben und Tod: vielfältige Erscheinungsformen

Die Angst vor Sterben und Tod sowie die Einstellungen der Menschen zu dieser Thematik wurden in den letzten Jahrzehnten psychologisch immer mehr erforscht, jedoch ohne dass gleichzeitig auch wirksame Behandlungskonzepte für besonders stark davon betroffene Personen entwickelt wurden. Der neue Forschungszweig wird als *Thanatopsychologie* bezeichnet (griech. *thanatos* = Tod).

Mithilfe von *Fragebogenverfahren* wurden die zentralen Aspekte der Angst vor dem Tod sowie vor dem möglichen Davor und dem Danach erfasst und in Zusammenhang mit Alter, Geschlecht, Religion, Persönlichkeit und zahlreichen anderen Faktoren untersucht. Die Angst vor dem Tod ist geringer bei Männern, bei älteren Personen im Vergleich zu jüngeren sowie bei religiösen Menschen.

Die Angst vor dem Tod, dem Davor und dem Danach umfasst zahlreiche Dimensionen und unterschiedliche Aspekte:[3]

- Angst vor dem eigenen Sterben (vor dem Leidenmüssen),
- Angst vor dem eigenen Tod (vor dem Nicht-mehr-existent-Sein),
- Angst vor dem Sterben wichtiger Bezugspersonen (vor dem Mitansehenmüssen von deren Leidenszustand),
- Angst vor dem Tod wichtiger Bezugspersonen (vor dem Beziehungsverlust und dem Ausgelöschtsein der geliebten Menschen),
- Angst vor der endgültigen physischen Zerstörung nach dem Tod (vor den körperlichen Veränderungen während Krankheit, Siechtum und Sterben bis zum Begräbnis, vor dem Zerfall des Körpers in der Erde, vor der Zerstückelung im Fall von Organentnahmen nach dem Tod, vor dem Verbranntwerden, vor der Verwesung),
- Angst vor dem Kontakt mit Sterbenden und Toten (aus Angst vor der Konfrontation mit dem eigenen Sterben und Tod),
- Angst vor dem Danach des eigenen Todes (angesichts von Unwissen und unklaren Vorstellungen über ein mögliches Jenseits),
- Angst vor dem Zustand nach dem Tod von Angehörigen (angesichts von Ungewissheit bezüglich deren Weiterlebens oder auch Wiedersehens in einer anderen Welt),
- häufige gedankliche Beschäftigung mit Sterben und Tod der eigenen Person und wichtiger Bezugspersonen,
- Akzeptierenkönnen bzw. Nichtakzeptierenkönnen des eigenen Sterbens und des eigenen Todes,
- Akzeptierenkönnen bzw. Nichtakzeptierenkönnen des Todes wichtiger Bezugspersonen.

Weltweite Bedrohung durch das Coronavirus und Covid-19

Die Thematik dieses Buches hat im Jahr 2020 eine unerwartete Aktualität erhalten im Zuge der weltweiten Bedrohung durch das neuartige Coronavirus und die von ihm verursachte Erkrankung Covid-19. Als Folge dieser Pandemie ist die Angst um Leib und Leben sowie vor dem Verlust von älteren oder mehrfach erkrankten Angehörigen in der ganzen Welt schlagartig gestiegen. Ohne die Angst vor dem Sterben und dem tödlichen Ausgang einer Corona-Infektion hätte die Bevölkerung den Lockdown der Wirtschaft und der Ausbildungsstätten, die massiven Ausgangsbeschränkungen und alle sonstigen Schutzmaßnahmen bei Ausbruch der Corona-Pandemie im Frühjahr 2020 nicht mitgetragen. Ohne ein Medikament und ohne eine Impfung gegen diese in der Medizin als SARS-CoV-2 bezeichnete virale Bedrohung hat die Mehrheit der Bevölkerung auch ab Herbst 2020 eine erhebliche Beschneidung der demokratisch verankerten Grundrechte neuerlich hingenommen.

Die Angst vor der fundamentalen *Bedrohung des Grundbedürfnisses nach körperlicher Gesundheit* war in der Zeit der Corona-Krise bei zahlreichen Menschen sehr groß. Sie war größer als die Angst vor dem möglichen Verlust des Arbeitsplatzes aufgrund der mit den Einschränkungen verbundenen Wirtschaftskrise, größer auch als die Angst vor der Bedrohung der Geborgenheit durch ständiges körperliches Abstandhalten, vor allem auch stärker ausgeprägt als das Bedürfnis nach Autonomie und Freiheit.

Der bekannte Spruch des Philosophen Arthur Schopenhauer »Gesundheit ist nicht alles, aber ohne Gesundheit ist alles nichts« drückt einerseits aus, dass wir alle so lange wie möglich leben möchten, andererseits aber auch möglichst lange gesund bleiben wollen.

Covid-19 hat eine mediale Aufmerksamkeit erlangt wie noch keine Krankheit zuvor. Welche Erinnerungen kommen Ihnen hoch, wenn Sie an das Jahr 2020 zurückdenken? Hätten Sie sich kurz vor der Corona-Pandemie vorstellen können, jemals in diesem Ausmaß plötzlich und unerwartet mit existenziellen Ängsten in Hinblick auf die Vergänglichkeit des eigenen Lebens und das Ihrer Angehörigen konfrontiert zu sein?

Existenzielle Ängste in der Psychotherapie: früher unterschätzt

Rund 15 Prozent aller Klientinnen und Klienten in ambulanter Psychotherapie leiden unter existenziellen Ängsten und damit verbundenen Symptomen.[4] Viele Menschen beginnen eine Psychotherapie mit dem Ziel der Aufarbeitung der Vergangenheit oder der Beseitigung psychischer Symptome und Störungen, bis schließlich sie selbst oder ihr Behandler, ihre Psychotherapeutin auf die Bedeutung existenzieller Ängste stoßen, die sich um den Sinn und die Zukunft des menschlichen Lebens angesichts des Todes drehen.

Existenzielle Ängste stehen hinter vielen *psychischen Erkrankungen*, werden jedoch oft weder in vollem Umfang erkannt noch in gebührendem Maße behandelt. Existenzielle Themen wurden in der Psychotherapie zuerst in der *Analytischen Psychologie* von Carl Gustav Jung[5] sowie in der *Logotherapie und Existenzanalyse* von Viktor Frankl[6] in den Mittelpunkt der Behandlung gestellt.

Für C. G. Jung ist die Bewältigung des Todes und der Todesangst eine notwendige Entwicklungsaufgabe des Menschen im Rahmen des Individuationsprozesses, dem lebenslangen Wachstums- und Reifungsprozess des Menschen. Für Frankl stellt ein sinnerfülltes Leben die beste Bewältigung existenzieller Ängste dar. Die Todesthematik wurde bis vor Kurzem weder in der Psychoanalyse noch in der Verhaltenstherapie als bedeutsam angesehen. Angesichts des Todes sowie in Hinblick auf chronische Erkrankungen sind derzeit alle Psychotherapiemethoden um hilfreiche Strategien gefragt.[7]

Von Vertretern der Psychoanalyse[8] wird kritisiert, dass die Thematik des Todes in der *Psychoanalyse* noch immer nicht im selben Maße als dynamischer Faktor in der psychischen Entwicklung des Menschen sowie als wesentliches Motiv bei kulturellen Schöpfungen anerkannt wird wie die Sexualität. Das hat sehr wesentlich mit *Sigmund Freud,* dem Gründungsvater der Psychoanalyse, zu tun, der selbst große Angst vor dem Tod sowie massive Todesangst erlebt hatte. Seiner Meinung nach könne der Tod kein Therapiethema sein, weil er im Unbewussten des Menschen nicht vorkomme. Freud stellte zwar dem umfassenden Konzept der Libido als Lebenstrieb den *Todestrieb* gegenüber, doch blieb dieser ein Fremdkörper im ganzen theoretischen und therapeutischen Konzept der Psychoanalyse. Viele Psychoanalytikerinnen und Psychoanalytiker reduzierten die Angst vor dem Tod auf eine Variante der Trennungsangst.

In der *Verhaltenstherapie* werden erst seit den 2010er-Jahren von einigen wenigen Autorinnen und Autoren existenzielle Ängste als wesentlicher Bestandteil einer anhaltend erfolgreichen Psychotherapie betrachtet.[9]

Seit den 1980er-Jahren werden von der *Existenziellen Psychotherapie* des amerikanischen Psychotherapeuten *Irvin D. Yalom* existenzielle Themen als zentrale Therapieinhalte betrachtet. Yalom sieht in der Angst vor dem Tod (von ihm als »death anxiety« bezeichnet, im Deutschen als »Todesfurcht« übersetzt) die Hauptursache psychischer Störungen; er stellt die Todesfurcht in den Mittelpunkt seiner Behandlungen und dokumentiert dies anschaulich in seinem Buch »In die Sonne schauen. Wie man die Angst vor dem Tod überwindet«[10], vor allem durch seine herausfordernde, zum Nachdenken anregende Frage: »Was genau fürchten Sie am Tod?«

Die Thematik von Sterben und Tod wurde früher in der Öffentlichkeit massiv verdrängt, sogar von vielen medizinischen, psychologischen und psychotherapeutischen Expertinnen und Experten. Derzeit wird der Buchmarkt von Büchern zu den Themen Sterben, Tod, Weiterleben nach dem Tod, Nahtoderfahrungen, Sterbehilfe und Sterbebegleitung bei schwerkranken Menschen fast überflutet und auch in den Medien immer häufiger thematisiert. Das Literaturverzeichnis dieses Buches enthält für Interessierte zahlreiche Hinweise, soweit sie in Zusammenhang mit diesem Ratgeber hilfreich sein können.

Im Internet findet man verschiedene Ausführungen zur *Thanatophobie* (griech. *thanatos* = Tod und *phobos* = Angst). Es handelt sich dabei um eine übermäßige, völlig übertriebene Furcht vor Sterben und Tod, die den *Spezifischen Phobien, anderer Typ,* also einer Restkategorie, zugeordnet wird.[11] Der Begriff der Thanatophobie wird in diesem Buch als unpassend vermieden.

Im Folgenden werden die drei Formen existenzieller Ängste, die im Mittelpunkt dieses Buches stehen, zuerst als *normale menschliche Reaktionen* näher erläutert und anschließend als die *tieferen Ursachen vieler psychischer Störungen* dargestellt. Existenzielle Ängste werden nicht als irrationale, krankheitswertige Todesfurcht im Sinne einer Spezifischen Phobie verharmlost, die man durch Änderung falscher Denkmuster oder spezielle Konfrontationsübungen überwinden könnte wie eine Tierphobie, eine Klaustrophobie, eine Dunkel-, Höhen- und Flugangst oder eine Blut-Spritzen-Verletzungsphobie. Selbst starke existenzielle Ängste sind nicht krankheitswertig, sondern ganz normaler Ausdruck der emotionalen Betroffenheit des Menschen angesichts der Endlichkeit seines Lebens. *Krankheitswertig* sind erst die negativen Auswirkungen einer nicht erfolgreichen Bewältigung existenzieller Ängste, etwa in Form von Angststörungen, Zwangsstörungen, Depressionen oder Süchten.

Furcht vor dem Sterben: Angst vor der Art des Zu-Tode-Kommens

Entkoppelung von Sterben und Tod durch die moderne Medizin

Das lateinische Wort »mors« bedeutet sowohl »Tod« als auch »Sterben«. Bis zum 19. Jahrhundert waren Sterben und Tod eng verknüpft. Die rasante Entwicklung der Medizin und der Medizintechnik haben zur Entkoppelung von Sterbevorgang und dem baldigen Eintritt des Todes innerhalb weniger Tage danach geführt. Die Lebensrealität in der Gegenwart ist völlig anders als in der Vergangenheit: Die Menschen leben nicht nur länger, sondern sterben auch länger als früher. Als Folge der enormen Fortschritte der modernen Medizin tritt das Lebensende oft viel weniger völlig unerwartet – etwa in Form eines Zehn-Sekunden-Herzinfarkts – ein, als zahlreiche Personen mit der Angst vor einem plötzlichen Tod glauben. Die meisten Menschen sterben erst nach jahrelanger Todeserwartung aufgrund einer chronischen Krankheit. Viele von ihnen erfahren, dass durch bestimmte Operationen im und am Körper sowie durch lebenserhaltende Maßnahmen mittels neuer medizintechnischer Möglichkeiten, z.B. von Herz-Lungen-Maschinen, die die basalen Funktionen des menschlichen Körpers aufrechterhalten können, das Sterben hinausgezögert werden kann.

Die Angst vor dem *Sterbeprozess*, vor den Begleiterscheinungen des Sterbens, vor dem Weg bis zum Tod, kann man am treffendsten als *Furcht vor dem Sterben* bezeichnen. Es bestehen ständig sich aufdrängende belastende Vorstellungen über die qualvolle Art des Zu-Tode-Kommens. Die Betroffenen sprechen zwar oft von ihrer Angst vor dem Tod, meinen aber zumeist ihre Furcht vor dem Sterben, vor schlimmen Symptomen, vor einem langen Leidensweg bis zum Tod, vor der Abhängigkeit von der Medizin sowie von Betreuungspersonen, die die Lebensqualität in der letzten Zeit vor dem Tod stark beeinträchtigen könnten. Die Furcht vor dem Sterben überfällt gesunde und schwerkranke Menschen gleichermaßen.

Bei der Furcht vor dem Sterben geht es um ganz *konkrete Befürchtungen,* welche schlimmen Krankheiten man später einmal bekommen könnte, deren Folgen die letzten Monate oder gar Jahre vor dem Tod zu einer einzigen Qual machen könnten, sowie um *Horrorvorstellungen,* unter welchen Umständen man sterben könnte. Dabei dreht sich alles um die Angst vor *Schmerzen* und einem *würdelosen Sterben* in sozialer Isolation und nicht so sehr um die Angst vor der Endgültigkeit des Todes und dem ungewissen Danach.

»Man muss gar nichts, außer sterben« lautet ein bekannter Spruch. Wenn es dann darauf ankommt, besteht meist eine große Angst davor. Viele Menschen haben heutzutage mehr Angst vor der Art und Weise, wie sie im schlimmsten Fall versterben könnten, als vor dem Tod selbst, der bei unerträglichem Leiden geradezu als Erlösung von der irdischen Plage herbeigewünscht würde, ganz egal, ob »danach noch etwas kommt« oder nicht. Mit der zunehmenden Bedeutungslosigkeit der religiösen Traditionen hat die Angst vieler Menschen vor dem Leben nach dem

Tod, die im Mittelalter durch die Furcht vor ewigen Höllenqualen das ganze Leben und Denken der Menschen geprägt hat, erheblich abgenommen.

Nach mehreren Umfragen haben weitaus mehr Deutsche Angst vor einem qualvollen Sterben als vor dem Tod oder vor einem ungewissen Danach. Immer weniger Menschen glauben an ein Leben nach dem Tod, insbesondere nicht an zentrale christliche Grundaussagen, wenngleich die Ergebnisse je nach Studie, Fragestellung, Alter und Geschlecht der Befragten unterschiedlich ausfallen.

Im Mittelalter lautete ein Gebet der Mönche: »Herr, bewahre mich vor einem schnellen Tod.«[12] Dabei ging es um das Anliegen, sich durch Buße und den Empfang der Sterbesakramente gut auf den Himmel vorbereiten zu können, was bei einem plötzlichen Tod nicht möglich gewesen wäre. In früheren Jahrhunderten trat der Tod mangels medizinischer Behandlungsmöglichkeiten vieler Krankheiten oder Verletzungen oft von allein sehr rasch ein. Heute wünschen sich viele Menschen einen schnellen Tod zu einem bestimmten Zeitpunkt, weil sie die letzte Phase ihres Lebens aus Angst vor einem sehr belastenden Sterbeprozess nicht bewusst erleben möchten: Sie möchten nach einem langen und erfüllten Leben nicht als Folge eines mehrjährigen Leidens versterben, sondern am liebsten gesund, an Altersschwäche mit rund 90 Jahren, vielleicht sogar in der Nacht, um ihr Ableben gar nicht mitbekommen zu müssen.

Vor diesem Hintergrund sind auch die Diskussionen um die ärztliche Sterbehilfe und den »Freitod« zu sehen, wenn das menschliche Leben angesichts bestimmter Beeinträchtigungen und fehlender Aussichten auf Heilung, Besserung oder Linderung (angeblich) nicht mehr lebenswert sein sollte. Dass das Recht auf Selbstbestimmung auch für die Abkürzung des Leidensweges vom Sterben zum Tod gilt, wurde in Deutschland im Jahr 2020 als menschliches Grundrecht anerkannt. Die Angst vor bestimmten Formen des Sterbens kann die Neigung zum *Suizid* fördern. Der Tod durch Suizid erfolgt aus der Sicht der Betroffenen geplant und damit kontrolliert und ist nicht wie jeder andere Tod von den jeweiligen Umständen abhängig.

Furcht vor dem Sterben als Furcht vor dem »sozialen Tod«

Paradoxerweise werden die Segnungen der neuesten *Medizintechnik* und die Fortschritte in der Behandlung schwerer Erkrankungen im Gegensatz zu früheren Zeiten, als man an bestimmten Krankheiten wie Krebs oder Diabetes mellitus schon längst gestorben wäre, immer häufiger zur Quelle der Angst: Auch dann, wenn man gegenwärtig noch völlig gesund ist, werden jahrelange Leidenszustände, Folgekrankheiten und damit verbundene soziale Isolierung gefürchtet – das würdelose Dahinsiechen, bis der mithilfe der Medizin hinausgeschobene Tod endlich eintritt.

Weltweit sind *Herz-Kreislauf-Erkrankungen* die häufigste Todesursache, zukünftig werden bei immer mehr Menschen *Krebserkrankungen* zum Tod führen. Auch wenn bei schweren Erkrankungen wie Krebs mithilfe der modernen Schmerztherapie unnötige Leidenszustände stark vermindert werden können, sind viele Menschen noch immer geplagt von ihren Vorstellungen an ein schlimmes Ende in Qualen und Schmerzen, an soziale Isolation, an einen grässlichen Tod durch Ersticken bzw. Verdursten oder an ein deprimierendes Verenden im Abstellraum eines Krankenhauses, nachdem bereits das Leben davor nur noch in totaler Abhängigkeit von medizinischen Geräten, technischen Hilfsmitteln oder ständiger Betreuung durch Pflegepersonen zu Hause oder im Altersheim möglich gewesen war. Viele Betroffene erleben den permanenten Aufenthalt im Krankenhaus oder Altersheim als »sozialen Tod«, als Ausschluss aus der Gemeinschaft jener Menschen, mit denen das Leben bisher lebenswert war.

Mehr Krankheitsängste trotz medizinischer Fortschritte

In früherer Zeit gingen die Menschen davon aus, dass die Art des Sterbens und der Zeitpunkt des Todes allein in »Gottes Hand« liegen. Starke und chronische Schmerzen wurden als Strafe Gottes für die in der Vergangenheit begangenen Sünden betrachtet. In der heutigen Zeit leben viele Menschen so, dass ein längeres und gesundes Leben entweder vollständig in den Händen der Ärzte, der neuen »Götter in Weiß«, liegt oder zumindest teilweise auch auf den eigenen Bemühungen in Richtung eines gesünderen Lebens beruht.

Hinter regelmäßigem *Gesundheitssport* und bestimmten *Ernährungsgewohnheiten* stehen bei zahlreichen Personen keineswegs nur die Freude an der Bewegung und das Bedürfnis nach Erhaltung der Gesundheit, sondern auch hypochondrisch gefärbte Ängste vor lebensbedrohlichen Krankheiten, an denen man schuld sein könnte, wenn man sie nicht durch einen anderen und gesünderen Lebenswandel verhindert. Die Motivation zur Einnahme von medizinisch gesehen völlig unnötigen *Nahrungsergänzungsmitteln* ist bei vielen Menschen ebenfalls getragen vom Wunsch, auf keinen Fall später einmal mit einem geschwächten Körper leben zu müssen.

Auch die Inanspruchnahme einer Organspende bzw. der Austausch von Körperteilen mittels Prothesen – beides heute aufgrund der medizintechnischen Fortschritte machbar und in vielen Fällen durchaus sinnvoll – kann Ausdruck der Sehnsucht vieler Menschen sein, möglichst lange ohne körperliche Beeinträchtigungen leben zu können, ohne sich mit existenziellen Ängsten in Zusammenhang mit Gebrechlichkeit und dem Älterwerden auseinandersetzen zu müssen.

Ein *gesunder Lebensstil* mit biologischer, vegetarischer oder veganer Ernährung, regelmäßigem Sport, ausreichendem Schlaf, Verzicht auf Nikotin und Alkohol, Beachtung der bestmöglichen Work-Life-Balance und medizinischen Kontrolluntersuchungen in bestimmten Abständen stellt zwar keine Garantie vor schlimmen Erkrankungen wie Krebs, Herzinfarkt, Schlaganfall oder Gehirnblutung dar, die zu gravierenden Beeinträchtigungen des Lebens bis hin zum Tod führen können. Das Sterben an typischen Life-Style-Erkrankungen kann durch einen gesunden Lebensstil jedoch im günstigsten Fall verhindert oder zumindest erheblich hinausgezögert werden. Man kann aber auch gesund sterben, wie wir alle wissen: in jungem Alter, völlig unerwartet an einem Arbeits- oder Freizeitunfall, nicht selten auf der Straße im Verkehr oder beim Sport.

Krebserkrankungen, Herz-Kreislauf-Erkrankungen, chronische Lungenerkrankungen, entzündliche Darmerkrankungen, Diabetes mellitus, Multiple Sklerose, Parkinson-Krankheit oder Krankheiten des Muskel-Skelett-Systems und des Bindegewebes sind die chronischen, medizinisch nicht heilbaren Krankheiten unserer Zeit, die mehr gefürchtet werden als andere Krankheiten, bei denen es eine höhere Heilungsrate gibt. Große Angst besteht vor allem vor Krankheiten bzw. Bewusstseinszuständen, die mit einem absoluten Verlust von Lebensqualität einhergehen, wie etwa das Locked-in-Syndrom, das Wachkoma oder Koma und Alzheimer. Bei einem *Locked-in-Syndrom* fühlen sich die Betroffenen in ihrem Körper eingesperrt: Bei intaktem Großhirn und vollem Bewusstsein ist der Körper völlig gelähmt, bedingt durch eine Schädigung im Gehirnstamm, bei der das Gehirn vom Rückenmark getrennt wurde. Bei einem *Wachkoma* sind dagegen der Hirnstamm, das Zwischenhirn und das Rückenmark funktionsfähig, während das Großhirn schwer geschädigt ist, weshalb man von einem *apallischen Syndrom* spricht. Ein *Koma,* das heißt eine länger dauernde völlige Bewusstlosigkeit aufgrund unterschiedlicher Ursachen, ist als Ausdruck einer schweren Störung der Großhirnfunktion ein zumeist lebensbedrohlicher Zustand. Eine *Alzheimer-Erkrankung* geht mit einem vollständigen Verlust des Gedächtnisses einher, führt damit zum Verlust unserer Identität als einmalige Person und nach durchschnittlich 8 bis 10 Jahren auch zum Tod.

Viele völlig gesunde Menschen mit ausgeprägten Krankheitsängsten im Sinne einer *Hypochondrie* beschäftigen sich permanent mit der Möglichkeit, an einer schlimmen Krankheit zu sterben, wobei aus der Sicht der Betroffenen oft nicht der Tod selbst, sondern das Leiden an der Krankheit und den damit verbundenen Beeinträchtigungen das größte Problem darstellt. Selbst nach ärztlicher Mitteilung einer terminalen (zum Tod führenden) Krankheit beschäftigen sich viele heutige Menschen nicht mehr so wie früher primär mit dem Tod selbst und einem möglichen Danach, sondern mit den schrecklichen Aussichten auf ihr beeinträchtigtes Leben bis zum Tod.

In guter Absicht waren die Ärzte früher der Meinung, dass es besser sei, den Betroffenen nicht die Wahrheit über den bevorstehenden Tod mitzuteilen, um den Erkrankungsprozess und die noch mögliche Lebensqualität nicht unnötig zu verschlechtern. Heutzutage besteht in der Medizin eine Übereinstimmung darüber, dass Sterbende über ihr wahres Befinden ausreichend informiert werden müssen, weil sie ein Recht darauf haben, auch wenn viele Todkranke mit ihrer Diagnose nicht gut umgehen können. Zahlreiche Betroffene geben ihre niederschmetternde Diagnose im Internet ein und suchen nach möglichst vielen Informationen dazu, was nachvollziehbar ist, jedoch die Ängste vor der Krankheit und ihren schlimmen Folgen verstärkt, anstatt dass die Betroffenen – trotz ihrer verständlichen Angst vor dem Tod – versuchen, das Bestmögliche aus der noch verbleibenden Lebenszeit zu machen.

Oft besteht ein tragischer *Teufelskreis*: Je besser die Medizin ist, desto höher ist die Erwartung an sie und desto größer ist die Enttäuschung, wenn selbst die beste Hightech-Medizin versagt.

Angst vor dem Tod: Angst angesichts der Endlichkeit des Lebens

Der Tod als biologisches Ende unserer Person

Die Angst vor dem Tod ist die Angst vor der *Endgültigkeit*, vor dem Ende unserer Existenz auf dieser Welt, vor der Nichtwiederholbarkeit schöner Erlebnisse, vor dem Verlust aller Chancen in der Zukunft, vor dem Nichts danach, vor der Sinnlosigkeit des Lebens, wenn der Tod zu früh in unser noch relativ junges Leben treten sollte. Mit dem Tod verlieren wir alles, was wir uns aufgebaut haben an Beziehungen, Erfolgserlebnissen, materiellen und ideellen Werten. Wir können nichts mitnehmen, selbst wenn der Tod nur die Reise in eine andere Welt sein sollte, in der wir unsere bereits verstorbenen Angehörigen wiedersehen.

Der Tod ist die einzige Gewissheit des Lebens, während alles andere je nach Person und Lebenssituation unterschiedlich ablaufen kann. *Totsein* hat drei verschiedene Bedeutungsinhalte:

Als *Teil der Natur* stehen dem Menschen mit dem Tod der rasche Verfall des Körpers und die Verwesung in der Erde bzw. die immer häufiger gewählte Einäscherung bevor.

Als *Wesen mit Vernunft,* Bewusstsein, personenspezifischem Gedächtnis und Gefühlsleben bedeutet der Tod für jeden Menschen den Verlust seiner Identität als einmalige Person. Nur bei Annahme einer unsterblichen Seele oder einer anderen Form des Weiterlebens ist der Tod nicht das Ende des Individuums, sondern der Übergang in eine andere Existenzform.

Als *soziales Wesen* verliert der Mensch mit dem Tod alle sozialen Beziehungen und muss für immer Abschied nehmen von den engsten Bezugspersonen. Selbst bei Annahme eines späteren Wiederzusammentreffens in einem wie auch immer gearteten Jenseits oder Himmel bedeutet der Tod den Ausschluss aus der Gemeinschaft der Lebenden auf dieser Welt, was auch tiefgläubige Menschen oft nur schwer akzeptieren können.

Nach dem bekannten Spruch des Existenzphilosophen *Martin Heidegger* führt der Mensch ein »Sein zum Tode«. Der Zeitraum der Vergangenheit wird immer größer, der Zeitraum der Zukunft immer kleiner, mit immer weniger Lebensmöglichkeiten.

Der Mensch ist eingebunden in den *Kreislauf der Natur* von Werden und Vergehen, von ständigem Wandel, wie schon der griechische Philosoph *Heraklit* festgestellt hat. So wie die Welt aus Sternenstaub entstanden ist, wird der tote Mensch wieder als Sternenstaub in die Erde bzw. in den Kosmos zurückkehren. Altes Leben vergeht, neues Leben kommt nach. Ob diese nüchterne Tatsache alles ist, hängt von der Sichtweise der jeweiligen Kultur bzw. des einzelnen Menschen ab. Der Tod ist jedenfalls das unwiderrufliche Ende unserer Existenz als ganzheitlicher Mensch mit Körper, Geist und Seele in dieser Welt.

Jedes Lebewesen hat einen angeborenen Überlebensdrang, vor allem auch bei realer Todesbedrohung, der *Selbsterhaltungstrieb* genannt wird. Der Mensch ist aus *evolutionsbiologischer Sicht* das höchstentwickelte Lebewesen, das im Gegensatz zum Tier um seine Endlichkeit weiß und seinen bevorstehenden Tod fürchten, bedauern und vorweg betrauern kann, aber biologisch-naturwissenschaftlich gesehen dennoch stirbt wie ein Tier, selbst wenn das Sterben in einem humanen und zusätzlich auch religiösen Kontext erfolgt.

Unser Körper hat ein biologisch vorprogrammiertes *Ablaufdatum,* das durch einen falschen Lebensstil, verschiedene Erkrankungen und bestimmte Risikofaktoren schneller eintreten kann, als uns lieb ist. Mit jeder Stunde und jedem Tag nähern wir uns unserem biologischen Ende, ob uns dies nun ständig bewusst ist oder ob wir jede Erinnerung daran gezielt vermeiden. In einem *gregorianischen Choral* des frühen Mittelalters heißt es: »Mitten im Leben sind wir vom Tod umfangen« (»media in vita in morte sumus«). Sterben und Tod lassen sich mithilfe der modernen Medizin zwar immer weiter hinausschieben, aber nicht über eine bestimmte Grenze hinaus (gegenwärtig sind es 115–120 Jahre).

Frauen sterben derzeit mit 84 Jahren, Männer mit 79 Jahren. Die *durchschnittliche Lebenserwartung* betrug im Mittelalter bei Frauen nur 25 Jahre, bei Männern 32 Jahre. Noch 1820 wurden die Menschen nur 33 Jahre alt, 100 Jahre später im Jahr 1920 bereits 57 Jahre alt. Vom Jahrgang 1871 wurden die Männer 39 Jahre und die Frauen 42 Jahre alt. Die Lebenserwartung der Männer bzw. Frauen hat vor dem Ersten Weltkrieg auf 45 bzw. 48 Jahre und bis zum Zweiten Weltkrieg auf etwa 60 bzw. 63 Jahre zugenommen. Seit dem 19. Jahrhundert hat sich die Lebenserwartung verdoppelt. Jedes dritte neugeborene Mädchen wird heute 100 Jahre alt.

Als Folge unzureichender medizinischer Behandlungsmethoden, fehlender gesundheitlicher Vorbeugemaßnahmen, unausgewogener Ernährung und mangelnder Hygiene gab es in früheren Zeiten eine vergleichsweise kurze Lebenserwartung, eine hohe Kinder- und Müttersterblichkeit, entvölkernde Krankheitsepidemien, wie etwa die Pest, und lebensbedrohliche Komplikationen nach harmlosen Verletzungen bzw. Erkrankungen. Häufige Kriegshandlungen, katastrophale Missernten und Hungerperioden, Fehlernährung, verheerende Naturkatastrophen, ständige körperliche Schwerstarbeit und fehlende staatliche Fürsorgeeinrichtungen waren weitere Gründe, warum die Menschen auch aufgrund ungünstiger Lebensbedingungen mit einem früher eintretenden Tod rechnen mussten als heutzutage. Damals war die Thematik von Sterben und Tod ein zentraler Bestandteil des Alltagslebens, zumal die meisten Menschen zu Hause verstarben.

Wenn der Tod schicksalhaft – aufgrund unkontrollierbarer Umstände oder fehlender Behandlungsmöglichkeiten – eintritt, ist er viel leichter hinzunehmen, als wenn heutige Menschen inständig hoffen, mithilfe der besten medizinischen Maßnahmen das Sterben immer weiter hinausschieben zu können, oder wenn sie befürchten, mögliche lebensrettende Interventionen könnten nicht schnell und effizient genug erfolgen.

Die Todesthematik in der öffentlichen Diskussion

Im Zuge des Fortschritts der Medizin und des Ausbaus der außerfamiliären Betreuung von kranken und älteren Menschen wurde das *Sterben massiv in die Krankenhäuser und Altersheime verlagert,* ebenso die rasche Überstellung der häuslich Verstorbenen in die Aufbahrungshalle des Friedhofs oder an einen anderen Ort, sodass der Tod von Angehörigen immer weniger zu einer persönlichen Erfahrung und einer öffentlichen Angelegenheit geworden ist. 80 bis 90 Prozent der Menschen, je nach regionaler Herkunft, sterben heutzutage in Krankenhäusern, Altersheimen oder speziellen Betreuungseinrichtungen wie einem Hospiz.[13]

Gegenwärtig ist die Thematik von Sterben und Tod in der Öffentlichkeit wieder stärker präsent als in der Vergangenheit. Diese Entwicklung ist – nicht erst seit Beginn der Corona-Pandemie im Jahr 2020 – bedingt durch das Älterwerden der Menschen und der damit verbundenen Gesundheitsvorsorge, vor allem auch durch den Ausbau der ambulanten Betreuung von schwerkranken Personen und den Aufbau stationärer Einrichtungen wie Hospizdiensten zum menschenwürdigen Sterben. Weitere Faktoren sind die Diskussionen rund um mehr Lebensqualität im höheren Alter, humanes Sterben, Sterben in der häuslichen Umgebung, Abschalten lebenserhaltender Geräte bei fehlender Behandlungsaussicht, Sterbehilfe, Todeszeitpunkt aus medizinischer Sicht, Nahtoderfahrungen, Organentnahme, unterschiedliche Bestattungsmodalitäten, Vorsorgevollmachten sowie Patienten- und Betreuungsverfügungen. Diese Tendenz zeigt sich auch in der Fülle der Fach- und Populärliteratur, die in der letzten Zeit dazu veröffentlicht wurde.

Der Tod begegnet jedem von uns heutzutage täglich in den Medien als *Tod der anderen;* der eigene Tod wird dagegen oft hartnäckig verdrängt. Angeblich machen nur rund 20 Prozent der Deutschen vor ihrem Tod ein Testament. Doch selbst das Verfassen eines Testaments bedeutet für die Betroffenen noch keineswegs die Bereitschaft, die Endlichkeit ihrer Existenz anzuerkennen und sich mit dem bevorstehenden Tod ernsthaft auseinanderzusetzen. Sie erfolgt oft so routinemäßig wie der Abschluss einer Unfallversicherung oder Lebensversicherung zur materiellen Absicherung der Hinterbliebenen.

Angst vor Sterben und Tod: Ausmaß laut Meinungsumfragen

Umfragen in der Bevölkerung zur Thematik von Sterben, Tod und Danach führen je nach Studie, Fragestellung und Art der Befragten zu unterschiedlichen Ergebnissen. In Deutschland hatten im Jahr 2018 nur 22 Prozent der Bevölkerung manchmal Angst vor dem Tod. In diesem relativ geringen Wert kann sich die bereits erwähnte Angstverdrängung widerspiegeln, solange man von der Thematik des Todes durch eine schwere Krankheit nicht direkt oder durch den Tod eines nahen Angehörigen nicht indirekt betroffen ist. 37 Prozent finden das Sterben schrecklich, 30 Prozent halten die Seele für unsterblich, nur für 16 Prozent ist der Tod ein Durchgangsstadium, nur für 14 Prozent ist das Leben ohne ewiges Leben unerträglich, nur 10 Prozent können sich nicht mit dem Sterben-Müssen abfinden.[14]

Nach einer anderen repräsentativen Umfrage in Deutschland im Jahr 2016 haben 44 Prozent der Befragten Angst vor dem Tod. 55 Prozent haben Angst vor einer Herzattacke, 59 Prozent haben Angst vor einem schweren Unfall, 63 Prozent haben Angst vor einer Alzheimer-Erkrankung und 70 Prozent haben Angst vor Krebs. Daraus wird ersichtlich, dass die Angst vor Krebs die häufigste Krankheitsangst der Deutschen darstellt. 63 Prozent wollen 80 Jahre oder älter werden, 11 Prozent sogar über 100 Jahre. An den Tod denken 29 Prozent einmal oder öfter pro Woche, 48 Prozent seltener als einmal pro Woche und 15 Prozent nie. Das Denken an den Tod ändert sich kaum unter Berücksichtigung des Alters.[15]

Laut einer großen Studie in Deutschland im Jahr 2015 haben angesichts von Sterben und Tod 60,1 Prozent der Befragten Angst vor Schmerzen oder schwerer Atemnot, 53,8 Prozent Angst, den Angehörigen zur Last zu fallen, 30,3 Prozent Angst, nicht in der gewohnten Umgebung sterben zu können, 38,0 Prozent Angst, beim Sterben ganz allein zu sein, und 68,8 Prozent Angst, dass der Sterbeprozess zu lange dauert.[16]

Das Sterblichkeitsparadoxon: leben, als würden wir nicht sterben

Unsere Angst vor dem Tod besteht einerseits in unserer Angst vor der Endlichkeit unserer Existenz, vor dem Nicht-mehr-Sein, vor der Auslöschung unserer Persönlichkeit, vor dem Aus des Lebens im Diesseits, auch wenn es eine unsterbliche Seele und ein Leben nach dem Tod in einer anderen Welt geben sollte, und andererseits in unserer Unfähigkeit, diese zeitliche Begrenzung unseres Daseins zu akzeptieren.

Der Aspekt der Fähigkeit oder Unfähigkeit, den Tod als unüberschreitbare Grenze des Lebenszeitraums zu akzeptieren, wird bei der Beurteilung des Ausmaßes der Angst vor dem Tod nicht selten übersehen. Schließlich bestimmt nicht nur das Ausmaß der Angst vor dem Tod den persönlichen Leidensdruck, sondern vor allem auch die Art und Weise, wie die Betroffenen in Form von *Akzeptanz oder Nichtakzeptanz* damit umgehen.

Viele Menschen leben angesichts des jederzeit möglichen Todes in sorgloser Weise so dahin, als wären sie gar nicht davon betroffen. Alle persönlich entwickelten und gesellschaftlich angebotenen Ablenkungs- und Verdrängungsstrategien reichen jedoch letztlich nicht aus, um den belastenden Gedanken an unsere Sterblichkeit anhaltend unterdrücken zu können, zumal uns durch den Tod von Personen in unserem sozialen Umfeld immer wieder deutlich vor Augen geführt wird, wie schnell das Ende nahen kann. Es ist eine schmerzliche Tatsache: Je älter wir werden, desto mehr Weggefährten verlieren wir auf dem weiteren Lebensweg, desto mehr körperliche Beeinträchtigungen und geistige Leistungsminderung müssen wir im Laufe der Jahre zu unserem Leidwesen hinnehmen.

Keiner von uns kennt seine Todesstunde, es gilt der lateinische Spruch: »Der Tod ist gewiss, seine Stunde ungewiss« *(»mors certa, hora incerta«).* Es macht im subjektiven Erleben einen Unterschied aus, ob wir angesichts bestimmter Krankheiten in einigen Tagen, Wochen oder Monaten mit unserem Tod rechnen müssen oder ob wir angesichts von momentan günstigen Lebensumständen hoffen dürfen, uns erst in einigen Jahrzehnten mit unserem bevorstehenden Tod beschäftigen zu müssen. Die quälende Ungewissheit über den genauen Zeitpunkt und die Art und Weise unseres Todes ist sicherlich sehr belastend, oft aber noch leichter zu ertragen als das Vorauswissen unseres wahrscheinlichen Todesdatums, wie dies bei Menschen mit einer rasch zum Tode führenden Erkrankung, etwa bei einem Bauchspeicheldrüsenkrebs, der Fall ist.

Wir können uns dieses deprimierende Faktum nicht oft genug vor Augen halten, auch wenn wir es am liebsten verdrängen möchten: Unsere Angst vor dem Tod ist die Angst vor dem Verlust unserer Identität als einmaliger Person, vor dem Erlöschen unseres Selbst, vor der Auflösung unseres Körpers und unseres Gehirns in seine materiellen Bestandteile, ohne Garantie für einen neuen Körper in einer anderen Welt. Das gilt auch für den Fall, dass wir durch religiös-kulturell vermittelte Glaubensvorstellungen die leibliche Auferweckung von den Toten erwarten und aufgrund einer unsterblichen Seele an die Unauslöschlichkeit unseres Wesenskerns glauben.

Wir können und wollen uns nicht vorstellen, dass unsere Persönlichkeit erlischt wie eine Kerzenflamme und unser menschlicher Körper sich auflöst wie der Körper eines Tieres, sodass wir am liebsten auch mit unserem Körper ewig weiterleben möchten. Diese zwiespältigen Denk- und Verhaltensweisen werden als *Sterblichkeitsparadoxon* bezeichnet:[17] Einerseits wissen wir um unsere Vergänglichkeit und die Unausweichlichkeit des Todes, wie er allen Lebewesen bevorsteht, andererseits kann und will sich unser Verstand aber den Zustand der Nichtexistenz unserer Person nicht vorstellen, sodass viele von uns zu dem Glauben neigen, wir könnten gar nicht für immer sterben und endgültig tot sein.

Steckt hinter jeder starken Angst die Angst vor dem Tod?

Verschiedene Fachleute sind der Meinung, dass hinter allen krankheitswertigen Ängsten die Angst vor dem Tod oder zumindest eine große Verlustangst stehe. Derartige Aussagen sind jedoch unzutreffende Verallgemeinerungen. Die Angst vor dem Verlust der Geborgenheit und des Selbstwerts durch bestimmte Ereignisse sind häufige Grundängste, bei denen es nicht gleich um die Bedrohung von Leib und Leben in Bezug auf sich selbst und andere geht, sondern um die *Bedrohung zentraler Grundbedürfnisse* innerhalb des Lebens. Die Angst vor dem Tod ist sicherlich die größte Angst unseres Lebens, die »Angst der Ängste«, die Angst vor der Endgültigkeit, weil der Tod das unüberwindbare Ende all unserer Träume und Hoffnungen darstellt. Wir möchten im Leben alles Mögliche unter Kontrolle bekommen und können dies durch einen hohen Einsatz auch sukzessive erreichen, doch über den Tod und die näheren Umstände haben wir keine Kontrolle.

Der Tod stellt einen radikalen, endgültigen Beziehungsverlust dar und ist nicht mehr rückgängig zu machen, im Gegensatz zum Abbruch sozialer Beziehungen während des Lebens. Die Angst vor dem Tod ist die Angst vor dem *Alleinsein im Tod,* auch wenn die engsten Bezugspersonen beim Sterben anwesend sein sollten. Jeder von uns muss diesen Weg allein beschreiten, ohne zu wissen, was danach kommt, auch wenn Menschen mit Nahtoderfahrung berichten, dass der Zeitpunkt unmittelbar vor dem Tod der schönste Moment ihres Lebens gewesen sei und sie nach dem Übergang von einem wunderschönen Licht, einer Lichtgestalt, einer höheren Macht oder einer vertrauten, bereits früher verstorbenen Person begrüßt worden seien.

Die Angst vor dem Tod ist im Sinne des Wortes *Angst* die Angst vor der quälenden *Ungewissheit* bezüglich unserer Todesstunde und der Art unseres Sterbens. Eine *Furcht* ist trotz aller damit verbundenen körperlichen und psychischen Belastungen oft leichter zu ertragen als eine unbestimmte Angst, sodass wir uns im Sinne einer *Ablenkungsstrategie* nicht selten auf die Furcht vor einer möglichen Krebserkrankung fixieren oder in hypochondrischer Weise auf eine mögliche, gegenwärtig jedoch völlig unwahrscheinliche Erkrankung des Gehirns oder des Herz-Kreislauf-Systems konzentrieren, um uns nicht mit unserer Angst vor dem Tod und der Ungewissheit des Danach beschäftigen zu müssen. Eine mögliche schwere Krankheit kann man wenigstens ausschließen oder zumindest erfolgreich behandeln, aber gegen den Tod ist bekanntlich kein Kraut gewachsen.

Unsere Angst vor dem Tod ist umso größer, je weniger wir das Sterben-Müssen akzeptieren können und je bedrohlicher wir die Auflösung unserer physischen und psychischen Existenz durch den Tod erleben, ganz nach dem bekannten Spruch des griechischen Philosophen *Epiktet:* »Nicht die Dinge selbst, sondern die Meinungen darüber beunruhigen die Menschen.« Demnach ist nicht der Tod an sich das Problem, sondern unsere Bewertung von Sterben und Tod.

Die Angst vor dem Tod ist in jüngerem Alter laut Studien viel größer als in höherem Alter. Alte Menschen fürchten weniger den Tod als die Art des bevorstehenden Sterbens. *Jüngere Menschen* haben einen höheren Anteil an ungelebtem Leben vor sich. Darum sind wir vom Tod eines Kindes oft stärker betroffen als vom Tod eines älteren Menschen, obwohl beide noch viele Lebensmöglichkeiten vor sich gehabt hätten. *Ältere Menschen* müssen mit dem Tod eher rechnen und können ihn daher oft leichter akzeptieren als jüngere Personen.

Die Angst vor dem Tod und die Todesangst sind *Realängste* und keine psychischen Störungen, auch wenn sie oft viele körperliche und psychische Symptome bewirken. Betroffene und Fachleute können die Angst vor dem Tod und die Todesangst nicht behandeln wie eine Panikattacke oder eine phobische Störung, also entweder mit Medikamenten oder psychotherapeutischen Techniken. Diese Ängste können als Realängste nicht zum Verschwinden gebracht werden. Wenn dies doch gelingen sollte, würde dadurch der nötige Impuls vermindert, das Leben im Hier und Jetzt bestmöglich zu gestalten.

Angesichts der zeitlichen Begrenztheit unseres Lebens macht es keinen Sinn, untätig auf bessere Zeiten zu warten und die Befriedigung unserer Grundbedürfnisse und die Umsetzung unserer wertebasierten Ziele auf unbestimmte Zeit hinauszuschieben, als hätten wir noch alle Zeit der Welt zur Verfügung. Es geht vielmehr darum, die Kraft der Angst zu nutzen, um im Rahmen der uns zur Verfügung stehenden Zeit das Beste aus unserem Leben zu machen.

Minderung der Angst vor dem Tod durch die Religionen?

Die Thematik der Angst vor dem Tod und ihre religiöse Bewältigung durch ein gottgefälliges Leben wird einem breiten Publikum alljährlich im Sommer eindrucksvoll vor Augen geführt: am Salzburger Domplatz durch das Theaterstück »Spiel vom Sterben eines reichen Mannes« von Hugo von Hofmannsthal, das an spätmittelalterliche Mysterienspiele angelehnt ist. Der reiche *Jedermann* erkennt, dass keiner seiner Freunde bereit ist, an seiner Seite mit dem Tod mitzugehen, den ihm Gott wegen seines sündigen Lebens geschickt hat. Es wird ihm bewusst, dass Vergnügen, Reichtum, Liebschaften und falsche Freunde ihm nicht helfen können, dem Teufel und seiner Welt zu entkommen, sondern nur die guten Werke und der Glaube – eine zutiefst christliche Botschaft, die durch die Betonung der guten Werke stark katholisch gefärbt ist.

Die *Angst vor dem Tod* wird häufig als die *Mutter der Religionen* angesehen.[18] Der Glaube an Gott oder mehrere Götter, die die Verstorbenen in einer anderen Welt für immer aufnehmen, sowie der Glaube an ein ewiges Leben mildern den Schmerz der Vergänglichkeit des irdischen Lebens und machen den Tod nicht nur erträglicher, sondern auch höchst sinnvoll, weil er den Übergang in die Ewigkeit darstellt. In den *monotheistischen Religionen* (Christentum, Judentum und Islam) ist Gott jene Macht, die ewiges Leben ermöglicht, und zwar in Form einer späteren Auferweckung mit einem neuen Leib im Himmel oder Paradies, wenn die Betroffenen nach den jeweiligen religiösen Vorschriften gelebt haben.

Die rasche *Verbreitung des Christentums* bereits vor seiner Anerkennung als Staatsreligion im ganzen römischen Reich hängt sehr eng mit der Botschaft vor allem an die untersten, chancenlosen und vom Leben enttäuschten Schichten der damaligen Gesellschaft zusammen, dass Gott Jesus Christus vom Tod auferweckt hat und später auch alle Menschen mit einem neuen Leib auferwecken wird.

Bei Menschen ohne Glauben an einen persönlichen Schöpfergott und ohne christliche Erlösungsvorstellungen begründet das Konzept von der *unsterblichen* Seele die Vorstellung, nach dem irdischen Tod das ewige Leben aus sich selbst heraus zu erreichen, wie dies schon in der griechischen Antike geglaubt wurde, und heutzutage in weiten Kreisen von Spiritualität und Esoterik erhofft wird.

Die Angst vor dem Tod ist aus der Sicht von Gläubigen oft dann stärker (was von vielen agnostisch und atheistisch eingestellten Personen allerdings dementiert wird), wenn Menschen keinerlei religiös oder philosophisch begründete Hoffnung auf ein Weiterleben nach dem Tod haben. Wenn das Diesseits alles ist und war, weil es kein wie immer geartetes Jenseits gibt, kein Danach in Form des Weiterbestehens unserer Person, wenigstens in Form einer unsterblichen Seele, stellt dies die ganze *Brutalität des Todes* dar. Alle Gedanken an Sterben, Tod und Danach sind leichter erträglich beim tröstlichen Glauben an ein Weiterbestehen des menschlichen Wesenskerns, der Seele, in einer anderen Welt, was man wegen ihrer Unsichtbarkeit zwar nicht beweisen, aber auch nicht bestreiten kann.

Jeder Mensch muss für sich selbst die Frage beantworten: Ist der Tod für mich das Ende und die Vernichtung der ganzen Person oder nur ein Übergang in eine andere Existenzform, vielleicht sogar in eine bessere Welt als die vorhandene Realität, in der sich unsere Wünsche nach Glückseligkeit nicht so erfüllt haben, wie wir uns dies vielleicht vorgestellt haben?

Selbst tiefreligiöse Menschen, die an ein Leben im Himmel oder an ein ewiges Sein »bei Gott« glauben, fällt der Abschied von dieser Welt oft sehr schwer, weil sie durch ihren Tod die Geborgenheit im Kreis ihrer Lieben verlieren, so wie dann auch ihre Angehörigen ohne sie auskommen müssen, auch wenn alle auf ein späteres Wiedersehen in einer anderen Welt hoffen.

Akzeptanz der Vergänglichkeit

Die radikale Akzeptanz des Unausweichlichen und Unvermeidbaren, der Endgültigkeit und Unwiderruflichkeit des Todes, der Auslöschung des eigenen Selbst und des Bewusstseins, ohne Gewissheit auf ein Weiterleben in einer anderen Welt nach dem biologischen Tod, ist die einfachste und schnellste, zugleich aber auch schwerste Form der Bewältigung der Angst vor dem Tod angesichts unseres befristeten Daseins auf Erden, das wir gerne mit allen möglichen Mitteln verlängern möchten.

Die *Endlichkeit des Lebens zu akzeptieren* und dementsprechend zu leben, ist nicht nur ein zentrales Thema der christlichen, islamischen und jüdischen Religion, sondern auch aller fernöstlichen spirituellen Traditionen. Das tägliche Abschiednehmen von der Welt wurde im alten Rom von bestimmten Philosophen ebenso praktiziert wie von Menschen, speziell den Mönchen, im christlichen Spätmittelalter, eingeübt mithilfe von populären *Sterbebüchern* als »Kunst des Sterbens« (lat. *ars moriendi*), die gleichzeitig aber auch eine »Kunst des Lebens« darstellt.[19]

Die Einstellung »Sei dir der Endlichkeit des Lebens bewusst« (lat. *memento mori*) bestimmte im Mittelalter das Leben der Menschen. Sie diente der täglichen Vorbereitung auf den Tod, lange vor dem Totenbett, und wirkte nicht lähmend und deprimierend, wie dies viele Menschen heutzutage erleben, sondern vielmehr aktivierend, um angesichts der Kürze des damaligen Lebenszeitraums das Beste aus der zur Verfügung stehenden Zeit zu machen. Auch heute fördert die Empfehlung »Lebe jeden Tag so, als ob er dein letzter wäre« die Bereitschaft zum Abschiednehmen von allen überflüssigen Zielen und Träumen und ermöglicht andererseits ein derart intensives Leben, wie es sonst nicht möglich wäre. Angesichts des bevorstehenden Todes geht es nicht bloß darum, sich täglich immer besser an das Sterben-Müssen zu gewöhnen, sondern vielmehr die *vorhandenen Lebensmöglichkeiten optimal zu nutzen.*

Heutigen Menschen wird oft folgender Vergleich angeboten: Wir sind jeden Tag der Möglichkeit des Todes ausgesetzt, ähnlich wie der Sonne, wir können dem Tod jedoch nicht dauernd ins Auge sehen, ähnlich wie wir auch nicht lange direkt in die Sonne blicken können.[20] Wir sind keine Mönche, die vor Jahrhunderten täglich ihr »Memento mori« praktiziert haben, es ist auch nicht nötig und gar nicht sinnvoll, sich ständig mit unserer Angst vor dem Tod und den Gedanken an das mögliche Danach zu beschäftigen. Wer ständig über den Tod nachdenkt, vernachlässigt die Chancen, die Freuden und die Unbeschwertheit des Lebens, solange die Zeit dazu zur Verfügung steht. Das haben im alten Griechenland schon der Philosoph *Epikur* und seine Anhänger gewusst und dementsprechend gelebt.

Angst vor dem Zustand nach dem Tod: Gibt es ein Leben danach?

Sinkender Glaube an ein Jenseits

Mehr als die Hälfte der Menschen in Deutschland glaubt nicht an ein Weiterleben nach dem Tod. Selbst unter deutschen Katholiken glaubten laut SPIEGEL-Umfrage 2019 nur 53 Prozent an ein Weiterleben nach dem Tod, 2006 waren es noch 65 Prozent.[21]

In Österreich hofften im Jahr 2020 55 Prozent, dass es ein Weiterleben nach dem Tod gibt. Ein Weiterleben nach dem Tod gibt es für 43 Prozent nur ohne Körper, bloß 22 Prozent glaubten an die leibliche Auferstehung von den Toten, für 28 Prozent ist mit dem Tod alles endgültig aus, 34 Prozent glaubten an die Reinkarnation (Wiedergeburt der Seele in einem anderen Leben).[22]

Angst vor dem Zustand nach dem Tod können nur Menschen haben, für die mit dem Tod »nicht alles aus ist«, sondern ein Weiterleben nach dem Tod möglich, wahrscheinlich oder sogar subjektiv gewiss, gleichzeitig aber auch irgendwie bedrohlich erscheint. Art und Ausmaß der Angst vor dem Zustand nach dem Tod hängen ganz eng mit den jeweiligen *Jenseitsvorstellungen* der Betroffenen zusammen.

In den verschiedenen Religionen der Vergangenheit und Gegenwart spiegeln sich die Ansichten der Menschen und Völker über das Leben nach dem Tod wider. Häufig handelt es sich dabei um Vorstellungen im Sinne einer *ausgleichenden Gerechtigkeit,* das heißt einer *Belohnung* der gläubig und rechtschaffen lebenden Menschen und einer *Bestrafung* der ungläubig und nicht rechtschaffen lebenden Menschen. Von den Religionen und ihren geistlichen, aber auch weltlichen Vertretern wird dabei gezielt die *Angst vor einer Bestrafung im Jenseits* bei jenen Personen geschürt, die sich im Diesseits nicht penibel genug an die Vorschriften der jeweiligen Religion halten.

Die Botschaften der monotheistischen Religionen

Die christliche *Eschatologie,* das heißt die Lehre von den »Letzten Dingen« (griech. *eschata; eschaton* = das Letzte), handelt von der christlichen Zukunftshoffnung oder Zukunftserwartung, soweit es das ewige Schicksal des Einzelmenschen (*individuelle Eschatologie*) und der ganzen Welt (*universale Eschatologie*) betrifft. Im Mittelpunkt stehen die endgültige *Vollendung* des Menschen bei Gott sowie die Vollendung der Welt. Im Zusammenhang mit den »Letzten Dingen« benennt der Katechismus der katholischen Kirche die folgenden Themen: das Weiterleben nach dem Tod des einzelnen Menschen, das individuelle Gericht nach dem Tod des Einzelnen und das Gericht am Ende der Welt (Jüngstes Gericht), den Zustand des Menschen nach dem Tod und seinen Aufenthalt in Himmel oder Hölle sowie die Wiederkunft Jesu Christi beim allgemeinen Weltgericht am Jüngsten Tag und die Schaffung einer neuen Weltordnung.

Im *Islam*, zu dem sich in Deutschland mehr als vier Millionen Menschen aus über 60 verschiedenen Nationen (größtenteils aus der Türkei und dem ehemaligen Jugoslawien) bekennen, zählen ein Weltende, ein Endgericht, ein ewiges Leben nach dem Tod im Paradies für die Gläubigen und eine ewige Hölle mit qualvollem Leiden für die Ungläubigen zu den zentralen Glaubensinhalten.[23]

Im *Judentum* gibt es keine einheitlichen Vorstellungen über das Leben nach dem Tod.[24] Laut den ältesten Schriften des Alten Testaments, der Tora, befinden sich die Verstorbenen in der *Scheol*, der Unterwelt, in der die lebenserhaltende Gemeinschaft mit Gott aufgehoben ist – eine Sichtweise, die bis zum 2. Jahrhundert vor Christus vertreten wurde. Unter dem Einfluss persischer und griechischer Vorstellungen setzte sich in späterer Zeit der Glaube an die leibliche Auferstehung bei der Ankunft des Messias, einem Menschen aus Fleisch und Blut, durch.

In Ratschlag 7, in dem es um die Aussagen verschiedener Religionen und Weltanschauungen zu Sterben, Tod und dem Danach geht, wird auf die eschatologischen Vorstellungen in Christentum, Judentum und Islam nochmals ausführlicher eingegangen.

Ein oder kein Leben nach dem Tod? – Auswirkungen auf das Leben in der Gegenwart

Unsere Erfahrungen mit dem Tod sind immer nur unsere Erlebnisse, die wir in Verbindung mit dem Tod der anderen haben. Unseren eigenen Tod können wir natürlich nicht wahrnehmen. Das gilt nach Auffassung vieler Experten auch für Menschen mit einer Nahtoderfahrung, also für Menschen, die noch nicht endgültig tot waren.

Ist der Tod ein Abschied von den wichtigsten Bezugspersonen nur auf Zeit oder für immer? Die Antwort auf die Frage, ob es ein Leben nach dem Tod für uns und unsere Angehörigen gibt, hat Auswirkungen auf unser momentanes Leben. Wohin sind unsere lieben Verstorbenen gegangen: ins Nichts oder in eine andere Welt? Sind sie endgültig tot oder können wir mit ihnen Kontakt aufnehmen, ähnlich, wie Gläubige zu Gott bzw. Jesus Christus beten oder sich katholische Christen wegen eines bestimmten Anliegens an verschiedene Heilige wenden?

Wenn wir annehmen, dass der Tod das endgültige Ende der ganzen Person ist, können wir mit verstorbenen Freunden und Angehörigen keine innere Zwiesprache halten, weil wir davon überzeugt sind, dass es für sie kein Weiterleben in einem Jenseits bzw. im Himmel gibt. Andere Menschen haben dagegen die Hoffnung bzw. den Glauben, dass ihre Angehörigen anderswo tatsächlich weiterleben, nicht nur in ihrer Erinnerung; manche haben auch schon die Erfahrung gemacht, mit ihren verstorbenen Liebsten auf einer inneren Ebene weiter verbunden zu sein.

Wir können den Gedanken an den eigenen Tod durch verschiedene Ablenkungsstrategien verdrängen und damit auch die Frage, ob es ein Weiterleben danach gibt. Wir können jedoch nicht der Frage ausweichen, wo unsere Verstorbenen jetzt sind, vor allem dann nicht, wenn wir deren Bestattungsort aufsuchen: Sind es nur ihre sterblichen Überreste im Grab bzw. in einer Urne oder ist ihre Seele in einer anderen Welt bzw. in einer anderen Dimension der Wirklichkeit? Die Radikalität des Todes als endgültige Auslöschung des Lebens und unwiederbringlicher Verlust innig geliebter Verstorbener macht uns deutlich, dass unser eigener Tod das unwiderrufliche Ende aller Beziehungen zu den noch lebenden Freunden und Verwandten darstellt, aber auch den unvermeidbaren Abschied von allem, was uns sonst im Leben wichtig ist.

Todesangst: akute Angst angesichts einer realen Bedrohung von Leib und Leben durch eine schwere körperliche Erkrankung

Todesangst ist eine Realangst und keine psychische Störung

Todesangst ist eine aus biologischer Sicht überlebensnotwendige Reaktion in Situationen, in denen Leib und Leben akut bedroht sind, um mithilfe einer massiven Aktivierung des Körpers alles zu unternehmen, die reale Bedrohung wirksam abzuwenden. Der Körper gerät aufgrund des Selbsterhaltungsstrebens, wie es allen Lebewesen eigen ist, in Panik und kämpft anstelle von Aufgeben und Resignieren mit allen zur Verfügung stehenden Kräften ums Überleben. Herzrasen, Blutdruckanstieg, Atembeschleunigung, Beklemmungsgefühle, Muskelanspannung, Zittern und Schwitzen sind einige der typischen Symptome, die aufgrund der massiven Aktivierung des sympathischen Nervensystems auftreten.

Todesangst kann das Leben nicht nur schützen, sondern auch lähmen, wenn sie vorschnell auftritt angesichts von Umständen, die tatsächlich gar nicht lebensbedrohlich sind. Bei Todesangst angesichts einer *lebensbedrohlichen Erkrankung* ist der Körper zwar auch hochgradig aktiviert, er kann jedoch nichts zur Überlebenssicherung des Organismus tun, sodass man sich bei hoher innerer Anspannung dem Geschehen völlig ohnmächtig ausgeliefert fühlt, was die vorhandenen Krankheitssymptome erheblich verstärken kann.

Angesichts des real oder vermeintlich unmittelbar bevorstehenden Todes sind Angst, Entsetzen, Ohnmacht, Trauer und Verzweiflung auch bei jenen Menschen stark ausgeprägt, die vorher ihr Leben erfolgreich gemeistert haben und keine lebenseinengenden Ängste gekannt haben. *Krebserkrankungen* nehmen im Zeitalter der modernen Medizin jene Bedeutung ein wie im 19. Jahrhundert die *Tuberkulose* und im Mittelalter die *Pest*, das heißt, sie werden bereits ab der Diagnosestellung vorschnell mit dem bevorstehenden Tod identifiziert. Chronische Herz-Kreislauf-, Lungen- und Magen-Darm-Erkrankungen werden dagegen weitaus weniger lebensbedrohlich erlebt als Krebs.

Bei Krebskrankheiten ist erwiesen: Die *Art der Erkrankung* hat bei den meisten Betroffenen einen eher geringen Einfluss auf die Ausprägung, Art und Stärke der Todesangst. Bezüglich Angstlinderung kommt es entscheidend darauf an, welche Bewältigungsstrategien, welche tragenden sozialen Beziehungen und welche weltanschaulichen Überzeugungen vorhanden sind.[25]

Zur Furcht vor dem Sterben und der Angst vor dem Tod von körperlich gesunden Menschen gibt es weniger psychologische und psychotherapeutische Literatur und konkrete Handlungsanweisungen als für Personen, deren Leib und Leben – z.B. aufgrund einer Erkrankung – tatsächlich akut bedroht ist und die deshalb unter »Todesangst« leiden.[26] Die zunehmende Zahl diesbezüglicher Veröffentlichungen hängt mit der Entwicklung der Palliativmedizin in den letzten drei Jahrzehnten zusammen. Es geht dabei um ein biopsychosoziales Modell von Krankheit und Gesundheit, das auf eine ganzheitliche Behandlung lebensbedrohlich erkrankter Menschen setzt und eine einfühlsame, umfassende Betreuung sowie die Begleitung eines würdevollen Sterbens zum Ziel hat. Entsprechende Fach- und Populärliteratur wurde meistens von medizinischen, psychotherapeutischen und psychologischen Expertinnen und Experten aus dem palliativen Bereich verfasst. Im Mittelpunkt stehen dabei konkrete Hilfestellungen zur Vorbereitung auf den Tod sowie umfangreiche, angstmindernde Informationen über das bevorstehende Sterben an bestimmten Erkrankungen.[27]

Wenn die bisherige Entwicklung so weitergeht, werden viele Schwerkranke weniger von den Tröstungen der christlichen Religion gestärkt, sondern von den vielen Büchern über *Nahtoderfahrungen*, die die menschliche Hoffnung auf ein Weiterleben nach dem Tod beflügeln. Diese Art von Literatur kann die Erwartung wecken, dass Sterben und Tod nicht schlimm sind, weil der Abschied von diesem Leben begleitet wird von einem wunderbaren Empfang im Jenseits in Form von hellem Licht, schönen Landschaften, angenehmer Musik, Lichtgestalten und verstorbenen Freunden und Verwandten, die die körperlose Seele der Toten beim Eintritt in die andere Welt begrüßen. Zu den einflussreichsten Büchern in der Nahtodforschung zählen die Werke des amerikanischen Psychiaters Raymond A. Moody – z.B. »Leben nach dem Tod«[28] – sowie der schweizerisch-amerikanischen Psychiaterin und Sterbeforscherin *Elisabeth Kübler-Ross*, die bei uns bekannt geworden ist durch ihr Buch »Interviews mit Sterbenden«.[29] Es gebe ihr zufolge keinen Tod, sondern nur einen Übergang.[30] Manche Menschen mit einer Nahtoderfahrung berichten, dass die Erfahrungen vom Jenseits so wunderbar gewesen seien, dass sie die mit medizinischer Hilfe ermöglichte Rückkehr ins Diesseits nur ungern hingenommen hätten.

Phasen der Krankheits- und Todesbewältigung

Kübler-Ross hat die Reaktionen von Menschen nach Mitteilung der Diagnose Krebs untersucht, die als die *fünf Phasen der Krankheits- bzw. Todesbewältigung* bekannt geworden sind. Dieses Phasenmodell wurde von vielen Fachleuten kritisiert, weil es wissenschaftlich nicht ausreichend überprüft sei.

Diese *fünf Phasen,* die häufig gleichzeitig, kurzfristig wechselnd, nicht in voller bzw. vollständiger Ausprägung sowie in unterschiedlicher Abfolge auftreten können, lassen sich folgendermaßen beschreiben:[31]

1. *Verdrängung, Schock, Zweifel, Nicht-wahrhaben-Wollen.* Die Betroffenen zweifeln an der Diagnose und der Kompetenz der Ärzte. Sie verharmlosen ihre Symptome und überspielen die Dramatik der Erkrankung durch unrealistische Zukunftspläne und zahlreiche Aktivitäten wie weite Reisen oder neue Hobbys. Es besteht eine ausgeprägte *Krankheitsverdrängung* mit dem Ziel, sich zum Schutz der Psyche mit der Todesbedrohung nicht auseinandersetzen zu müssen, weil dies zu belastend wäre. Man will die Härte der Realität, das ganze Ausmaß der Erkrankung und deren Folgen »wegstecken« und so tun, als ob nichts wäre. Typisch sind folgende Aussagen: »Nein, diese Diagnose kann nicht stimmen, so schlimm kann es nicht sein, es wird schon wieder werden, wahrscheinlich haben sich die Ärzte nur geirrt, nicht alles ordentlich untersucht oder gar etwas vertauscht.«
2. *Ärger, Wut, Zorn, Protest, Hadern, Schuldzuweisungen.* Nach dem »Erwachen« kommt es zu heftigen Gefühlsäußerungen negativer Art: Wut und Zorn über die »unfähigen« Ärzte sowie Eifersucht gegenüber den Gesunden bestimmen das Erleben. Die Betroffenen hadern mit ihrer Situation, protestieren gegen ihr Schicksal und ärgern sich über die scheinbare Ungerechtigkeit, bald sterben zu müssen. Sie werden vorwurfsvoll und schuldzuweisend gegenüber Ärzten und Therapeutinnen, denen sie früher oft sehr vertraut haben, bis sie sich von diesen völlig enttäuscht und verlassen fühlen. Sie werden schwierig für Ärzte, Verwandte und Bekannte, weil sie gegenüber der Umwelt ständig anklagend sind und in vorwurfsvollem Ton darüber reden, was sie schon alles mitgemacht hätten, keiner ihnen helfen könne und sie auch keiner verstehe, wie schlecht es ihnen gehe. Typisch sind folgende Aussagen: »Warum gerade ich? Warum gerade jetzt? Die Ärzte und alle anderen Therapeuten sind totale Versager und schauen nur

auf ihr Geld. Zuerst haben sie mir alles Mögliche versprochen, wenn ich das mache, was sie sagen, jetzt wollen sie nichts mehr von mir wissen, weil sie mir nicht mehr helfen können. Ich bin so wütend, dass es den anderen so gut geht, während ich so leide und keiner mich versteht.«

3. *Verhandlung (beste Vorsätze, irreale Gesundheitsbestrebungen).* Die Betroffenen verhandeln mit Gott, dem Schicksal und den Ärzten um ihr Leben oder um mehr Lebenszeit, nehmen sich vor, durch einen radikalen Lebenswandel wieder vollständig gesund zu werden; sie hoffen auf ein Wunder, gestärkt durch die Heilung anderer Krebskranker, deren Bücher und Maßnahmen, die zum Gesundwerden beigetragen haben. Die Betroffenen können ihren bevorstehenden Tod nicht bzw. noch nicht akzeptieren. Versuche, durch schnelle Lebensveränderungen alles zum Guten zu bewegen, sollen die Hoffnung auf völlige Genesung stärken. Nicht selten wird auch viel Geld für alle möglichen Heilungsversuche ausgegeben. Viele Kranke machen große Versprechungen oder legen gar Gelübde ab, was sie alles tun würden, wenn sie wieder ganz gesund werden könnten, z.B. als Dank für die Genesung andere Menschen finanziell unterstützen. Manche todkranke Personen werden in dieser Phase religiöser als früher und wollen einen Handel mit Gott eingehen, was sie alles tun würden (z.B. »fromm leben«, Spenden an kirchliche Organisationen), wenn sie mit überirdischer Kraft wieder gesund werden könnten, andere wenden sich esoterischen Lehren zu. Typisch sind folgende Aussagen: »Ich lebe jetzt total gesund, dann werde ich auch wieder völlig gesund. Wenn ich mein Leben umstelle, regelmäßig trainiere, auf die richtigen Medikamente und Therapien setze, werde ich die Krankheit überwinden. Ich zahle alles dafür, damit ich wieder ganz gesund werde. Ich verspreche, mich jetzt gründlich zu ändern, dann habe ich eine reelle Chance auf vollständige Gesundheit.«
4. *Trauer, Depression, Resignation.* Unendliche Traurigkeit, Leere, Sinnlosigkeit und Resignation bestimmen das Leben, wenn die frühere Verleugnung nicht mehr möglich ist, Wut und Ärger nicht zielführend sind und alles Verhandeln und Bemühen um baldige Gesundheit erfolglos war. Der Verlust der Gesundheit wird zur traurigen Gewissheit. Selbstvorwürfe, was man falsch gemacht hat, erschweren die Krankheitsverarbeitung. Die Betroffenen kippen in eine *depressive Phase,* wenn alles Hoffen und Bemühen keinen Erfolg zeigt. Sie ziehen sich zurück und wollen keine oder nur noch ganz bestimmte Menschen sehen, die aufgrund der Umstände oft bald überfordert

sind. Viele Betroffene werden psychiatrisch und psychotherapeutisch behandlungsbedürftig, weil sie mit der an sich normalen und realitätsangemessenen Traurigkeit über die schwere Erkrankung und deren Folgen nicht umgehen können. Typisch sind folgende Aussagen: »Ich werde nie wieder ein normales Leben führen können. Ich kann meinen Beruf nicht mehr ausüben und bin nichts mehr wert. Was hat mein Leben denn noch für einen Sinn? Wenn ich das gewusst hätte, hätte ich früher alles ganz anders gemacht, dann wäre es vielleicht nicht so weit gekommen, aber jetzt ist es zu spät.«

5. *Akzeptanz, Zustimmung, Gelassenheit.* Im Idealfall gelingt schließlich die Annahme der Krankheit im Sinne einer erfolgreichen Krankheitsbewältigung und die Entwicklung einer relativ guten Lebensqualität trotz der Krankheit. Die Betroffenen akzeptieren im Fall einer lebensbedrohlichen Erkrankung den bevorstehenden Tod, ordnen ihr Leben neu und nutzen die noch zur Verfügung stehende knappe Zeit, um für sich selbst und ihre soziale Umwelt das Beste aus ihrem Leben zu machen. Als Folge der Akzeptanz werden neue Wege gesucht und auch gefunden, um das weitere Leben sinnvoll zu gestalten, ohne totale Einengung auf die Krankheit, aber auch ohne ihre Leugnung oder Verdrängung. Manche Betroffene wirken in dieser Phase für Außenstehende ungewöhnlich ruhig und gelassen und können ihr Schicksal plötzlich besser annehmen als deren Angehörige, sodass die Schwerkranken die Gesunden trösten statt umgekehrt. Die Emotionen der ersten vier Phasen bestehen oft weiterhin, sind aber besser im Gleichgewicht und dominieren nicht mehr das ganze Erleben wie früher, als die Betroffenen in anderen Phasen hängen geblieben waren. Im Fall einer lebensbedrohlichen Erkrankung werden Entscheidungen getroffen, bestimmte Behandlungen und Operationen vornehmen oder nicht mehr durchführen zu lassen. Typisch sind folgende Aussagen: »So ist es eben, und ich akzeptiere dies jetzt, so gut ich kann, um die bestmögliche Lebensqualität zu erreichen. Ich weiß, dass ich als Folge dieser Erkrankung in einigen Monaten bzw. Jahren sterben werde und verzichte auf lebensverlängernde Maßnahmen, wenn sie keine Verbesserung der Lebensqualität bringen.«

Das Traurige rund um dieses Phasenmodell ist der Umstand, dass Frau Kübler-Ross ihr eigenes Leiden und Sterben, vor allem jedoch ihren eigenen bevorstehenden Tod, keinesfalls ruhig und gelassen bewältigen konnte. Die weltbekannte Sterbeforscherin war in den letzten Lebensjahren selbst schwerkrank, bedingt durch Schlaganfälle, Lähmungen (sie saß deswegen im Rollstuhl) und hatte starke Schmerzen. Sie wehrte sich mit aller Kraft gegen den nahen Tod, weil sie noch so vieles zu erledigen habe, sodass sie dafür noch nicht bereit sei.[32]

Dieses Sterbephasen-Modell beruht auf der unter Fachleuten durchaus umstrittenen Annahme, dass alle Sterbenden als Ausdruck erfolgreicher Krankheitsbewältigung ihrem Schicksal und ihrem nahen Tod zustimmen müssen, um die restlichen Tage, Monate und Jahre ihres Lebens einigermaßen psychisch stabil verbringen zu können. Doch dazu war nicht einmal die Schöpferin dieses Phasenmodells in der Lage, und dagegen wehren sich auch viele andere Sterbenskranke bis zuletzt.

Lebensbedrohlich Erkrankte haben ein Recht, trotz negativer Prognosen auf Heilung zu hoffen, und müssen ihren nahen Tod nicht unbedingt akzeptieren, bejahen oder gar als sinnvoll interpretieren, um von der ihnen noch verbleibenden Lebenszeit profitieren zu können.[33] *Krankheitsakzeptanz* gilt allgemein als Voraussetzung für eine erfolgreiche Krankheitsbewältigung. Der Tod ist jedoch keine Krankheit, daher muss ihn nicht jeder Mensch in gleicher Weise akzeptieren lernen. Vielmehr kann die Hoffnung auf Besserung anstelle von Selbstaufgabe die Lebensqualität deutlich erhöhen, manchmal sogar auch die Lebenszeit. Es stärkt Körper und Psyche, wenn lebensbedrohlich Erkrankte bis zum letzten Tag das Bestmögliche aus ihrem Leben machen und anhaltend die Einstellung vertreten: »Ich will jetzt noch nicht sterben, sondern leben.« Krankheitsverläufe bis zum Tod sind darüber hinaus individuell sehr unterschiedlich und lassen sich nicht in ein bestimmtes Schema pressen.

Unter Berücksichtigung der genannten Einschränkungen ist es insofern hilfreich, dieses Fünf-Phasen-Modell auf körperliche und psychische Erkrankungen anzuwenden, als alle Reaktionen auf die belastende Erkrankung als einfühlbar und normal angesehen werden.

Todesangst in Verbindung mit psychischen Störungen

Menschen mit lebensbedrohlichen Erkrankungen, wie etwa Krebs, Herzinfarkt, Lungenembolie, Schlaganfall oder Aneurysmablutung, entwickeln aus Angst vor Verschlechterung bzw. Rückfall (sogenannte *Progredienz- bzw. Rezidivangst*) oft psychische Störungen als Ausdruck ihrer Angst oder Verzweiflung. Folgende *Diagnosen* nach dem derzeit gültigen Diagnoseschema ICD-10 sind oft angezeigt:

- *Psychologische Faktoren und Verhaltenseinflüsse bei einer namentlich genannten körperlichen Erkrankung.* Die Verarbeitung schwerer Erkrankungen wird erschwert und deren Verlauf unnötig verschlimmert durch unzureichende Bewältigungsstrategien, anders formuliert: durch ein ineffizientes Krankheitsmanagement.

- *Panikstörung.* Als Folge schwerer Erkrankungen sowie aus Angst vor einem Rückfall können heftige Panikattacken auftreten.
- *Posttraumatische Belastungsstörung.* Sie tritt nicht nur nach sexueller bzw. körperlicher Gewalt, Katastrophen und Unfällen auf, sondern auch nach schweren körperlichen Erkrankungen, bedingt durch ein permanentes ungewolltes Wiedererinnern der lebensbedrohlichen Erfahrungen mit dem eigenen Körper in einer Weise, als wäre die Vergangenheit ständige Gegenwart.
- *Anpassungsstörung, Angst und depressive Reaktion gemischt.* Im Mittelpunkt dieser reaktiven Störung steht die *Angst vor Krankheitsverschlechterung oder Wiedererkrankung.* Die Betroffenen können sich wegen belastender Erwartungsängste über den positiven gesundheitlichen Status nicht freuen.
- *Depressive Episode, mittelgradig.* 20 bis 25 Prozent der Menschen mit einer Krebserkrankung entwickeln als Folge davon eine Depression, manche Betroffene haben sogar Selbstmordgedanken und setzen diese auch um. Eine erhebliche Depression schwächt nachweislich das Immunsystem, sodass sie einer dringenden Behandlung bedarf.

Existenzielle Ängste bei psychischen Störungen

Die Angst vor dem Tod als Diagnose übergreifende Emotion

Psychologinnen und Psychologen in Australien[34] halten die *Angst vor dem Tod* (engl. *death anxiety*) für ein *transdiagnostisches Konstrukt*, das heißt für einen Faktor, der bei der Entstehung, Aufrechterhaltung und Verschlimmerung vieler psychischer Störungen von zentraler Bedeutung ist. Bei 200 Personen mit insgesamt zwölf psychischen Störungen ergab sich ein enger Zusammenhang zwischen der Angst vor dem Tod und dem Ausmaß ihrer jeweiligen psychischen Erkrankungen. Je größer die Angst vor dem Tod war, desto mehr psychische Beschwerden hatten die Betroffenen, desto häufiger waren sie in Kliniken, erhielten sie Psychopharmaka, erkrankten sie psychisch im Laufe ihres Lebens und von desto mehr sonstigen Erkrankungen sowie stärkeren Beeinträchtigungen waren sie betroffen, verglichen mit Menschen mit geringerer Angst vor dem Tod.[35] Die Autorinnen und Autoren der Studie raten dazu, die Thematik der Angst vor dem Tod bei der Behandlung von Menschen mit psychischen Störungen stärker als bisher zu berücksichtigen, um ihren negativen Einfluss auf das Krankheitsausmaß zu verringern.

Zahlreiche psychische Symptome und Störungen spiegeln demnach einen nicht hilfreichen (maladaptiven) Umgang mit existenziellen Ängsten – der Furcht vor dem Sterben und der Angst vor dem Tod und dem Danach – wider, auch wenn dies nicht immer gleich so offensichtlich ist wie bei der Panikstörung, bei bestimmten Spezifischen Phobien und bei der Hypochondrie, bei denen die Betroffenen ihre Todesängste bzw. Erwartungsängste bezüglich einer vermeintlichen Todesbedrohung in sehr belastender Weise erleben.

Psychische Störungen können durch bestimmte Psychopharmaka, durch eine psychoanalytisch bzw. tiefenpsychologisch fundierte Psychotherapie sowie durch verhaltenstherapeutische Strategien wirksam behandelt werden. Die *tieferliegenden existenziellen Ängste* sind durch das Erreichen eines erfolgreichen Umgangs mit den psychosozialen Ursachen und den konkreten Erscheinungsformen der jeweiligen psychischen Erkrankungen jedoch keineswegs bearbeitet und können daher bei der nächstbesten Gelegenheit wieder zu neuen Symptomen und Beschwerdebildern führen. Eine anhaltend wirksame Psychotherapie bei Menschen mit psychischen Störungen muss zukünftig mehr als bisher darauf abzielen, die Patientinnen und Patienten darin zu unterstützen, ihre zugrundeliegenden existenziellen Ängste zu bewältigen.

Die folgenden Ausführungen veranschaulichen, in welchem Ausmaß die Angst vor dem Tod und die Furcht vor dem Sterben bei vielen psychischen Störungen eine zentrale Rolle spielen.

Existenzielle Ängste bei Angststörungen

Das derzeit (2021) weltweit gültige Diagnoseschema ICD-10 der Weltgesundheitsorganisation (WHO) kennt *fünf Angststörungen:* Panikstörung, Generalisierte Angststörung, Agoraphobie, Soziale Phobie und Spezifische Phobien.[36] Alle Angststörungen haben mit der Angst vor *Kontrollverlust* zu tun. Menschen mit einer *Panikstörung* haben Angst davor, ihren Körper, ihre Gefühle und Gedanken nicht unter Kontrolle zu haben. Personen mit einer *Agoraphobie* fürchten den Kontrollverlust in zahlreichen unterschiedlichen Situationen, denen sie nicht jederzeit entkommen können. Menschen mit einer *Spezifischen Phobie* fürchten den Kontrollverlust in einzelnen, speziellen Situationen. Personen mit einer *Sozialen Phobie (Sozialen Angststörung)* leiden darunter, dass sie keine Kontrolle darüber haben, was andere Menschen über sie denken. Personen mit einer *Generalisierten Angststörung* kommen mit dem Umstand nicht zurecht, dass sie keine Kontrolle über die Zukunft und die damit einhergehende Ungewissheit haben.

Menschen mit einer Angststörung lernen im Rahmen einer störungsspezifischen *Verhaltenstherapie,* durch eine Kognitive Umstrukturierung ihre irrationalen und schädlichen Denkmuster zu ändern, durch eine Konfrontationstherapie positive Erfahrungen in bislang gefürchteten Situationen zu machen, durch ein Fertigkeitstraining ihre Fähigkeiten im Umgang mit gefürchteten Situationen zu verbessern und durch ein Achtsamkeitstraining ihre katastrophisierenden »Was-wäre-wenn?«-Vorstellungen als rein bildhafte Vorstellungen ohne Realitätscharakter zu tolerieren. Das Therapieziel ist erreicht, wenn die Betroffenen eine bessere Kompetenz im Umgang mit sich selbst, der Umwelt und der Zukunft erreicht haben. Doch über bestimmte Situationen kann man keine Kontrolle erlangen, weil sie der Inbegriff von Kontrollverlust sind: den

Prozess des Sterbens, das Faktum des bevorstehenden Todes und die Ungewissheit über das Danach.

In ähnlicher Weise können Menschen mit Angststörungen durch eine *psychoanalytisch* oder *tiefenpsychologisch orientierte Psychotherapie* belastende Lebensumstände und traumatisierende Verlusterfahrungen in der Kindheit aufarbeiten sowie ihre Ich-Strukturen, das heißt ihre Persönlichkeit, stärken. Doch auch wenn es ihnen gelingt, schlimme Verlusterlebnisse in der Kindheit zu verarbeiten und ein gesünderes Selbst zu entwickeln, sind sie noch immer nicht auf das unvermeidliche angstmachende Faktum vorbereitet, dass auch sie irgendwann einmal das eigene Leben und damit auch ihre Angehörigen und Freunde verlieren werden.

Mit Ausnahme der Sozialen Phobie spielen bei den vier anderen Angststörungen des ICD-10 die Angst vor dem Tod und die Furcht vor dem Sterben eine große Rolle. Doch unter der Berücksichtigung des Umstands, dass ein gefürchteter Ausschluss von allen möglichen sozialen Bezugsgruppen und die damit verbundene soziale Isolierung je nach Person in unterschiedlichem Ausmaß einem Zustand des »Wie-tot-Seins« gleichkommt, spiegeln auch starke soziale Ängste belastende existenzielle Ängste wider. Bei Naturvölkern bedeutete der strafbedingte Ausschluss von Personen aus ihrem Stamm tatsächlich den Tod der Betroffenen, weil sie sich als Folge davon selbst aufgaben. Auch kann man beobachten, dass kleine Kinder im Supermarkt oder anderswo schreien, als ginge es um ihr Leben, wenn sie die Mutter plötzlich aus den Augen verloren haben, denn ein Kleinkind ist ohne enge Bezugspersonen nicht oder zumindest nicht gut überlebensfähig.

Neben der *Angst vor Kontrollverlust,* die unbewältigt mehr oder weniger stark hinter allen Angststörungen steht, spiegelt sich in den meisten bzw. schlimmsten krankhaften Ängsten letztlich auch die Unfähigkeit wider, mit der *Angst vor Beziehungsverlust* zurechtzukommen. Der Tod als das unwiderrufliche Ende unseres Lebens ist einerseits der Verlust der Beziehung zu uns selbst, die Auflösung unserer Person, und andererseits auch der endgültige Verlust der Beziehung zu allen Menschen und Dingen, die uns lieb und teuer sind. Die Angst vor Beziehungsverlust zeigt sich nicht nur in der Angst vor unserem eigenen Tod, sondern auch in unserer Angst vor dem Tod von geliebten Angehörigen, wodurch das Fundament der Geborgenheit im Leben stark erschüttert würde, selbst wenn man an ein Wiedersehen nach dem Tod im Jenseits glaubt.

Wenn Sie an einer Angststörung leiden, könnten Sie einmal überprüfen, wie sehr hinter Ihren krankheitswertigen Ängsten letztlich die *Angst vor Kontroll-* oder *Beziehungsverlust* steht. Machen Sie sich bewusst: Nach der Überwindung Ihrer Angststörung sind Ihre existenziellen Ängste weiterhin vorhanden und erfordern Ihrerseits eine erfolgreiche Bewältigung, weil sie Ihnen sonst die Freude am Leben verderben. Bleiben diese existenziellen Ängste unbewältigt, besteht die Gefahr, dass Sie so leben, als wären Sie schon halb tot, das heißt in einem Zustand, in dem Ihnen das Erreichen bestimmter Ziele in Ihrem Leben gar nicht mehr möglich ist.

Die *Panikstörung* als ständige Erwartungsangst vor Kontrollverlust stellt die gravierendste Form existenzieller Ängste dar. Neben den zehn körperlichen Symptomen einer Panikattacke wird unter den vier psychischen Symptomen die akute *Todesangst* dezidiert angeführt.[37] Eine unbewältigte Panikstörung hat zur Folge, dass sich im Rahmen der typischen *Erwartungsangst* vor weiteren Panikattacken eine anhaltende Angst vor dem Tod sowie die Furcht vor einer bestimmten Art des Sterbens entwickeln, sodass die Betroffenen oft stundenlang von ängstlicher Besorgtheit gequält werden und unter belastenden körperlichen Symptomen wie Schwitzen, Blutdruckanstieg, schnellerem oder unrhythmischem Herzschlag, Zittern, Schwindel, Übelkeit und muskulärer Verspannung leiden. Im Laufe der Zeit kann daraus sogar eine *Hypochondrie* oder eine *Herzphobie* entstehen, falls entsprechende Tendenzen nicht bereits vor dem Auftreten der ersten Panikattacke vorhanden waren.

Die medizinisch gesehen völlig ungefährlichen körperlichen Symptome einer Panikattacke stellen aufgrund ihrer angstmachenden Bewertung subjektiv gesehen für die Betroffenen eine tödliche Bedrohung dar. So gibt es folgende typische negative Denkmuster angesichts von völlig ungefährlichen körperlichen Veränderungen im *Herz-Kreislauf-System* und bei der *Atmung*, welche die körperlichen Panik-Symptome einer akuten *Todesangst* auslösen:

- »Mein Herz schlägt plötzlich schneller und unrhythmisch, mein Blutdruck steigt, ich spüre ein starkes Druckgefühl im Brustbereich – also werde ich gleich einen Herzinfarkt bekommen.«
- »Die Atmung fällt schwer, Durchatmen ist nicht mehr möglich, ein Engegefühl im Brustbereich macht sich breit, ich bekomme kaum noch Luft – also werde ich gleich jämmerlich ersticken.«

Die drei *psychischen Symptome* einer Panikattacke können ebenfalls als existenzielle Bedrohung erlebt werden:

- »Ich spüre plötzlich einen starken Schwindel, eine große Unsicherheit im Stehen, eine zunehmende Schwäche des ganzen Körpers und eine

Benommenheit im Kopf – also werde ich gleich umfallen, bedingt durch eine lebensbedrohliche körperliche Ursache im Kopf oder Herz-Kreislauf-System.«

- »Die Umwelt erscheint ganz unwirklich (im Sinne einer *Derealisation*), ich stehe komplett neben mir und bin nicht mehr ganz da (im Sinne einer *Depersonalisation*) – also werde ich gleich den Verstand verlieren und verrückt werden.«
- »Ich spüre einen großen inneren Druckzustand und stehe kurz vor dem Kontrollverlust – dann werde ich verrückt handeln, ›ausflippen‹ und mir selbst oder jemand anderem etwas antun.«

An diesen Symptomen und Denkmustern zeigt sich, wie sehr die Panikstörung mit Todesängsten einhergeht, und zwar stärker als bei allen anderen Angststörungen.

Eine *Generalisierte Angststörung* zeichnet sich durch ständige unkontrollierbare Ängste und Sorgen um alles Mögliche aus, vor allem jedoch um das Wohl der engsten Angehörigen, aber auch um das eigene Wohlbefinden.[38] Im Sinne von »Was-wäre-wenn?«-Katastrophenfantasien werden stets neue Bedrohungen gefürchtet, oft basierend auf ganz normalen Alltagssorgen. Es besteht eine *Überfixierung auf ein Restrisiko* in der Zukunft, das die eigene Existenz und das Leben wichtiger Bezugspersonen vernichten könnte. Die Betroffenen konzentrieren sich viel stärker auf das vermeintlich bedrohte Wohlbefinden von nahen Angehörigen als auf das eigene körperliche Befinden (bei hoher Ausprägung der Sorgen um das eigene Wohlergehen bestünde eine Hypochondrie), weil dadurch auch das eigene Wohlbefinden, die Geborgenheit im Kreis der Familie und das zukünftige Leben bedroht wären. Die Covid-19-Pandemie hat die häufigen Verlustängste der Betroffenen in Bezug auf nahe Angehörige erheblich verstärkt, ebenso die Angst vor einer Bedrohung der sozioökonomischen Sicherheit als Folge von möglicher Arbeitslosigkeit oder drohendem Konkurs.

Eine *Agoraphobie* bezieht sich auf zahlreiche Situationen im Freien sowie in Räumen, aus denen man nicht jederzeit fliehen kann bzw. in denen man ohne Hilfsmittel oder ohne Vertrauenspersonen ein großes Unwohlsein oder gar einen körperlichen Schaden erleiden könnte, bis hin zur Bedrohung von Leib und Leben.[39] Bei Reisen weit weg von der Sicherheit gebenden eigenen Wohnung, aber auch bei einem Sich-Entfernen aus dem vertrauten Umfeld über kurze Distanzen – etwa beim Besuch eines Supermarkts, eines Kinos, eines Gottesdienstes oder einer kulturellen bzw. sportlichen Veranstaltung, vor allem wenn die jeweiligen

Aktivitäten allein durchgeführt werden – besteht eine große Angst davor, dass im Bedarfsfall bei körperlichen Problemen nicht rechtzeitig rettende medizinische Hilfeleistungen erfolgen könnten. Menschen mit Agoraphobie fürchten nicht primär äußere Umstände, sondern ihre eigene körperliche Bedrohtheit, mit allen damit einhergehenden Gefühlen und Denkmustern. Sie misstrauen auch ausländischen Krankenhäusern, weil sie nicht den medizintechnischen Standard wie im deutschen Sprachraum haben könnten.

Spezifische Phobien beziehen sich auf einzelne objektiv völlig ungefährliche Objekte, Orte und Situationen. Die Konfrontation mit ihnen wird mangels Einfluss und Kontrolle als lebensbedrohlich eingeschätzt, sodass Flucht und Vermeidung als die sichersten Überlebensstrategien angesehen werden.[40] Die Betroffenen können bei allen fünf Typen von Spezifischen Phobien eine subjektive Lebensbedrohung fürchten:

- *Tier-Typ:* Furcht vor subjektiv bedrohlichen Tieren wie Spinnen, Schlangen oder Hunden.
- *Naturgewalten-Typ:* Furcht vor subjektiv bedrohlichen Situationen in der Natur, wie etwa Höhen und Tiefen, Dunkelheit, großen und tiefen Gewässern, Gewittern mit Blitz und Donner.
- *Blut-Injektions-Verletzungs-Typ:* Furcht vor Blut, Spritzen und Verletzungen, insbesondere vor dem subjektiv bedrohlichen Anblick von Blut sowie vor der Blutabnahme und allen Impfungen (aus Angst vor einem Kollaps oder unerträglichen Schmerzen).
- *Situativer Typ (»Klaustrophobie«):* Furcht vor engen, überfüllten, fensterlosen und geschlossenen Räumen auf, unter und über der Erde, wie etwa Verkehrsmitteln (inklusive Flugzeugen), Aufzügen oder Tunneln, oft aufgrund von Erstickungsängsten.
- *Andere Typen:* Furcht davor, beim Sich-Verschlucken zu ersticken (Phagophobie), oder starke Furcht vor medizinischen Behandlungseinrichtungen mit der Möglichkeit einer gefährlichen Ansteckung durch andere Personen. Während der Covid-19-Pandemie entwickelten zahlreiche Personen zumindest vorübergehend eine Spezifische Phobie vor Arztpraxen und Krankenhäusern aufgrund ihrer Befürchtung, sich dort mit dem Coronavirus zu infizieren. Es gab Menschen, die diese Einrichtungen mieden, obwohl sie einen leichteren Herzinfarkt oder Schlaganfall erlitten hatten, der dann aufgrund ihres Vermeidungsverhaltens unbehandelt blieb.

Existenzielle Ängste bei Somatoformen Störungen

Als *Somatoforme Störungen* werden im ICD-10 jene körperlichen Störungen bezeichnet, die nicht oder nicht primär durch medizinische Krankheitsfaktoren erklärt werden können.[41] Im neuen ICD-11, das in den kommenden Jahren weltweite Verbindlichkeit erlangen wird, wird diese Störungsgruppe abgeschafft; sie hat sich nicht bewährt und wird durch die Kategorie *Somatische Belastungsstörung* ersetzt. Im Sinne eines ganzheitlichen biopsychosozialen Krankheitsverständnisses wird dabei auf die Unterscheidung zwischen entweder primär organischen oder rein psychischen Ursachen der Beschwerden verzichtet.

Menschen mit einer *Somatisierungsstörung* leiden seit mindestens zwei Jahren unter zahlreichen, oft wechselnden körperlichen Symptomen ohne ausreichende organische Ursachen. Aufgrund des Leidensdrucks und der angstmachenden Bewertung der Beschwerden als organisch bedingte Bedrohung von Leib und Leben lassen viele Betroffene zahlreiche medizinische Untersuchungen durchführen. Es bestehen vor allem diverse Schmerzen, vegetative Störungen und Erschöpfungsgefühle. Genau genommen müssen mindestens 6 von 14 Symptomen aus 2 von 4 verschiedenen Organbereichen vorhanden sein: Herz-Kreislauf-Symptome, Magen-Darm-Symptome, Symptome im Blasen- und Genitalbereich, Haut- und Schmerzsymptome. Personen mit einer Somatisierungsstörung leiden zwar primär unter anhaltenden körperlichen Symptomen wie Kopf- und Rückenschmerzen, Herz-Kreislauf-Störungen, Magen-Darm-Beschwerden, Atemproblemen, Schwindel und diversen anderen körperlichen Beschwerden, im Hintergrund bestehen oft aber auch Befürchtungen, aufgrund der vielfältigen körperlichen Beschwerden sterben zu müssen, und zwar früher als Menschen ohne diese Beschwerden.

Menschen mit einer *Undifferenzierten Somatisierungsstörung* sind in ähnlicher, jedoch weniger chronischen Weise von derartigen Beschwerden betroffen. Ihre Beschwerden bestehen erst seit mindestens einem halben Jahr; sie weisen weniger Arztbesuche, weniger Symptome und weniger organische Erklärungsmodelle auf.

Menschen mit einer *Somatoformen autonomen Funktionsstörung* leiden unter der Beeinträchtigung in einem von fünf Organsystemen: Herz-Kreislauf-System, oberes Verdauungssystem (Magenbereich), unteres Verdauungssystem (Darmbereich), Atmungssystem und Urogenitalsystem. Die Betroffenen neigen zur krankheitsängstlichen Interpretation der organmedizinisch nicht erklärbaren Symptome. Ihre Angst vor dem

Tod bzw. Furcht vor dem Sterben hängt von der Art der jeweiligen funktionellen Störung ab:

- Personen mit einer *Somatoformen autonomen Funktionsstörungen des Herz-Kreislauf-Systems* (auch *Herzphobie* genannt), fürchten trotz meist umfangreicher medizinischer Untersuchungen, an einer bislang unerkannten Herzerkrankung zu leiden oder an einem plötzlichen Herzinfarkt zu sterben. Sie bewerten starkes Herzklopfen, medizinisch unbedenkliche supraventrikuläre Arrhythmien und vorübergehenden Blutdruckanstieg aus psychischen Gründen als Vorzeichen einer lebensbedrohlichen Herz-Kreislauf-Erkrankung.
- Personen mit einer *Somatoformen autonomen Funktionsstörung des Atmungssystems* sind meistens von einem *Hyperventilationssyndrom* betroffen. Sie leiden unter der Angst, aufgrund dieser subjektiv bedrohlichen, medizinisch jedoch völlig harmlosen Symptomatik zu ersticken, ähnlich wie bei einem lebensbedrohlichen Asthmaanfall.
- Personen mit einer *Somatoformen autonomen Funktionsstörung des oberen Verdauungssystems* (*Reizmagen* oder *Funktionelle Dyspepsie* genannt) bzw. mit einer *Somatoformen autonomen Funktionsstörung des unteren Verdauungssystems* (*Reizdarm* oder *Colon irritabile* genannt) leiden manchmal unter der nur schwer zu beruhigenden Furcht vor Magen- oder Darmkrebs.

Menschen mit einer *anhaltenden Somatoformen Schmerzstörung* leiden seit mindestens sechs Monaten kontinuierlich an schweren und belastenden Schmerzen ohne bzw. ohne ausreichende organische Ursachen. Die Betroffenen fürchten in bestimmten Fällen ebenfalls oft einen tödlichen Verlauf, vor allem bei Kopfschmerzen aus Angst vor einem Kopftumor oder bei chronischen Ober- oder Unterbauchschmerzen aus Angst vor einem Krebs in den Verdauungsorganen oder in den weiblichen Organen, aber auch bei verspannungsbedingten linksthorakalen Brustschmerzen, die nicht selten als Anzeichen eines akuten Herzinfarkts oder einer zumindest drohenden Herzerkrankung interpretiert werden.

Existenzielle Ängste bei Hypochondrie

Menschen mit einer *Hypochondrie* leiden seit mindestens sechs Monaten an der Überzeugung, von einer oder mehreren schweren körperlichen Erkrankungen betroffen zu sein; sie können durch ärztliche Untersuchungen der völlig harmlosen körperlichen Beschwerden nur kurzfristig beruhigt werden.[42] Die Betroffenen werden weniger von den tatsächlichen Beschwerden gequält, wie dies bei Personen mit einer Somatisierungsstörung der Fall ist, sondern vielmehr von ihrer Angst, dass sie angesichts der medizinisch gesehen völlig harmlosen körperlichen Beschwerden eine schwere, lebensbedrohliche körperliche Erkrankung haben könnten.

Die *Krankheitsfurcht* (Nosophobie), das heißt die Angst vor schlimmen Krankheiten wie Herzinfarkt oder Brustkrebs ohne jede Symptomatik, wird ebenfalls zur Hypochondrie gezählt und bezieht sich auf eine potenzielle Bedrohung von Leib und Leben.

Personen mit einer Hypochondrie haben Angst vor einem frühen Tod sowie vor schlimmem Leiden und drücken dies durch charakteristische Befürchtungen aus. Im Mittelpunkt stehen dabei starke Ängste vor einem tödlichen Herzinfarkt, einer zum Tode führenden Erkrankung des Gehirns (Schlaganfall, Aneurysmablutung), einem Bauchspeicheldrüsenkrebs mit raschem Versterben oder einer anderen schweren Krebserkrankung, vor allem mit hoher Metastasierungsgefahr. Als eine HIV-Infektion noch tödlich verlief, wurde auch eine AIDS-Erkrankung stärker gefürchtet als heutzutage. Zu den hypochondrischen Ängsten zählen vor allem auch die Furcht vor seltenen, im schlimmsten Fall tödlich verlaufenden Erkrankungen des Gehirns sowie die Furcht vor bestimmten Krankheitsepidemien mit potenzieller Lebensgefahr. Viele Betroffene versuchen, sich bei »Dr. Google« über ihre vermeintliche Krankheit zu informieren. Der Besuch dieser 24 Stunden lang offenen »Praxis« ist jedoch selten heilsam, sondern verschlimmert häufig die Krankheitsängste.

Die Hypochondrie, die derzeit zu den Somatoformen Störungen zählt, wird im ICD-11 der Gruppe der *Zwangsstörungen* zugeordnet, weil die Betroffenen ihren Körper hinsichtlich möglicher bedrohlicher Symptome ständig kontrollieren und ihre körperliche Befindlichkeit auch mithilfe zahlreicher, medizinisch gesehen völlig unnötiger Untersuchungen überprüfen lassen. Darüber hinaus benötigen sie wie Zwangskranke in anderen Bereichen wiederholte verbale Versicherungen vonseiten der Ärzte und der sozialen Umwelt, dass sie an keiner schweren körperlichen Erkrankung leiden – was sie oft nur für einen kurzen Zeitraum glauben können.

Existenzielle Ängste bei Zwangsstörungen

Kontrollzwänge, Wasch- und Putzzwänge gelten als die häufigsten Zwangsstörungen. Zwangsstörungen sind eine eigenständige Krankheitsgruppe und keine Variante der Angststörungen. Menschen mit *Angststörungen* erleben sich als Opfer nicht kontrollierbarer Umstände und damit allen Bedrohungen ausgeliefert, sodass Flucht und Vermeidung die einzig wirksamen Strategien darstellen. Menschen mit *Zwangsstörungen* entwickeln dagegen aufgrund eines übertriebenen Verantwortungsgefühls und eines extremen Kontrollbedürfnisses ausgeprägte Schuldgefühle bei der Vorstellung, dass sie aufgrund eines möglichen Fehlverhaltens sich selbst und vor allem andere Menschen in Lebensgefahr gebracht haben oder zukünftig bringen könnten. Als Folge davon möchten sie durch verschiedene *Rituale* in Form bestimmter Kontroll- und Waschzwänge vermeintliche Fehler in den letzten Stunden, Tagen oder Wochen unbedingt beseitigen oder ihnen vorbeugen, bevor demnächst ein schwerer Schaden eintreten könnte.

Wasch- und Kontrollzwänge sollen existenzielle Ängste vermindern, durch Fehlhandlungen sich selbst und andere Menschen einer lebensgefährlichen Situation auszusetzen. Hinter der Kontrolle von elektrischen Geräten z.B. steht die Angst, dass die Betroffenen, deren Angehörige sowie andere Personen im Fall eines Feuers oder elektrischen Schlags zu Tode kommen könnten, etwa wenn der Herd nicht abgeschaltet ist und das Kabel der Kaffeemaschine oder des Föns nicht aus der Steckdose gezogen ist. Doch auch Kontrollzwänge rund um die Haustür und die Fenster können mit der Angst zusammenhängen, dass in der Nacht Einbrecher eindringen könnten, die nicht nur Diebstahl begehen, sondern auch zu Raubmord fähig sein könnten. Zahlreiche Frauen kontrollieren vor allem dann, wenn sie tagsüber oder nachts allein zu Hause sind, alle Türen und Fenster, um nicht von Verbrechern vergewaltigt, gequält und schließlich ermordet zu werden oder damit ihrem Kind nichts angetan werden kann. Hinter vielen Waschzwängen stehen Krankheitsängste, und zwar vor Keimen, die zum Tod der Betroffenen, vor allem aber auch von nahestehenden Personen führen könnten.

Die Covid-19-Pandemie hat die Waschzwänge vieler Menschen erheblich verstärkt – sowohl im Fall von Krankheitsängsten, die mit der Befürchtung einhergehen, selbst an Corona zu sterben, als auch im Fall von Verlustängsten, die von dem durch die Medien verstärkten Schuldgefühl begleitet sind, ohne penible Reinigung den möglichen Tod eines älteren, mehrfach erkrankten Angehörigen oder Bekannten herbeizuführen.

Bestimmte *Zwangsgedanken* und *Zwangsimpulse* haben damit zu tun, dass man sich selbst oder anderen Menschen ungewollt etwas Schlimmes antun und damit das bisherige Wohlbefinden für immer zerstören könnte, mit schlimmen Folgen für das Diesseits (langjährige Gefängnisstrafe durch einen irdischen Richter) und das Jenseits (ewige Verdammnis durch den göttlichen Richter), wie etwa: aus der Höhe, etwa einem Balkon oder einer Brücke, hinunterspringen, nahestehenden Personen wie dem eigenen Kind oder anderen wehrlosen Menschen ein Messer in den Bauch stechen.

Menschen mit Zwangsstörungen möchten wegen der möglichen Folgen für sie selbst und andere Menschen das kleinste Restrisiko um jeden Preis ausschließen. Sie neigen bei *Zwangsbefürchtungen* oft zu magischen Praktiken wie Zählzwängen bzw. bestimmten rituellen Bewegungen oder auch zu ständigen Rückversicherungen bei Angehörigen, wenn Kontroll- und Waschzwänge sowie positive Gegengedanken nicht ausreichen sollten, ein mögliches Unglück zu verhindern.

Unbegründete *Schuldgefühle* führen häufig dazu, dass die Betroffenen sich bereits zu Lebzeiten von Gott verdammt fühlen, sodass sie neben ihrer Zwangsstörung oft auch noch eine *Depression* entwickeln. Viele mehr oder wenig religiöse Menschen mit Zwangsstörungen haben ein *furchteinflößendes Gottesbild* im Sinne eines strengen Richters und unbarmherzigen Rächers und haben bereits bei »schlechten Gedanken« Angst vor diesem Gott, obwohl es um nichts anderes als aggressive oder sexuelle Zwangsgedanken geht. Sie fürchten sich wegen ihrer Gedanken vor den ewigen Qualen der Hölle, wie diese in früherer Zeit allen Sündern angedroht wurden, und fühlen sich trotz Beichte bzw. Buße noch immer nicht von ihren vermeintlich schweren Sünden befreit. Ohne eine Korrektur der religiösen Vorstellungen und der Bearbeitung der existenziellen Ängste vor dem Dasein nach dem Tod – ggf. in der Hölle – wird jede Form der psychotherapeutischen Behandlung derartiger Zwänge keinen ausreichenden und anhaltenden Erfolg zeigen.

Existenzielle Ängste bei einer Posttraumatischen Belastungsstörung

Das Wesen einer *Posttraumatischen Belastungsstörung* besteht in der Erfahrung einer realen Bedrohung von Leib und Leben durch bestimmte Menschen, schreckliche Kriegserlebnisse, verheerende Naturkatastrophen, schwere Erkrankungen mit extrem belastenden Behandlungsmaßnahmen oder folgenschwere Unfälle in der Vergangenheit, die im Laufe der Zeit immer wieder bei Tag und auch in der Nacht ungewollt so lebhaft erinnert wird, als wäre sie auch jetzt noch gegenwärtig. Schlimme traumatische Erfahrungen haben das Selbstverständnis der Betroffenen als autonom handelnde Person erschüttert, oft auch ihr Urvertrauen in andere Menschen sowie in eine positive Zukunft, da die Erfahrung des totalen Kontrollverlusts und des völligen Ausgeliefertseins gemacht wurde.

Nach meinem Verständnis stellt oft auch die erste *Panikattacke* im Zusammenhang mit einer Panikstörung eine Art »Minitrauma« dar, und zwar aufgrund der Befürchtung, an den objektiv ungefährlichen, subjektiv jedoch als lebensbedrohlich empfundenen Symptomen zu sterben.

Trotz erfolgreicher Psychotherapie bleibt die unauslöschliche existenzielle Erfahrung der Todesbedrohung bei traumatisierten Personen und deren Angehörigen häufig weiterhin bestehen. Ohne traumatische Erfahrungen wäre den Betroffenen die Konfrontation mit derartigen Extrembelastungen und den dadurch ausgelösten existenziellen Krisen erspart geblieben, wie dies bei anderen Menschen mit unerschütterlicher Zuversicht, Vertrauen in ihren Körper, bestimmten Verdrängungsmechanismen und hilfreichen psychischen Schutzfaktoren der Fall ist.

Existenzielle Ängste bei depressiven Störungen

Menschen mit *Depressionen* leben oft in der subjektiven Gewissheit, dass in der Vergangenheit bzw. Gegenwart unbewältigbare Katastrophen eingetreten seien, die keine gute Zukunft mehr ermöglichen und Hoffnungslosigkeit daher eine durchaus realistische Reaktion und angemessene Sichtweise auf die Welt und die Zukunft darstellt. Im Extremfall wird in einer tödlichen Erkrankung oder im Suizid die Erlösung von den Qualen auf dieser Welt gesehen. Zahlreiche Menschen mit einer depressiven Episode ohne Todessehnsucht entwickeln dagegen verschiedene Krankheitsängste, weil sie sich die im Rahmen der Depression aufgetretenen körperlichen Beschwerden nicht anders erklären können als durch bislang nicht gefundene organische Ursachen, die ihr Leben bedrohen könnten.

Eine *erstmalige depressive Episode* und eine *wiederholte depressive Episode* gehen neben den bekannten Symptomen wie Freudlosigkeit, Interesselosigkeit, Antriebslosigkeit, sozialem Rückzug, Selbstwertverlust, Appetitveränderungen, Schlafstörungen und Konzentrationsstörungen nicht selten auch mit Gefühlen von Sinnlosigkeit und Hoffnungslosigkeit einher, bis hin zu Selbstmordgedanken, weil der Suizid als einziger Ausweg aus einer deprimierenden seelischen, sozialen, körperlichen oder sozioökonomischen Befindlichkeit betrachtet wird.

Existenzielle Ängste, die im Zusammenhang mit einer Depression auftreten, erfordern intensivere Behandlungsmaßnahmen als lediglich die Gabe von Antidepressiva oder verschiedene Strategien zur körperlichen und psychischen Aktivierung im Rahmen einer Psychotherapie. Wenn die depressiven Leitsymptome wie Freudlosigkeit, Antriebslosigkeit und Schlafstörung verschwunden sind, kann daran gearbeitet werden, einen sinnstiftenden Lebensentwurf und ein darauf aufgebautes zielorientiertes Handeln zu entwickeln, um zu einem psychisch gesunden Leben zu finden.

Bei Menschen mit erstmaliger oder wiederholter depressiver Episode ist neben der Erfassung der typischen Symptomatik im Laufe der medizinischen und psychotherapeutischen Behandlung stets auch abzuklären, ob existenzielle Ängste die Depression letztlich verursacht oder zumindest aufrechterhalten und verschlimmert haben.

Depressive Episoden stehen oft in engem Zusammenhang mit Verlusterlebnissen oder schwierigen Lebenssituationen in der Gegenwart, die die Frage nach dem Sinn des momentanen sowie des zukünftigen Lebens aufwerfen.

Verschiedene Fachleute haben eine *existenzielle Depression* beschrieben, die mit existenziellen Themen des Lebens zusammenhängt. Viktor Frankl bezeichnete ein »abgründiges Sinnlosigkeitsgefühl« als »existenzielles Vakuum«[43]; er nannte diese Symptomatik eine *noogene Depression,* die bedingt sei durch die fehlende individuelle Antwort auf die Frage nach dem Sinn des Lebens.

Existenzielle Ängste bei Suchterkrankungen

Hinter dem schädlichen Konsum bzw. der Abhängigkeit von Substanzen wie Alkohol, Beruhigungsmitteln und illegalen Drogen stehen oft nicht nur andere psychische Störungen wie Angststörungen und Depressionen, sondern nicht selten auch existenzielle Ängste, die mit diesen Mitteln zu lindern oder gar zu beseitigen versucht werden. Das Gefühl der Sinnleere im Leben, die Angst vor der Endlichkeit des Lebens und die Furcht vor der Aussicht darauf, dass es nach dem Tod kein besseres Leben in einer anderen Welt gibt, lassen sich jedoch weder durch Alkohol noch durch andere dämpfende oder aufputschende Substanzen überdecken.

Wenn das Leben zu sehr schmerzt, streben die Betroffenen mithilfe bestimmter Substanzen eine Flucht aus und vor der deprimierenden Wirklichkeit an. Unangenehme (»negative«) Gefühle werden ersetzt durch ein künstliches Hochgefühl. Alkohol und illegale Drogen versprechen ein käufliches Glück und eine gewisse Ersatzbefriedigung nicht erfüllter Sehnsüchte, führen jedoch langfristig dazu, dass real vorhandene Lebenschancen nicht genutzt werden und in der Folge existenzielle Ängste und Sinnlosigkeitsgefühle erst recht verstärkt werden.

Viele Studien bestätigen, dass nicht die Suche nach Genuss die Menschen für den Konsum von Drogen anfällig macht, sondern vielmehr der Wunsch, auf diese Weise einen Ausweg aus den existenziellen Problemen und Ängsten im Leben zu finden.

Teil 2
Existenzielle Ängste bewältigen

Ratschlag 1
Sehen Sie der Angst vor dem Tod ins Auge: Erkennen und analysieren Sie Ihre existenziellen Ängste

Art und Ausmaß existenzieller Ängste

Die Furcht vor dem Sterben und die Angst vor dem Tod und dem möglichen Danach sind bei jedem von uns unterschiedlich stark ausgeprägt, abhängig von Alter, Persönlichkeit, religiöser, spiritueller, agnostischer oder atheistischer Grundeinstellung, körperlicher und psychischer Befindlichkeit, prägender Lebensgeschichte und aktueller Lebenssituation. Die einen fürchten sich mehr vor dem Prozess des Sterbens, die anderen mehr vor dem Tod als unabänderliches Ende des Lebens, wieder andere mehr vor dem, was danach kommen könnte.

Niemand von uns ist völlig frei von existenziellen Ängsten, ganz egal, ob wir Fachleute in den Bereichen der Medizin, Psychologie oder Psychotherapie oder deren Patientinnen und Patienten sind, ob wir geistliche Vertreter einer bestimmten Religion oder atheistische Naturwissenschaftlerinnen sind, ob wir weiblich oder männlich, jung oder alt, tiefgläubig oder religiös gleichgültig sind.

Im Folgenden lege ich Ihnen drei von mir entwickelte Fragebögen vor, die Ihnen Ihre eigenen Einstellungen verdeutlichen sollen. Es handelt sich dabei jeweils um 20 bzw. 30 Aussagen zu den drei Themenbereichen dieses Buches: »Furcht vor dem Sterben«, »Angst vor dem Tod« und »Angst vor dem Danach«.

Kreuzen Sie bei jeder Aussage eine Zahl von 0 bis 5 an, um das Maß Ihrer Ablehnung oder Zustimmung auszudrücken (0 = trifft überhaupt nicht zu, 5 = trifft sehr stark zu). Überspringen Sie eine Aussage, wenn der Inhalt nicht zu Ihnen passt und daher für Sie nicht zu beantworten ist, etwa in Bezug auf Ihren Glauben oder Nichtglauben.

Alle Fragen sind so formuliert, dass das Ankreuzen der höheren Zahl ein stärkeres Maß an Belastung durch die jeweiligen Gedanken oder Vorstellungen ausdrückt. Ermitteln Sie nach der Beantwortung jedes

Fragebogens die durchschnittliche Punktezahl pro Fragebogen, indem Sie die Summe durch die Zahl der Fragen dividieren, und tragen Sie das Ergebnis in der rechten Spalte der untersten Zeile ein. Ihre *durchschnittliche Punktezahl* ergibt sich bei den drei Fragebögen in folgender Weise:

- Fragebogen »Einstellungen zum Sterben«
  Summe : 30 = Ihr Durchschnittswert
- Fragebogen »Einstellungen zum Tod«
  Summe : 20 = Ihr Durchschnittswert
- Fragebogen »Einstellungen zum Zustand nach dem Tod«
  Summe : 20 = Ihr Durchschnittswert

Einstellungen zum Sterben	**Maß der Zustimmung**				
Ich fürchte mich vor dem Sterben.	1	2	3	4	5
Ich fürchte mich vor der Art meines Todes.	1	2	3	4	5
Ich fürchte mich vor meinem eigenen Sterben, wenn ich schwerkranke Menschen sehe.	1	2	3	4	5
Ich denke oft daran, woran ich einmal sterben werde.	1	2	3	4	5
Ich beschäftige mich mehr mit dem Sterben und den möglichen Umständen als andere Menschen.	1	2	3	4	5
Ich denke an mein eigenes Sterben, wenn andere Menschen im Sterben liegen oder gestorben sind.	1	2	3	4	5
Ich fürchte mich vor hilflosem Leiden und starken Schmerzen, wenn ich einmal sterben muss.	1	2	3	4	5
Ich fürchte mich davor, in menschenunwürdiger Weise sterben zu müssen.	1	2	3	4	5
Ich fürchte mich davor, vor meinem Tod auf Pflege oder medizinische Geräte angewiesen zu sein.	1	2	3	4	5
Ich fürchte mich davor, bis zu meinem Tod einen längeren Zeitraum dahinsiechen zu müssen.	1	2	3	4	5
Ich fürchte mich davor, abgeschoben in einer Einrichtung sterben zu müssen.	1	2	3	4	5
Ich fürchte den Prozess des Sterbens mehr als den darauffolgenden Tod.	1	2	3	4	5
Ich fürchte mich davor, allein und einsam sterben zu müssen, ohne Beisein vertrauter Menschen.	1	2	3	4	5

Ich fürchte mich vor dem Alleinsein im Moment des Sterbens, trotz Anwesenheit von Angehörigen.	1	2	3	4	5
Ich fürchte mich davor, später einmal eine zum Tod führende Erkrankung zu bekommen.	1	2	3	4	5
Ich fürchte mich umso mehr vor dem Sterben und den näheren Umständen, je älter ich werde.	1	2	3	4	5
Ich fürchte bestimmte Todesarten (z.B. Krebs) mehr als andere Todesarten (z.B. Herzinfarkt).	1	2	3	4	5
Ich fürchte mich davor, in der Zeit vor dem Sterben nicht mehr bei Bewusstsein zu sein.	1	2	3	4	5
Ich fürchte mich davor, plötzlich in der Nacht zu versterben, ohne davon etwas mitzubekommen.	1	2	3	4	5
Ich fürchte mich davor, dass mein Sterben nur sehr langsam erfolgen könnte.	1	2	3	4	5
Ich fürchte mich vor einem qualvollen Sterben.	1	2	3	4	5
Ich fürchte mich vor dem Hinauszögern meiner Lebensfunktionen, wenn der nahende Tod nicht mehr zu verhindern ist.	1	2	3	4	5
Ich fürchte den langsamen Verfall meines Körpers vor dem Tod.	1	2	3	4	5
Ich fürchte mich davor, dement zu sterben, ohne Wissen um meine Persönlichkeit.	1	2	3	4	5
Ich fürchte mich vor dem Alter, das ich mit langem Leiden und qualvollem Sterben verbinde.	1	2	3	4	5
Ich bin vom Sterben naher Angehöriger und guter Bekannter mehr belastet als andere Menschen.	1	2	3	4	5
Ich fürchte mich vor einer Krebserkrankung.	1	2	3	4	5
Ich fürchte mich vor einem Herzinfarkt.	1	2	3	4	5
Ich fürchte mich vor einem Schlaganfall.	1	2	3	4	5
Ich fürchte mich vor einer Alzheimer-Erkrankung.	1	2	3	4	5
Summe der Punktezahl: 30 =					

Einstellungen zum Tod	Maß der Zustimmung				
Ich habe Angst vor dem Tod.	1	2	3	4	5
Ich kann den Tod als das Ende meiner Person nicht akzeptieren.	1	2	3	4	5
Ich bin bedrückt von der Endlichkeit des Lebens.	1	2	3	4	5
Ich vermeide Situationen wie Begräbnisse oder Friedhöfe, die mich an den Tod erinnern.	1	2	3	4	5
Ich fürchte bereits jeden Gedanken an den Tod, weil mich das Thema Tod sehr belastet.	1	2	3	4	5
Ich vermeide jeden Gedanken an den Tod.	1	2	3	4	5
Ich habe Angst vor dem Tod, weil er das Ende meines Ichs und meines Bewusstseins darstellt.	1	2	3	4	5
Ich habe Angst vor dem Tod, weil er das Ende meiner Chancen, Hoffnungen und Träume ist.	1	2	3	4	5
Ich habe Angst vor dem Tod, weil er bei mir früher als durchschnittlich bei anderen Menschen eintreten könnte.	1	2	3	4	5
Ich habe Angst vor dem Tod, weil ich glaube, dass es kein Leben nach dem Tod gibt.	1	2	3	4	5
Ich habe mehr Angst vor dem Tod als viele andere Menschen.	1	2	3	4	5
Ich bekomme beim Gedanken an den Tod starke körperliche und psychische Symptome.	1	2	3	4	5
Ich habe Angst vor dem Tod, denn er beendet das Zusammensein mit geliebten Menschen und Freunden.	1	2	3	4	5
Ich habe Angst vor dem Tod, weil ich dann nicht mehr für meine Angehörigen, Freunde und Bekannten da sein kann.	1	2	3	4	5
Die Aussicht auf den Tod beeinträchtigt meine Lebensfreude.	1	2	3	4	5
Ich habe Angst vor dem Tod, weil er vor dem Erreichen meiner wichtigsten Lebensziele eintreten könnte.	1	2	3	4	5
Ich habe Angst vor dem Tod, weil ich über die näheren Umstände des Todes keine Kontrolle habe.	1	2	3	4	5
Ich bin beunruhigt, wenn ich daran denke, wie schnell das Leben vergeht.	1	2	3	4	5

Ich kann den Gedanken nicht ertragen, dass mein Körper einmal zum Leichnam werden wird.	1	2	3	4	5
Ich habe Angst vor der Vorstellung vom Verbrannt-werden bzw. von der Verwesung meines Körpers im Grab.	1	2	3	4	5
Ich kann dieses Buch nur unter großer Belastung lesen, weil es mit dem Tod zu tun hat.	1	2	3	4	5
Summe der Punktezahl: 20 =					

Einstellungen zum Zustand nach dem Tod	Maß der Zustimmung				
Ich bin beunruhigt von bestimmten Vorstellungen, wie es nach dem Tod weitergehen könnte.	1	2	3	4	5
Ich habe belastende Zweifel an meinem früheren Glauben an ein Leben nach dem Tod.	1	2	3	4	5
Ich glaube an ein Leben nach dem Tod, aber alle konkreten Vorstellungen davon beunruhigen mich.	1	2	3	4	5
Ich habe Angst vor dem Tod, weil ich als gläubiger Mensch nicht weiß, ob ich in den Himmel komme.	1	2	3	4	5
Ich habe Angst davor, nach dem Tod wegen meines Lebenswandels in die Hölle zu kommen.	1	2	3	4	5
Ich habe als katholischer Christ Angst davor, nach dem Tod ins Fegefeuer zu kommen.	1	2	3	4	5
Ich habe als gläubiger Mensch Angst vor der Strafe Gottes im Jenseits.	1	2	3	4	5
Ich habe als gläubiger Mensch Angst davor, nicht alle meine Verwandten im Himmel wiederzusehen.	1	2	3	4	5
Es beunruhigt mich, wenn es keine Auferstehung mit Leib und Seele geben sollte.	1	2	3	4	5
Ich habe Angst vor dem Tod, denn falls es einen Gott gibt, könnte er mich für meinen Lebenswan-del bestrafen.	1	2	3	4	5
Ich habe Angst vor dem Tod, weil ich mir nicht vor-stellen kann, wie es danach weitergeht, falls es eine unsterbliche Seele geben sollte.	1	2	3	4	5
Ich habe Angst vor dem Tod, weil ich nicht weiß, was mit mir passiert, falls es ein Leben nach dem Tod geben sollte.	1	2	3	4	5

Ich habe Angst vor dem Tod, weil ich mich im Fall der Existenz Gottes vor ihm für mein Leben rechtfertigen müsste.	1	2	3	4	5
Ich habe Angst davor, nach dem Tod wegen meines fehlenden oder falschen Glaubens von Gott bestraft zu werden.	1	2	3	4	5
Ich bin stark verunsichert, dass nicht einmal die christlichen Kirchen ein übereinstimmendes Bild vom Leben nach dem Tod haben.	1	2	3	4	5
Ich kann mich schwer auf das momentane Leben konzentrieren, weil mich ständig die Angst vor dem ungewissen Danach beschäftigt.	1	2	3	4	5
Ich kann nicht so leben, wie ich möchte, weil ich schlimme Folgen im Jenseits fürchte.	1	2	3	4	5
Ich habe Angst, dass es kein Leben nach dem Tod gibt, obwohl ich gerne daran glauben würde.	1	2	3	4	5
Ich habe Angst davor, im Fall der Unsterblichkeit der Seele für immer ohne Körper sein zu müssen, weil dies dann nicht mehr meine Person wäre.	1	2	3	4	5
Ich habe im Fall, dass es ein ewiges Leben nach dem Tod gibt, Angst vor dieser Ewigkeit.	1	2	3	4	5
Summe der Punktezahl: 20 =					

Anhand der *durchschnittlichen Punktewerte* pro Fragebogen erkennen Sie, welche existenzielle Angst bei Ihnen am stärksten ausgeprägt ist und daher am dringlichsten einer Bearbeitung bedarf.

Laut Fachleuten ist bei vielen Menschen die Furcht vor dem Sterben viel größer als die Angst vor dem Tod, während die Angst vor dem möglichen Danach im Gegensatz zu früher viel geringer ist. Ist das bei Ihnen auch so? Oder warum ist dies bei Ihnen ganz anders?

Hat sich das Ausmaß Ihrer existenziellen Ängste im Laufe der Zeit verändert? Wenn ja, aufgrund welcher Umstände?

Existenzielle Ängste in der konkreten Lebenssituation

Sie verstehen Ihre momentanen existenziellen Ängste dann am besten, wenn Sie folgende *Fragen* beantworten:

- Was sind meine schlimmsten Befürchtungen, wenn ich an das Sterben und die letzte Zeit vor meinem Tod denke?
- Was sind meine schlimmsten Befürchtungen, wenn mein Leben morgen zu Ende wäre, etwa durch einen tödlichen Unfall oder einen plötzlichen Herzinfarkt? Welche Folgen hätte dies nicht nur für mich, sondern auch für meine Angehörigen?
- Was sind meine schlimmsten Befürchtungen, wenn ich eine unheilbare körperliche oder psychische Krankheit bekommen würde und damit noch viele Jahre oder Jahrzehnte leben müsste?
- Was sind meine schlimmsten Befürchtungen, wenn es angesichts meines derzeitigen Lebens und meiner momentanen Lebenseinstellungen ein Weiterleben nach dem Tod geben sollte?

Existenzielle Ängste können Ursachen, Auslöser oder Verstärker von zahlreichen psychischen Störungen sein. Es kann aber auch eine akute oder chronische körperliche bzw. psychische Erkrankung bestehen, aufgrund der die früher vielleicht nur latent vorhandenen existenziellen Ängste plötzlich mit aller Wucht auftreten.

Analysieren Sie selbst oder im Rahmen einer Psychotherapie, welche Bedeutung existenzielle Ängste für die Entstehung, Aufrechterhaltung und Verstärkung Ihrer Erkrankung haben, sei es eine einzelne psychische Störung, eine psychische Mehrfacherkrankung oder eine körperliche Erkrankung. Im Rahmen einer Selbstbehandlung oder Psychotherapie sollten Sie sich zuerst mit jener existenziellen Angst beschäftigen, die Sie derzeit am meisten belastet. Falls Sie gläubig sind, kann ein Gespräch mit einem Vertreter oder einer Vertreterin Ihrer Religionsgemeinschaft eine wertvolle Orientierungshilfe darstellen.

Im Fall einer *psychischen Störung* sind folgende *Fragen* hilfreich:

- In welchem Ausmaß und in welcher Art und Weise können existenzielle Ängste hinter meiner psychischen Störung stehen?
- Sind existenzielle Ängste möglicherweise der Grund dafür, dass ich leicht einen Rückfall erleiden könnte und mich trotz Selbstbehandlung, Psychotherapie oder medizinischer Behandlung nicht stabil genug fühle, um mit psychischen bzw. psychosomatischen Störungen erfolgreich zurechtzukommen?

Im Fall einer *körperlichen Erkrankung* sind folgende *Fragen* hilfreich:

- Habe ich mehr Furcht vor dem Sterben an einer vorhandenen schweren körperlichen Erkrankung als Angst vor dem Tod selbst?
- Was belastet mich beim Gedanken an den Tod am meisten?
- Was kann ich trotz meiner Ängste vor der Zukunft derzeit tun, um die bestmögliche Lebensqualität zu erreichen und zu erhalten?
- Was macht mein Leben trotz schwerer Krankheit oder chronischer Behinderung weiterhin lebenswert?

Viele Menschen mit Angststörungen haben vor allem Möglichen große Angst, jedoch zu wenig Angst davor, im Leben zu kurz zu kommen, wenn sie so weitermachen wie bisher. Beantworten Sie daher auch folgende *Fragen*:

- Was könnte den Sinn meiner existenziellen Ängste in der Gegenwart ausmachen?
- Gibt es etwas, wozu sie mich aufrütteln und motivieren könnten, wenn ich mich auf ihre Botschaft einlasse?

Fragen Sie sich angesichts Ihres momentanen Lebens bzw. angesichts einer psychischen oder körperlichen Erkrankung auch, welche der bei Ratschlag 2 dargestellten Sinnbezüge es in Ihrem Leben geben könnte, statt sich nur mit der Freud- und Sinnlosigkeit Ihres Lebens zu beschäftigen, wenn sich eine psychische oder körperliche Beeinträchtigung nicht verändern lässt.

Ratschlag 2
Gehen Sie auf Sinnsuche: Finden Sie angesichts des Todes einen persönlichen Lebenssinn

Bedeutsamkeit von Sinnbezügen angesichts des Todes

Sinn – Handlungsmotivation angesichts begrenzter Lebenszeit

Woher kommen wir? Wozu leben wir? Wohin gehen wir? Was ist der Mensch? Dies sind die *zentralen Fragen des Lebens,* die nicht nur in der Theologie und Philosophie behandelt werden, sondern auch von Menschen in Krisensituationen in den Bereichen Psychologie, Psychotherapie, Psychiatrie und Organmedizin, speziell in der Alters- und Palliativmedizin, gestellt werden. Sie gipfeln in zwei Fragen: Was ist der Sinn des Lebens? Welchen Sinn hat das Leben, wenn es mit dem Tod für immer enden sollte?

Psychisch und körperlich Kranke stellen oft folgende *Sinnfragen*:

- Warum bin ich erkrankt?
- Was habe ich falsch gemacht?
- Was kann ich tun, damit ich wieder gesund bzw. gesünder werde?
- Mit welchem Lebenssinn kann ich angesichts einer chronischen Krankheit hoffnungsvoll weiterleben?
- Warum soll ich weiterleben, wenn ich laut Ärzten ohnehin nicht mehr gesund werde?
- Was gibt mir die Kraft weiterzuleben, wenn ich alles verloren habe, was mir im Leben wichtig war?
- Welche religiöse oder spirituelle Einstellung kann hilfreich sein?

Diese Fragen drehen sich um die existenziellen Grundthemen des Lebens. Unsere Antworten auf sie ermöglichen uns ein *sinnerfülltes Leben* trotz des ständigen Bedrohtseins unserer Existenz.

Der Anstoß zur Beschäftigung mit derartigen Sinnfragen erfolgt häufig erst durch die Erfahrung von schweren Schicksalsschlägen, die einen selbst oder geliebte Angehörige ereilen, und nicht während der Höhepunkte des Lebens, in denen Sinn, ohne große Reflexion darüber, als evident und unmittelbar gegeben erlebt wird.

Fachleute aus den Bereichen der Psychologie, Psychotherapie und Medizin können sinnsuchenden Menschen zwar keine Antwort auf existenzielle Fragen bzw. Sinnfragen des Lebens geben, wie dies die Vertreter der verschiedenen Religionsgemeinschaften in der Vergangenheit getan haben und auch in der Gegenwart noch immer, allerdings mit viel weniger Erfolg, zu tun versuchen. Sie können den Betroffenen jedoch helfen, ihren eigenen Sinn im Hier und Jetzt sowie in der näheren und ferneren Zukunft zu finden. Das ist angesichts der schwindenden Bedeutung von Religion heute sogar noch wichtiger als in der Vergangenheit, in der bestimmte Sinnstrukturen mehr oder weniger gesellschaftlich vorgegeben waren.

Der österreichische Neurologe, Psychiater und Psychotherapeut *Viktor Frankl*, Überlebender des Holocaust, hat die *Sinnfrage* sowohl durch seine populären, berührenden und von persönlichen Erfahrungen getragenen Bücher als auch durch seine Psychotherapiemethode der *Logotherapie und Existenzanalyse* seit den 1940er-Jahren in den Mittelpunkt seiner Überlegungen gestellt.[44] Sinnfindung ist auch ein zentraler Aspekt in C. G. Jungs Konzept der Individuation, dem lebenslangen Wachstums- und Reifungsprozess des Menschen, der das Herzstück seiner Analytischen Psychologie ausmacht.

Mittlerweile gibt es auch eine intensive wissenschaftliche Forschung zur Thematik »Psychologie des Lebenssinns«.[45] Die bisherigen Ergebnisse bestätigen die wegweisenden Erkenntnisse und Botschaften von Viktor Frankl.

Angst vor dem Tod als Motor der persönlichen und gesellschaftlichen Entwicklung

Die amerikanischen Psychologen *Sheldon Solomon, Jeff Greenberg* und *Tom Pyszczynski* unternahmen seit dem Ende der 1980er-Jahre intensive Forschungen in Bezug auf die Angst vor dem Tod. Angeregt von dem Buch »Dynamik des Todes. Die Überwindung der Todesfurcht« des Kulturanthropologen *Ernest Becker* entwickelten sie die *Terror-Management-Theorie,* zusammengefasst in ihrem Buch »Der Wurm in unserem Herzen. Wie das Wissen um die Sterblichkeit unser Leben beeinflusst«[46]. Die Angst vor dem Tod und deren Abwehr wird als die *Haupttriebkraft des menschlichen Handelns* angesehen. Die *Kernthese* lautet: Das Bewusstsein von unserer Sterblichkeit bewirkt eine ständige *Furcht*, die unser Erleben und Verhalten prägt (daher der Name Terror-Management, von engl. *terror* = Furcht), gleichzeitig ist es sowohl der *Motor* für unsere persönliche Entwicklung als auch für den Fortschritt in unserer Gesellschaft, z.B. in Form der spezifischen Ausprägung von Religion, Kunst, Kultur, Sprache, Wirtschaft und Wissenschaft.

Die Angst vor dem Tod lässt sich laut Terror-Management-Theorie durch zwei zentrale Faktoren, welche als »Angst-Puffer« dienen, in Schranken halten und erfolgreich bewältigen: einerseits durch ein Gefühl von Geborgensein in einer Kultur, die für eine konkrete Sinnstiftung und damit auch für eine umfassende Ordnung sorgt, andererseits durch die Überzeugung, ein bedeutungsvolles Leben zu führen, wodurch das Selbstwertgefühl gestärkt wird. Die beiden Säulen zur bestmöglichen Bewältigung der Angst vor dem Tod sind demnach ein *sinnstiftendes Weltbild* und ein darauf gründendes *Selbstwertgefühl*.

Unser kulturelles Weltbild beruht auf zentralen Glaubenssätzen, die wir mit vielen Menschen teilen. Die uns von klein auf in unserer Kultur vermittelten Sichtweisen der Welt geben uns ein Gefühl von Sinnhaftigkeit und ermöglichen uns Orientierung für ein rechtschaffenes Leben, das laut christlicher, jüdischer, islamischer oder sonstiger Glaubenslehre ewiges Leben in einer anderen Welt verheißt. Das Wissen um unsere Sterblichkeit treibt uns aber auch an, in dieser Welt alles nur Mögliche zu unternehmen, das einen mehr oder weniger langen Bestand über die Zeit hinweg hat, in der Welt Spuren hinterlässt und auf diese Weise unser Gefühl der Vergänglichkeit vermindert, auch wenn wir durch unsere Werke nur noch symbolisch weiterexistieren.

Die Autoren konnten in mehreren Hundert Studien und Umfragen aufzeigen, dass ein sinnstiftendes Weltbild die Angst vor dem Tod wesentlich vermindert und auf diese Weise bestimmte Verhaltensweisen fördert. Hunderte andere Studien haben darüber hinaus gezeigt, dass ein stabiles Selbstwertgefühl auf der Basis bestimmter Werte und Sinnentwürfe die körperliche und seelische Gesundheit in hohem Ausmaß erhalten und fördern. Menschen, deren Selbstwertgefühl nicht durch hilfreiche Sinnstrukturen und Wertorientierungen bestimmt ist, reagieren dagegen viel sensibler, wenn es um die eigene Sterblichkeit geht, und leiden stärker unter ihrer Angst vor dem Tod als andere Personen.

Das Bewusstsein von unserer Sterblichkeit verstärkt laut Terror-Management-Theorie die Tendenz, uns am kulturellen Weltbild festzuhalten und alles zu tun, um unsere Furcht vor dem Sterben und unsere Angst vor dem Tod zu vermindern. Eine derartige Anpassung an vorgegebene Weltbilder wirkt angstreduzierend, jede Abweichung davon und jede selbstgewählte Neuorientierung bewirken dagegen so lange eine große Unsicherheit mit starken existenziellen Ängsten, bis wir Gleichgesinnte finden, die unsere von der Gesellschaft abweichenden Glaubenssätze teilen.

Die Terror-Management-Theorie hat eine hohe Plausibilität. Die Angst vor dem Tod und das Wissen um die Endlichkeit des menschlichen Lebens treiben jeden Menschen sowie jede Kultur und Gesellschaft an, möglichst viele Dinge zu schaffen und Eingriffe in die Natur vorzunehmen, die von langem, zeitübergreifendem Bestand sind. Die ursprüngliche Behauptung der Autoren, dass alle menschlichen und gesellschaftlichen Aktivitäten auf der Erkenntnis der Sterblichkeit, der Abwehr ängstlicher Gedanken an den Tod und der symbolischen Überwindung des Todes beruhen würden, war jedoch eine überzogene Schlussfolgerung. Sie stellte die Handlungsmotivation, die auf der Erkenntnis der eigenen Sterblichkeit beruht, über jenes menschliche Streben, das sich aus dem Wunsch nach der Befriedigung der fünf menschlichen Grundbedürfnisse ergibt, wie sie der amerikanische Psychologe *Abraham Maslow* mit seiner bekannten Bedürfnispyramide dargelegt hat, die er kurz vor seinem Tod im Jahr 1970 noch um drei weitere Stufen ergänzt hat, wobei die oberste das Bedürfnis nach *Transzendenz* ist.[47] Demnach stellt nicht mehr die Selbstverwirklichung, sondern das Bedürfnis nach Überschreitung des eigenen Ichs und die Hinwendung zu anderen Menschen und deren Bedürfnissen die höchste Handlungsmotivation dar.

In Reaktion auf die berechtigte Kritik werden in der *neueren Konzeption der Terror-Management-Theorie* das *Bedürfnis nach persönlichem Wachstum* sowie die *Notwendigkeit der Selbsttranszendenz* als weitere zentrale Handlungsmotivationen des Menschen berücksichtigt. Hierdurch wird das ursprüngliche Konzept, dass alle menschlichen und gesellschaftlich-kulturellen Aktivitäten primär durch die Abwehr und Vermeidung des Gedankens an den Tod motiviert seien, stark erweitert.

Vergangenheitsbezogenes Bedauern als Ausdruck unzureichender Sinnerfüllung im Leben

Nach einer weiteren sehr bedeutsamen amerikanischen Theorie[48] bestimmen drei Faktoren das Ausmaß unserer Angst vor dem Tod: vergangenheitsbezogenes Bedauern, zukunftsbezogenes Bedauern und die Bedeutungseinschätzung des Todes (Sinnlosigkeit oder Sinnhaftigkeit des Todes).

Vergangenheitsbezogenes Bedauern besteht beim Rückblick auf das eigene Leben in der Erkenntnis, dass bestimmte Lebensziele nicht erreicht werden konnten, schlimmstenfalls im Eingeständnis, das ganze Leben falsch geführt zu haben und letztlich gescheitert zu sein. Als Folge kann sich eine depressive Symptomatik entwickeln.

Zukunftsbezogenes Bedauern besteht im Sich-eingestehen-Müssen, dass bestimmte Ziele bis zum Tod nicht mehr verwirklicht werden können, speziell aufgrund der subjektiv wahrgenommenen Unfähigkeit, entsprechende Pläne erfolgreich umzusetzen. Die Angst vor dem Tod spiegelt dann die Angst vor einem unerfüllten, unvollendeten und verfehlten Leben wider, obwohl zukünftig tatsächlich noch Chancen und Potenziale vorhanden sind, mehr aus dem Leben machen zu können als bisher.

Die *Sinnlosigkeit des Todes* wird erlebt, wenn keine persönliche Bedeutung des Todes gefunden werden kann und auch keinerlei tröstliche Aussicht auf ein ewiges Leben in einer anderen Welt besteht. Der erfolgreiche Umgang mit den genannten drei Faktoren vermindert die Angst vor dem Tod erheblich.

Viele Menschen unterschiedlichen Alters fürchten sich vor Sterben und Tod, weil sie noch gar nicht richtig gelebt und keine sinnvollen Ziele verfolgt haben. Es ist sehr deprimierend, angesichts des früher oder später bevorstehenden Todes mit dem Gefühl sterben zu müssen, das Leben im Rahmen der zur Verfügung stehenden Zeit nicht voll und ganz genutzt und genossen zu haben.

Nach den Erfahrungen der australischen Sterbebegleiterin *Bronnie Ware,* zusammengefasst in ihrem Bestseller »5 Dinge, die Sterbende am meisten bereuen«[49], gibt es bei vielen Menschen, die dem Tode nahe sind, fünf zentrale Themen von *vergangenheitsbezogenem Bedauern* über das nicht gelebte Leben:

1. »Ich hätte den Mut haben sollen, mir selbst treu zu bleiben, statt so zu leben, wie andere es von mir erwarteten.«
2. »Ich hätte nicht so viel arbeiten sollen.«
3. »Ich hätte den Mut haben sollen, meinen Gefühlen Ausdruck zu verleihen.«
4. »Ich hätte den Kontakt zu meinen Freunden halten sollen.
5. »Ich hätte mir mehr Freude gönnen sollen.«

Auch laut dem Palliativmediziner *Sven Gottschling* und der Psychologin *Katja Welsch*[50] bedauern todkranke Menschen:

- »Ich hätte mein eigenes Leben führen sollen.«
- »Ich hätte nicht so viel arbeiten sollen.«
- »Ich hätte mehr Mut haben sollen, meine Gefühle auszudrücken.«
- »Ich hätte mehr Kontakt zu meinen Freunden haben sollen.«
- »Ich hätte mir erlauben sollen, glücklicher zu sein.«

- »Ich hätte mich aus einer schlechten Beziehung lösen sollen.«
- »Ich hätte mehr reisen sollen.«
- »Ich hätte mir mehr schöne Momente gönnen sollen.«
- »Ich hätte mich körperlich fitter halten sollen.«
- »Ich hätte meinen miesen Job kündigen sollen.«
- »Ich hätte mich nicht so viel nach dem richten sollen, was die anderen denken.«
- »Ich hätte nicht so nachtragend sein sollen.«
- »Ich hätte öfter innehalten sollen, um besondere Momente zu genießen.«
- »Ich hätte mir nicht so viele Sorgen machen sollen.«

Vorgegebener oder selbstbestimmter Lebenssinn?

Vorgegebener Lebenssinn: früher durch die Kirchen bestimmt

Alle Gesellschaften, indigene Kulturen ebenso wie westliche Kulturen, verfügen über Schöpfungsmythen, Erklärungen des Universums, Anweisungen für das richtige Leben und Vorstellungen über das Leben nach dem Tod. In unserem Kulturkreis war der Lebenssinn früher durch die Religion vorgegeben, ähnlich wie auch heute noch immer in der islamisch geprägten Welt. Man spricht in diesem Fall von einem *Sinnobjektivismus* oder *kosmischen Sinn:* Der religiös oder gesellschaftlich vorgegebene Sinn des Lebens muss unbedingt verwirklicht werden, um auf Erden und im Jenseits glücklich und zufrieden leben zu können. Hilfreich ist diesbezüglich folgende *Frage:* »Wie sehr ist mein Leben durch einen vorgegebenen Lebenssinn bestimmt, etwa durch die Grundaussagen einer bestimmten Religion?« In einem früheren katholischen Katechismus wurde die Sinnthematik anhand der Frage »Wozu sind wir auf Erden?« folgendermaßen beantwortet: »Um Gott zu erkennen, zu lieben, ihm zu dienen und dadurch einst in den Himmel zu kommen.«[51]

Seit der französischen Aufklärung, das heißt seit dem 18. Jahrhundert, ist der Glaube an verbindliche, allgemeingültige Weltbilder erschüttert. Jeder von uns steht in der modernen Gesellschaft von heute vor der Entscheidung, vorgegebene kulturelle und religiöse Weltbilder zu übernehmen, dadurch zur Gruppe der Gläubigen zu gehören, damit einen stabilen Halt im Leben zu haben und auf diese Weise dem versprochenen Leben nach dem Tod mit Zuversicht entgegenblicken zu können, oder völlig eigenständige Sichtweisen des Lebens und der Welt zu entwickeln.

Hilfreich sind folgende *Fragen*, die uns schnell deutlich machen, nach welchen persönlichen, religiösen und gesellschaftlichen Werten bzw. Maßstäben wir unser Leben ausrichten:

- Wozu lebe ich?
- Warum lebe ich gerade so wie jetzt und nicht anders?
- Was macht mein Leben sinnvoll, bedeutsam und erfüllend angesichts meiner existenziellen Ängste?
- Was sind die drei wichtigsten Dinge, die meinem Leben Sinn und Bedeutung verleihen?
- Welcher wichtige Lebenssinn wäre am wenigsten verwirklicht, wenn ich innerhalb der nächsten zwölf Monate sterben müsste?

Selbstbestimmter Lebenssinn: Suche nach persönlicher Orientierung

Die zunehmende Bedeutungslosigkeit der christlichen Konfessionen in Verbindung mit der pluralistischen, multikulturellen und liberalen Gesellschaft unserer Zeit einerseits und die Individualisierung des Lebens andererseits führen dazu, dass immer mehr Menschen existenziell verunsichert sind; sie sind aufgefordert, einen ganz persönlichen irdischen Lebenssinn, das heißt einen »Sinn im Leben«, zu suchen, weil es keinen universellen, allgemeingültigen »Sinn des Lebens« mehr gibt. Man spricht im Fall eines eigenständigen Sinnentwurfs von einem *Sinnkonstruktivismus* oder *irdischen Sinn*.

Sinn ist nicht an sich gegeben und vorhanden, sondern muss erst als persönlich bedeutsame Sichtweise gefunden und erkannt werden, um handlungsleitend wirken zu können. Sinn resultiert aus Bewertungen, die wir entweder bewusst und reflektiert oder unbewusst und unreflektiert, das heißt ohne absichtliche und geplante Beschäftigung damit, vornehmen, wodurch unser Handeln in ganz bestimmter Weise gesteuert wird.

Die verschiedenen Sinnerfahrungen unseres Lebens entstehen durch *bewusste oder unbewusste Entscheidungen* für ganz bestimmte werte- und zielorientierte Denk- und Verhaltensweisen, die wir im Bewusstsein der Verantwortung für unser eigenes Leben sowie für das Wohl anderer Menschen treffen.

Der Sinn unseres Lebens beruht auf persönlich gelebten zentralen *Lebensbedeutungen*, d.h. Orientierungen, die dem Leben Bedeutung geben und sich aus unseren *Werten* und Überzeugungen ergeben. Daraus leiten wir konkrete *Ziele* ab, die uns zu bestimmten *Handlungen* motivieren.[52] Wir betrachten unser Leben dann als sinnerfüllt, wenn unsere Handlungen zur Erreichung unserer wertebasierten Ziele führen.

Jeder *Soll-Zustand* im Leben beruht auf bestimmten Werten und damit verbundenen Zielen; dieser wird laufend mit dem jeweiligen *Ist-Zustand* verglichen. Je größer die Diskrepanz von Ist- und Sollzustand ausfällt, desto stärker ist im Vorausblick die Angst vor Sterben und Tod und im Rückblick das Bedauern über das nicht gelebte Leben und die damit verbundene Sinnkrise.

Zahlreiche Personen »leben einfach so«, ohne sich die Sinnfrage überhaupt zu stellen. Sie stehen der Frage nach einem objektiven oder subjektiven Lebenssinn mehr oder weniger gleichgültig gegenüber und leiden nicht unter einer Sinnkrise oder Sinnleere, schon gar nicht unter einer psychischen Störung wie einer Depression. Laut Sinnforschung haben rund 35 Prozent der Bevölkerung keinen Lebenssinn, ohne deswegen von negativen Auswirkungen betroffen zu sein, wie dies früher allen Menschen ohne Lebenssinn unterstellt wurde. Man spricht in diesem Fall von einer *existenziellen Indifferenz.* Zumindest ein Teil der Betroffenen wird erst durch aufkommende existenzielle Ängste rund um die Themen von Sterben, Tod und dem Danach mit der Frage konfrontiert, ob das bisherige Leben sinnvoll verlaufen ist. Laut älterer Studie leiden 4 Prozent, nach neuerer Erhebung 11 Prozent der Befragten unter einer echten Sinnkrise.[53] Bei *existenzieller Leere* werden sich Menschen bewusst, dass ihnen jeder Lebenssinn fehlt, sodass sie darunter leiden.

Viktor Frankl prägte den Begriff der *noogenen Neurose* (griech. *nous* = Geist) und sprach vom »Leiden am sinnlosen Leben«.[54] Nach Überzeugung des Schweizer Psychiaters und Tiefenpsychologen *C. G. Jung* haben psychische Probleme und Störungen ganz entscheidend mit dem Fehlen spiritueller Erfahrungen und damit auch mit dem Ausbleiben von Sinnerfahrungen zu tun.

Zur erfolgreichen Bewältigung existenzieller Ängste tragen die Antworten auf folgende *Fragen* bei:

- Wie sehr will ich einen religiös und kulturell vorgegebenen Lebenssinn für mein Leben übernehmen?
- In welcher Weise möchte ich die traditionellen Glaubenslehren und Weltanschauungen für mich hilfreich modifizieren, wie dies auch viele andere Menschen tun?
- In welcher Art und Weise brauche ich einen ganz persönlichen Sinnentwurf, der von den bekannten Religionsformen und Weltanschauungen mehr oder weniger unabhängig ist?

- Wie sehr bin ich von meinem persönlichen Lebenssinn überzeugt, trotz anders denkender und anders handelnder Menschen in meinem Umfeld?

Wir können auch nach dem Lebenssinn anderer Menschen fragen und daraus etwas für die Entwicklung des eigenen Lebenssinns lernen. Folgende *Fragen* sind dabei hilfreich:
- Was sind nach meiner Erfahrung die wichtigsten Sinnstifter im Leben meiner Mitmenschen?
- Wie sehr stimme ich damit überein, wodurch unterscheide ich mich von den Sichtweisen anderer?

Nach einer Studie[55] mindern sechs Faktoren das Ausmaß der Angst vor dem Tod: ein hohes Selbstwertgefühl, ein religiöser Glaube, eine gute körperliche Gesundheit, das Gefühl eines erfüllten Lebens, enge Beziehungen zu Familienmitgliedern bzw. Freunden und ein gewisser Kampfgeist (»fighting spirit«). Was davon trifft auf Sie zu?

Lebenssinn als Basis für psychische Stabilität

Lebenssinn-Fragebogen

Im Folgenden lege ich Ihnen einen von mir entwickelten Fragebogen zum Sinn im Leben vor. Alle 20 Aussagen sind so formuliert, dass das Ankreuzen der höheren Zahl ein stärkeres Sinnerleben zum Ausdruck bringt. Markieren Sie bei jeder Aussage die am ehesten zutreffende Zahl (0 = trifft überhaupt nicht zu, 5 = trifft sehr stark zu).

Einstellungen zu den Sinnfragen des Lebens	**Maß der Zustimmung**				
Ich führe ein sinnerfülltes Leben.	1	2	3	4	5
Meine berufliche Tätigkeit stellt einen zentralen Sinn in meinem Leben dar.	1	2	3	4	5
Die Fürsorge für meine Angehörigen erfüllt mein Leben mit einem tiefen Sinn.	1	2	3	4	5
Ein wichtiger Lebenssinn besteht für mich in Selbstverwirklichung.	1	2	3	4	5

Mein Leben ist sinnvoll, wenn bzw. weil ich das erreiche, was ich mir vorgenommen habe.	1	2	3	4	5
Mein Leben ist sinnerfüllt durch meine private Lebenssituation.	1	2	3	4	5
Der Einsatz für die Verbesserung meines Lebensumfelds macht mein Leben sinnvoll.	1	2	3	4	5
Es gibt meinem Leben Sinn, für andere Menschen wichtig und hilfreich tätig sein zu können.	1	2	3	4	5
Kulturelle Aktivitäten sind eine wichtige und sinnvolle Bereicherung meines Lebens.	1	2	3	4	5
Gute Leistungen und Erfolgserlebnisse tragen wesentlich zum Sinn meines Lebens bei.	1	2	3	4	5
Mein religiöser Glaube bzw. meine Spiritualität gibt meinem Leben Sinn und Orientierung.	1	2	3	4	5
Mein Glaube an ein Leben nach dem Tod macht mein Leben in der Gegenwart sinnvoll.	1	2	3	4	5
Mein Leben ist sinnerfüllt durch meine Hobbys.	1	2	3	4	5
Wenn ich Spaß, Humor und Unbeschwertheit erlebe, spüre ich, dass das Leben sinnvoll ist.	1	2	3	4	5
Es erfüllt mein Leben mit Sinn, wenn ich etwas mache, das über meinen Tod hinaus Bestand hat.	1	2	3	4	5
Es macht mein Leben sinnvoll, möglichst viel von der Welt erleben, verstehen und wissen zu können.	1	2	3	4	5
Die enge Verbundenheit mit der Natur macht mein Leben sinnerfüllt.	1	2	3	4	5
Mein Freizeitverhalten macht mein Leben sinnvoll.	1	2	3	4	5
Sport und körperliche Betätigung tragen zum Sinn meines Lebens bei.	1	2	3	4	5
Es macht mein Leben sinnvoll, wenn ich etwas zum Wohl der Allgemeinheit tun kann.	1	2	3	4	5

Ihre Antworten auf diesen Lebenssinn-Fragebogen sollen Sie darauf aufmerksam machen, welche zentralen Werte und Sinnaspekte des Lebens bei Ihnen vorhanden sind und welche Sie zukünftig stärker beachten sollten, um mehr vom Leben zu haben als bisher.

Laut zahlreicher Fachleute[56] und auch aufgrund meiner eigenen psychotherapeutischen Erfahrungen steht fest: Die Angst vor dem Tod hängt oft mit dem *nicht gelebten Leben,* mit den nicht erfüllten Wünschen zusammen. Unsere Angst vor dem Tod ist umso größer, je weniger

Sinn und Sinnerfüllung wir in unserem momentanen Leben erkennen bzw. von unserem zukünftigen Leben erwarten und je stärker uns das Gefühl des ungelebten Lebens belastet. Unsere Angst vor dem Tod stellt im Fall der *Entfremdung* von unseren zentralen Lebenswerten und wichtigsten Zielen eine durchaus sinnvolle Warnung an uns dar, in Zukunft mehr als bisher auf die Verwirklichung unserer Träume, Werte und Ziele im Leben zu achten.

Zentrale Lebenswerte in der Lebenssinn-Forschung

Sinn ist ein Motivator zum Handeln, *Sinnerleben* die Basis für ein erfülltes Leben, auch wenn am Ende der Tod steht. Angesichts der Endlichkeit unseres Lebens kann uns unser Tun sinnlos erscheinen, weil all unser Schaffen keinen Bestand haben wird. Wir haben jedoch keine Alternative, als so lange zu leben, wie es uns bestimmt ist, und dabei das Bestmögliche für unser Leben und unsere Umwelt zu unternehmen. Der Hauptsinn jedes Organismus, jeder Pflanze und jedes Tieres besteht einfach im Leben und Dasein an sich sowie im Kampf ums Überleben, obwohl der Tod vorprogrammiert ist.

Der Mensch kann im Gegensatz zur übrigen belebten Natur spezielle Werte und daraus abgeleitete Ziele als den Sinn seines Lebens definieren, um mehr aus seiner Existenz zu machen, als einfach nur irgendwie auf der Welt zu sein. *Handlungen* werden im Gegensatz zu bloßer *Aktivität* dann als sinnvoll erlebt, wenn sie dazu dienen, übergeordnete Ziele zu erreichen. Ziele wiederum erhalten ihren Sinn erst dadurch, dass sie mit den übergeordneten Orientierungen, die dem Leben Bedeutung geben, übereinstimmen. Eine hohe *Lebenszufriedenheit* aufgrund der Verwirklichung bestimmter Werte vermindert die Angst vor dem Tod und dem Danach, weil das Leben davor einen tiefen Sinn hatte. *Sinnerfüllung* ist ein wesentliches Kriterium seelischer Gesundheit.

Die *Sinnforschung* hat 26 zentrale Werte identifiziert; sie werden mithilfe eines Fragebogens mit 151 Aussagen erfasst, der von der Psychologie-Professorin *Tatjana Schnell* und ihrem Team erstellt wurde.[57] Diese 26 Lebenswerte bzw. Sinnstifter werden fünf übergeordneten Dimensionen zugeordnet: *vertikale Selbsttranszendenz* (z.B. explizite Religiosität, Spiritualität), *horizontale Selbsttranszendenz* (z.B. soziales Engagement, Generativität), *Selbstverwirklichung* (z.B. persönliche Entwicklung, Leistung), *Ordnung* (z.B. Moral, Tradition), *Wir- und Wohlgefühl* (z.B. Gemeinschaft, bewusstes Erleben).

Die zehn stärksten Sinnstifter im Leben

Der Lebenssinn lässt sich nach der Lebenssinn-Forscherin Tatjana Schnell weniger gedanklich in Form einer expliziten Sinnsuche finden, sondern vielmehr im vertrauensvollen Sich-Einlassen auf die vorhandenen Lebensmöglichkeiten, das heißt der Lebenssinn wird am stärksten im konkreten Tun erlebt.[58] Die *stärkste Sinnerfüllung* ergibt sich in Zusammenhang mit der Verwirklichung der folgenden *zehn Sinnstifter:* Generativität, Fürsorge, Religiosität/Spiritualität, Harmonie, Entwicklung, Soziales Engagement, Bewusstes Erleben, Naturverbundenheit, Kreativität und Gemeinschaft.

Die *Generativität* hat sich in allen untersuchten Gruppen als die wichtigste Basis für ein sinnerfülltes Leben herausgestellt, und zwar unabhängig von Alter, nationaler Herkunft sowie dem Vorhandensein psychischer Störungen. Generativität besteht in der Verpflichtung zu einer Lebenshaltung, die das Tun oder Erschaffen von Dingen mit bleibendem Wert in den Mittelpunkt des Lebens stellt. Es geht dabei um das *Transzendieren* der eigenen Person im Interesse eines größeren Ganzen, indem man einen wichtigen Beitrag für die Gesellschaft und die nachfolgenden Generationen leistet, wie etwa Kinder großzuziehen oder sich in Politik, Kunst, Kultur, Naturwissenschaft oder Ökologie zu engagieren, um auf diese Weise für die nachfolgende Generation Verantwortung zu übernehmen.

Laut Studien ist ein erfolgreiches Sorgetragen für die soziale, gesellschaftliche und materielle Umwelt in jedem Lebensalter sinnstiftend und nicht nur in der Lebensmitte, in der man vermeintlich über die stärkste Schaffenskraft verfügt.

Diese Forschungsergebnisse stützen die Erkenntnisse der bereits beschriebenen Terror-Management-Theorie, aber auch andere Konzepte, etwa die Maslow'sche Bedürfnispyramide, die um das Grundbedürfnis der *Selbsttranszendenz* als oberste (achte) Stufe erweitert wurde, oder die Notwendigkeit der Selbsttranszendenz als Basis für das menschliche Sinnerleben, wie sie von Viktor Frankl und C. G. Jung zeitlebens betont wurde.

Nach weiteren Forschungserkenntnissen von Tatjana Schnell hängt ein sinnerfülltes Leben weniger von der Anzahl der verwirklichten Lebenswerte ab, sondern vor allem von ihrer *Ausbalanciertheit.* Eine Balance besteht beim Vorhandensein von mindestens *drei* der fünf Sinndimensionen (vertikale Selbsttranszendenz, horizontale Selbsttranszendenz, Selbstverwirklichung, Ordnung sowie Wir- und Wohlgefühl).

Eine möglichst große Breite von Werten im Leben stärken das Sinnerleben und das Selbstwertgefühl. Ein vollständiger Zusammenbruch des

Sinnerlebens kann dann erfolgen, wenn ein einziger zentraler Lebenssinn aufgrund bestimmter Umstände an Bedeutung verliert und durch keinen anderen kompensierbar ist, wie dies etwa dann der Fall ist, wenn Menschen allein im Beruf oder in der Kindererziehung ihren einzigen Lebenssinn sehen.[59]

Nach Tatjana Schnell gibt es eindeutige Belege dafür, dass auch eine atheistische Lebenseinstellung mit einem sinnerfüllten, wertegeleiteten Leben einhergehen kann, sie war allerdings geringer ausgeprägt als bei Religiösen und Nicht-Religiösen, die sich nicht als Atheisten bezeichneten. Bei näherer Analyse nach Subgruppen zeigte sich jedoch, dass Atheisten und Agnostiker in Bezug auf das Vertreten einer ethischen, werteorientierten Lebenseinstellung den Religiösen und Spirituellen in nichts nachstanden.

Lebensbedrohliche Ereignisse können zu Sinnkrisen, aber laut Forschung auch zu persönlichem Wachstum führen, wenn sich im Laufe der Zeit fünf neue Denk- und Handlungsweisen entwickeln:[60]

1. *Eine starke Wertschätzung des eigenen Lebens.* Die Betroffenen konzentrieren sich angesichts der Endlichkeit des Lebens auf das Wesentliche und nehmen auch Kleinigkeiten intensiver wahr.
2. *Eine Intensivierung der persönlichen Beziehungen.* Die Betroffenen konzentrieren sich auf die wahren Freunde und entwickeln ein stärkeres Mitgefühl für andere Menschen.
3. *Das Bewusstwerden der eigenen Stärken.* Die Betroffenen entwickeln durch die Bewältigung eines schlimmen Schicksals großes Vertrauen in ihre Möglichkeiten, auch zukünftige Probleme erfolgreich bewältigen zu können.
4. *Die Entdeckung neuer Möglichkeiten.* Die Betroffenen nutzen ihre verbleibende Energie für bedeutsamere Dinge als früher.
5. *Ein intensiveres spirituelles Bewusstsein.* Die Betroffenen entwickeln eine neue bzw. tiefere Spiritualität oder Religiosität.

Sinnerfülltes Leben als Alternative zum flüchtigen Glückserleben

Das *Sinnerleben* steigt, wie bereits erwähnt, deutlich an, wenn wir uns selbst überschreiten (*transzendieren*), das heißt, wenn sich nicht alles um uns selbst und unsere Bedürfnisse dreht, sondern wenn wir für andere Menschen da sind oder für bestimmte Werte bzw. religiös/spirituell begründete Inhalte eintreten. Ein zentraler Lebenssinn ist nach Viktor Frankl[61] nur dann gegeben, wenn der jeweilige Sinn die eigene Person in der Weise transzendiert, dass das Leben auf andere Menschen und zentrale Werte bezogen ist. Eine derartige Lebenseinstellung, die einen wesentlichen Faktor der seelischen und körperlichen Gesundheit ausmacht, hat laut Frankl sogar im Konzentrationslager die Überlebenschancen von denjenigen Menschen erhöht, die in einem festen, von vielen geteilten Glaubenssystem verankert waren, sei dies nun das Christentun, das Judentum oder der Kommunismus.

Für Frankl ist der Sinn des Lebens vorgegeben, man muss ihn nur suchen. Menschen mit einem »Willen zum Sinn« finden in allem einen Sinn, sogar in schlimmen Lebenserfahrungen und lebensbedrohlichen Erkrankungen, und wenn es nur darum geht, das Leben in Form eines letztlich religiösen »Übersinns« als wertvoll und lebenswert zu betrachten und durch die gemachten Erfahrungen zu reifen.

Nach Frankl gewinnt das Leben Sinn durch *drei Arten von Werten*,[62] die in einem ausgewogenen Verhältnis zueinander stehen sollen:

1. *Schöpferische Werte.* Es geht dabei um Taten und Werke, durch die das Leben Sinn erhält.
2. *Erlebniswerte.* Es geht dabei um Erlebnisse, Begegnungen und liebevolle Beziehungen, die dem Leben Sinn und Halt geben.
3. *Einstellungswerte.* Es geht dabei um Einstellungen und Haltungen zu bestimmten Ereignissen, wodurch das Leben Sinn erfährt, auch wenn es sich um schlimme Schicksalsschläge handelt.

Wer nach Frankl ein *Warum* und *Wofür* zu leben hat, das heißt einen *konkreten Lebenssinn* findet, erträgt fast jedes *Wie,* das heißt jede *Lebenssituation,* und kann viel leichter *Ja* auch zu einem sehr belasteten Leben sagen als jemand, der in einem existenziellen Werte-Vakuum lebt.

Im Gegensatz zum logotherapeutischen Ansatz Frankls, bei dem der Sinn in Form eines Sinnobjektivismus vorgegeben ist, muss der Sinn nach der personalen Existenzanalyse von *Alfried Längle*[63] von jedem Menschen erst selbst definiert werden. Die große (»ontologische«) Sinnfrage lasse sich nur durch einen religiösen Glauben beantworten, der alltägliche Sinn des Lebens hänge dagegen von unseren Werten ab.

Die Konzentration auf ein *sinnerfülltes Leben* vermindert nicht nur die Angst vor dem Tod, sondern auch die zu erwartende Frustration und Unzufriedenheit beim ständigen Streben nach Glück, wie dies bei vielen Menschen der Fall ist. *Glücksgefühle* sind flüchtige Zustände, die in bestimmten Situationen spontan auftreten. Wer das Glück direkt anstrebt, wird es, wie neuere Studien belegen, nicht dauerhaft erreichen, sondern möglicherweise sogar unglücklicher und depressiver sein als jene Personen, die Sinnerfüllung und nicht das Erreichen von Glückseligkeit in den Mittelpunkt ihres Lebens stellen.[64] Ein sinnerfülltes Leben auf der

Grundlage bestimmter Werte ermöglicht auch dann ein hohes Ausmaß an Lebenszufriedenheit, wenn aufgrund bestimmter Lebensumstände intensive Glücksgefühle kaum oder gar nicht möglich sind, wie Viktor Frankl aufgrund seiner Erfahrungen im Konzentrationslager eindrucksvoll aufgezeigt hat.

Die Furcht vor dem Sterben und die Angst vor dem Tod können laut Sinnforschung leichter bewältigt werden, wenn dem Sterben und dem Tod ein Sinn beigemessen werden kann, der nicht bloß durch die Hoffnung auf ein Leben danach begründet wird. Nicht die schicksalhaft eingetretene lebensbedrohliche Erkrankung als solche muss als sinnvoll angesehen werden, wie dies manche Menschen tun, die dem nahenden Tod noch einmal entkommen sind und dann hinterher sagen: »Es war gut, dass ich diese Krankheit bekommen habe, sonst hätte ich mein Leben nicht geändert.« Es reicht, wenn man sich der lebensbedrohlichen Erkrankung nicht mit einem Gefühl der Sinnlosigkeit des weiteren Lebens ausgeliefert fühlt, sondern das zukünftige Leben bis zum Tod weiterhin als sinnvoll ansieht und alle Möglichkeiten ergreift, es bestmöglich zu gestalten, etwa durch eine höhere Wertschätzung des momentanen Lebens, eine Stärkung der sozialen Beziehungen, das Bewusstwerden der eigenen Stärken, die Entdeckung neuer, bisher ungenutzter Ressourcen und Möglichkeiten oder die Entwicklung eines intensiveren spirituellen Bewusstseins.[65]

Ein zusammenfassender Überblick über die psychologischen Behandlungsmaßnahmen bei Menschen mit fortgeschrittener Krebserkrankung hat ergeben, dass die Konzentration auf einen Sinn im Leben die Bewältigung der Angst vor dem Tod wesentlich erleichtert und ganz allgemein zu mehr Wohlbefinden führt.[66]

Sinnerfüllung durch das Gefühl, wichtig und bedeutsam zu sein

Neuere britische Studien bestätigen den engen Zusammenhang von Lebenssinn und der eigenen Bedeutsamkeit für andere: Der zentrale Sinn im Leben beruht darauf, dass Menschen das Gefühl haben, für andere wichtig zu sein und in der Welt eine Bedeutung zu haben.[67] Nur jene Personen, die ihr Leben über die eigene Person hinaus, also auch für andere, als bedeutsam einschätzten, fanden es sinnvoll. Dieser Zusammenhang ergab sich unabhängig von Geschlecht, Alter, Religion und anderen Kriterien.

Diese neuen Erkenntnisse bestätigen einerseits die Bedeutung der *Selbsttranszendenz* des Menschen als Basis für ein sinnerfülltes Leben, wie sie Viktor Frankl und Abraham Maslow aufgezeigt haben, und andererseits die Wichtigkeit der *Generativität*, wie sie von Tatjana Schnell empirisch nachgewiesen wurde.

Unser persönlicher Sinn im Leben hängt entscheidend davon ab, dass wir ein Gefühl von Bedeutsamkeit und Wichtigkeit im Universum entwickeln, auch wenn unsere Person im Vergleich zum ganzen Weltall winzig erscheint. Wir bewerten unser Leben stets in Hinblick darauf, wie wichtig wir für unsere Mitmenschen sind oder wie wenig wir für die anderen möglicherweise wert sind, wenn sie auf uns überhaupt nicht reagieren und unsere Zuwendung und Hilfsbereitschaft gar nicht wahrnehmen, was uns recht deprimieren kann.

Spiritualität als zeitgemäße Form sinnerfüllten Lebens?

Der Begriff *Spiritualität* ersetzt im Zeitalter der kritischen Distanzierung von den etablierten Religionen zunehmend den Begriff der *Religiosität* (verstanden als persönliche Gottesbeziehung und äußerlich sichtbare religiöse Praxis mit Zugehörigkeit zu einer Religionsgemeinschaft). Spiritualität ist ein weiter gefasster Begriff, verstanden als zweifache Form von *Transzendenz*:[68] einerseits als Überschreitung der sichtbaren Realität in Richtung einer überweltlichen (kosmischen, göttlichen) Dimension ohne konkreten Religionsbezug, andererseits als Überschreitung der eigenen Person in Richtung nichtmaterieller Sinndimensionen (Werte wie Humanität, soziales Engagement, Familie, Freundschaft, Kunst, Natur u.a.).

Die Europäische Palliativgesellschaft (EAPC) definierte im Jahr 2010 *Spiritualität* sehr breit: »Spiritualität ist die dynamische Dimension menschlichen Lebens, die sich darauf bezieht, wie Personen (individuell und in Gemeinschaft) Sinn, Bedeutung und Transzendenz erfahren, ausdrücken und/oder suchen, und wie sie in Verbindung stehen mit dem Moment, dem eigenen Selbst, mit Anderen/m, mit der Natur, mit dem Signifikanten und/oder dem Heiligen.«[69]

Konfessionell eingestellte Autorinnen und Autoren, die sich mit *Spiritual Care*, d.h. mit Formen der christlichen Krankenhausseelsorge, beschäftigen,[70] kritisieren eine zunehmend häufige Definition von *Spiritualität* als bloße meditative Versenkung bzw. wertebasierte Ichoptimierung, die ohne einen Transzendenz-Begriff auskommt und nicht auf etwas Übersinnliches bzw. auf eine höhere Macht ausgerichtet ist. Spiritualität ohne Bezug des individuellen Lebens auf einen größeren kosmischen Zusammenhang sei eine *Verkürzung und Verflachung* des Begriffs, eine schwammige Worthülse, die alles und nichts bedeuten könne, ein falsch verstandener Gegenbegriff zu einer christlichen Religion, die vorschnell mit den Kirchen, ihren schweren Fehlern in der Vergangenheit und ihren Repräsentanten gleichgesetzt werde.

Viele Menschen sind zwar Mitglied einer christlichen Konfession, stehen jedoch vielen Glaubenslehren kritisch oder gleichgültig gegenüber, leben aber dennoch spirituell-transzendent orientiert. Die *moderne Form von Spiritualität* stellt oft einen Typ von Religiosität dar, »der antidogmatisch, antiinstitutionell, erfahrungsorientiert, plural, subjektiv und teilweise, aber nicht zwangsläufig privat ist«[71].

Lebenssinn-Stärkung in Krisenzeiten des Lebens

Nach einer weltweiten Untersuchung über die Wertvorstellungen Sterbender dominieren bei Menschen, die den Tod vor Augen haben, unabhängig von ihrer Religion und ihrer Erkrankung andere Grundwerte als bei gesunden Menschen. Sterbenskranke Personen betonen statt *selbstbezogener Werte* (Selbstverwirklichung, Macht, Genuss) *altruistische Werte* wie *Universalismus* (Besorgtheit um das Schicksal der Welt) und *Benevolenz* (gute Wünsche für andere Menschen).[72] Dieser Prioritätenwechsel hat bei den Betroffenen zu einer höheren Lebensqualität trotz schwerster Erkrankungen und begrenzter Lebenserwartung geführt.

Verschiedene wissenschaftliche Studien kamen übereinstimmend zu dem Ergebnis, dass die *Lebensqualität* am Lebensende nicht durch physische Funktionsfähigkeit bestimmt wird, was vor allem Menschen mit der Furcht vor dem Sterben an einer schlimmen Erkrankung wie Krebs hoffnungsvoll stimmen kann. Im Angesicht des Todes wird deutlich, worauf es wirklich ankommt. Der Wechsel der Wertvorstellungen zugunsten von mehr *Altruismus* bedeutet eine Überschreitung (Transzendierung) der eigenen Person in Richtung soziale Umwelt und Kosmos.

Die kirchlich geprägte *Religiosität* bzw. die kirchlich ungebundene Religiosität, d.h. die *Spiritualität*, ist umso stärker, je mehr sich sowohl gesunde als auch kranke Menschen mit einem größeren kosmischen Ganzen verbunden fühlen und je besser sie zu einem höheren Sinn des Lebens finden können. Dabei geht es sowohl um die Verbundenheit mit dem Numinosen, etwa im Sinne C. G. Jungs, der die Transzendenz der Psyche als Erfahrungsraum des Göttlichen beschreibt,[73] oder um die Beziehung zu einem persönlichen Gott, wie sie in monotheistischen Religionen gepflegt wird.

Die übermäßige Konzentration auf das eigene Ich und die persönlichen Wünsche und Bedürfnisse sowie eine übermäßige Ich-Bezogenheit erhöhen die Angst vor dem Tod. Die Hinwendung auf andere Menschen und deren Bedürfnisse führt dagegen zu einem sinnerfüllten Leben, was zur Folge hat, dass der Tod weniger gefürchtet wird als sonst.

Nach dem englischen Philosophen *Stephen Cave*[74] vermindern drei Tugenden die Angst vor dem Tod: Einfühlung, Achtsamkeit und Dankbarkeit, konkreter formuliert: die Identifikation mit anderen und deren Bedürfnissen, die Konzentration auf die Gegenwart mit dem Ansporn, im Hier und Jetzt das Bestmögliche zum eigenen Wohlbefinden zu unternehmen, und die Dankbarkeit für alles Schöne und Erfreuliche im Leben trotz zahlreicher Probleme und Belastungen.

Laut Fachleuten aus dem palliativen und religiös-spirituellen Bereich reicht es angesichts einer lebensbedrohlichen Erkrankung keinesfalls aus, möglichst viel Sinn im Leben an sich zu finden; es sei vielmehr notwendig, weiterhin das konkrete eigene Leben als sinnvoll und lebenswert anzusehen.

Angesichts von Lebenskrisen und schlimmen Krankheiten gehe es darum, eine konstruktive Bewältigung der aktuellen Probleme im Hier und Jetzt zu erreichen, wodurch das Leben auch gegenwärtig als sinnvoll und lebenswert angesehen werden kann und nicht erst zukünftig im Fall einer Wiedergenesung oder gar erst in einem Jenseits.[75]

Lebenssinn durch Religiosität/Spiritualität als Mittel zur Angstlinderung?

Religiosität, Spiritualität und Sinnerleben wirken sich positiv auf die Gesundheit aus. Der Glaube an ein ewiges Leben bzw. an das Eingebundensein des Individuums in ein größeres Ganzes vermindert die Angst vor dem Tod erheblich, weil der Abschied von dieser Welt dann nur zu einem neuen und besseren Leben im Jenseits führt bzw. den Übergang in eine andere Existenzform darstellt.

Zahlreiche *Religionskritiker* der Vergangenheit und Gegenwart stellten bzw. stellen die Behauptung auf, dass jeder Glaube an ein besseres Jenseits das Engagement in der momentanen Lebenssituation vermindere. Gefordert sei vielmehr die bestmögliche Konzentration auf das einzig mögliche Leben im Hier und Jetzt, ohne jede Hoffnung auf ein Entschädigtwerden in einer besseren Welt für erlittenes Leid. Das Verhalten vieler Menschen unterschiedlicher Religionszugehörigkeit belegt überzeugend, dass ein engagiertes Handeln im Diesseits und ein tiefer Glauben an ein Weiterleben im Jenseits Hand in Hand gehen können.

Es ist jedoch ein Faktum: Ein bestimmter religiöser Glaube kann die Angst vor dem Tod und dem Danach verstärken. Laut christlichem, jüdischem und islamischem Glauben werden, wie bereits erwähnt, nur bestimmte Verstorbene aufgrund ihres rechtschaffenen Lebens in den

Himmel oder ins Paradies aufgenommen, während allen anderen die ewige Hölle bzw. die Verdammnis bevorsteht, weil sie im Leben nicht den richtigen bzw. wahren Weg gegangen sind.

Der Glaube an einen strafenden Gott, an Teufel, Hölle und Sündenstrafen kann sich negativ auf die psychische Gesundheit auswirken, wie eine wissenschaftliche Studie zum Befinden Krebskranker herausfand. Diese Erkenntnisse lassen sich meiner Erfahrung nach auch auf körperlich und psychisch gesunde Menschen übertragen. Aus diesem Grund ist die Behauptung falsch, dass eine kirchlich gebundene Religiosität in jedem Fall zu mehr Wohlbefinden im Leben und zu weniger Angst vor dem Tod und dem Danach führt.

In der katholischen Kirche wurde früher sogar die angstmachende Botschaft verbreitet: »Außerhalb der Kirche kein Heil«. Das Konzil von Florenz hat das im Jahr 1439 in drastischen Worten ausgedrückt: »Die heilige Römische Kirche glaubt fest, dass kein Heide, kein Jude, kein Ungläubiger und niemand, der von der Einheit mit Rom getrennt ist, am ewigen Leben teilhaben wird. Vielmehr wird er in das ewige Feuer stürzen, das dem Teufel und seinen Engeln bereitet ist, wenn er sich nicht vor dem Tode wieder mit ihr verbindet.«[76] Auf dem Zweiten Vatikanischen Konzil (1962–1965) wurde diese abwertende Haltung jedoch aufgegeben und erstmals eine positive Anerkennung nichtchristlicher Religionen zum Ausdruck gebracht. So lautet ein zentraler Satz in der Erklärung »Nostra aetate«: »Die katholische Kirche lehnt nichts von alledem ab, was in diesen Religionen wahr und heilig ist.«[77]

Zur Minderung der Angst vor dem Tod benötigen Menschen, die nicht an ein Weiterleben nach dem Tod glauben, andere Sichtweisen als Gläubige, z.B. dass die Aussicht auf den Tod uns dazu motivieren soll, jeden Tag unseres Lebens bestmöglich zur Verwirklichung unserer Ziele zu nutzen. Auch Agnostiker und Atheistinnen können laut Sinnforschung ein erfülltes Leben führen. Es ist kein Glaube an einen persönlichen Gott oder ein größeres kosmisches Ganzes erforderlich, um existenzielle Ängste erfolgreich bewältigen zu können.[78]

Nach meiner Auffassung von Psychotherapie sollten Fachleute die ihnen anvertrauten Menschen bei ihrer persönlichen Sinnsuche so gut wie möglich unterstützen, ohne ihnen den eigenen Lebenssinn als heilsame Lösungsstrategie anzubieten oder gar aufzudrängen. Auf gezielte Nachfragen sollten ärztliche, psychologische und psychotherapeutische Expertinnen und Experten jedoch authentisch reagieren und die eigenen spirituellen und weltanschaulichen Grundeinstellungen in aller Offenheit kurz darlegen, ohne dadurch missionarisch zu wirken.

Ich selbst als Psychotherapeut und Klinischer Psychologe gebe weder in meinen Psychotherapiestunden noch in meinen Büchern meine persönlichen Einstellungen zu den Letzten Dingen des Lebens bekannt (außer auf spezielle Nachfrage), weil ich dies als Vermischung von Psychotherapie und Weltanschauung betrachte. Ich respektiere die religiösen bzw. nichtreligiösen Auffassungen meiner Patientinnen und Patienten und möchte sie in der Psychotherapie vor dem Hintergrund ihrer eigenen Weltanschauung zur angemessenen Bewältigung ihrer existenziellen Ängste anregen. Das nachfolgende Beispiel aus der Psychotherapiepraxis soll dies veranschaulichen:

Ein Patient mit einer schweren Zwangsstörung beschrieb mit beeindruckenden Worten, wie ihn sein Kindheitsglaube an Gott und Teufel psychisch krank gemacht habe, sodass er jetzt weder an einen Teufel noch an Gott glauben könne. Aufgrund seines Restrisikodenkens und seines ständigen Grübelns über die absolute Wahrheit bezweifelte er sowohl seine neu gewonnene atheistische Überzeugung als auch den Glauben seiner Kindheit und fürchtete deshalb, im Fall eines Irrtums nach seinem Tod von Gott dem Teufel überantwortet zu werden. Es würde ihm helfen, wenn ich ihn aufgrund meiner Weltanschauung davon überzeugen könnte, welche seiner Sichtweisen nun wahr bzw. falsch seien. Nach meiner Auffassung muss der Patient angesichts seiner existenziellen Ängste eine eigenständige Entscheidung treffen lernen, was er im Laufe der Psychotherapie auch schaffte, das heißt, er blieb bei seiner dezidiert atheistischen Grundeinstellung. Die Übernahme der Weltanschauung des Psychotherapeuten oder der Psychotherapeutin führt nur zur Abhängigkeit von Fachleuten, die in diesem Bereich auch nicht mehr wissen als alle anderen Menschen.

Ratschlag 3
Leben Sie entsprechend den eigenen Werten: Führen Sie ein erfülltes Leben bis zum letzten Tag

Das Leben aktiv gestalten

Die Angst vor dem Tod als Motor für ein sinnerfülltes Leben

Angst und Furcht sollen uns aufrütteln und antreiben und nicht lähmen und blockieren, wie dies bei vielen Menschen der Fall ist. Es geht darum, mit der *motivierenden Kraft der Angst* das Beste aus unserem Leben zu machen. Das gilt auch für unsere Furcht vor dem Sterben und unsere Angst vor dem Tod und dem Danach. Es ist nicht sinnvoll, keinerlei Angst vor Sterben, Tod und dem möglichen Danach zu haben, weil wir sonst keine hilfreichen Maßnahmen zum Schutz unseres Lebens sowie zur Vorsorge für den Todesfall treffen würden.

Wenn wir dem Tod mutig ins Gesicht blicken und die Endlichkeit unseres Lebens innerlich akzeptieren, können wir uns voll und ganz auf das *Leben im Hier und Jetzt* konzentrieren, das Machbare innerhalb der Lebensspanne realisieren, die Chancen unseres Lebens bestmöglich nutzen und die Freude am Leben im Angesicht von Sterben und Tod stärken. Die mentale Konfrontation mit dem Tod muss keineswegs dazu führen, dass wir uns vor lauter Angst ständig mit der ungewissen und bedrohlichen Zukunft unseres Lebens beschäftigen, sondern kann auch bewirken, dass wir voll und ganz in der Gegenwart leben, in der wir das noch verbleibende Leben bewusst, engagiert und verantwortungsvoll uns selbst und anderen gegenüber nutzen, um erreichbare Ziele zu verwirklichen.

Der bevorstehende Tod fordert uns zur Entwicklung unseres Lebens auf. Wir können die Angst vor dem Tod in positiver Weise als starken Antrieb betrachten, mehr aus unserem Leben zu machen, als wir dies vermutlich ohne die Angst vor dem Tod tun würden. Die Endgültigkeit und Unwiderruflichkeit unseres Todes und unsere Angst davor treiben uns an, trotz Angststörungen, depressiven Symptomen und körperlichen Beschwerden unser Dasein durch Aktivitäten und Erlebnisse zu bereichern, die unserem Leben Sinn verleihen.

Ein erfülltes Leben ist sicherlich auch ohne den Gedanken an den Tod und die Endlichkeit des Lebens möglich. Unser Leben hat bereits einen Sinn durch die Verwirklichung unserer zentralen Werte in der Gegenwart. Wir neigen jedoch dazu, ohne den gelegentlichen Gedanken an den Tod vieles auf unbestimmte Zeit hinauszuschieben, das wir lieber sofort, demnächst oder in absehbarer Zeit tun und erleben sollten. Die ganz normale Angst vor dem Tod führt dann zu einem sinnerfüllteren Leben als bisher, wenn sie uns zu einer bewussteren Lebensgestaltung auf Basis unserer zentralen Werte motiviert und damit mehr Lebensqualität ermöglicht.

Nach dem amerikanischen Psychoanalytiker und Psychiater *Irvin D. Yalom* zerstört uns zwar die Physikalität des Todes, die Idee des Todes rettet jedoch unser Leben, indem dieses erst durch seine Endlichkeit bedeutsam wird.[79] Wir sollten daher dem Tod ganz bewusst ins Auge blicken und uns mit unserer Angst vor dem Tod immer wieder konfrontieren, um dadurch stets aufs Neue für ein reiches und erfülltes Leben motiviert zu werden. Die Konfrontation mit dem Tod mache uns zwar anfangs Angst, so Yalom, beinhalte jedoch das Potenzial zu einem sehr bereichernden Leben.

Wir können nach Yalom die Endlichkeit unseres Lebens unterschiedlich wahrnehmen. Erstens: Der Tod macht alles Leben bedeutungslos, oder zweitens: Die Angst vor einem zu frühen Tod aktiviert uns, all das zu tun, was uns zu unseren Lebzeiten wichtig ist. Wie lange auch immer der Rest unseres Lebens sein mag, etwa verkürzt durch eine schwere Krankheit, es stellt sich uns immer wieder die grundlegende Frage, was wir mit der verbleibenden Lebenszeit anfangen möchten. Nach Yalom sollten wir den Tod als *Weckruf* an uns verstehen, die bestmöglichen Verbesserungen in unserem Leben vorzunehmen, statt stets nur die belastende Angst vor dem Tod aus eigener Kraft oder mithilfe einer Psychotherapie verringern zu wollen.

Nach *Epikur* sei es die eigentliche Aufgabe der Philosophie, das menschliche Elend und dessen zentrale Ursache zu mildern, die in unserer ständigen Angst vor dem Tod bestehe.[80] Der unausweichliche Tod beeinträchtige zweifellos unsere Lebensfreude, so konzidiert er, es komme jedoch darauf an, durch unser tägliches Tun und Erleben – trotz existenzieller Ängste – eine anhaltende Freude am Leben und unseren Aktivitäten zu entwickeln; vor allem gehe es um den Einsatz für unsere Mitmenschen und eine bessere Welt. Wir sollten trotz unserer Vergänglichkeit in dieser Welt nach besten Kräften etwas Bleibendes schaffen bzw. bewirken, einen kleinen Beitrag zur Verbesserung der Welt leisten und anderen Menschen ein Stück Weisheit, Anleitung und Trost zurücklassen.

Am Beispiel von Menschen mit schweren *Krebserkrankungen,* die sich angesichts der realen Todesbedrohung auf das Wesentliche im Leben konzentrieren, vor allem auf das, was sie innerhalb der ihnen verbleibenden Lebenszeit noch unbedingt tun und erleben möchten, wird deutlich, wie sehr die Begrenztheit des Lebens die *Intensität des Lebens* fördern kann.

Als Psychotherapeut bin ich sehr beeindruckt vom Schicksal einer meiner Patientinnen aus Deutschland, die sich wegen einer ausgeprägten Agoraphobie mit Schwindelattacken und Ohnmachtsangst seit Jahren nicht einmal in ihrer Heimatstadt frei bewegen konnte. Im Rahmen einer längeren Telefonberatung gelangen zwar verschiedene Fortschritte, jedoch nur in begrenztem Umfang. Sie liebte Prag, daher lud ich sie dorthin ein, als ich in dieser wunderbaren Stadt wieder einmal einen Kurzurlaub verbrachte, entgegen meinen sonstigen Gewohnheiten, Beruf und Privates niemals zu vermischen. Obwohl sie mich unbedingt einmal persönlich kennenlernen wollte, schaffte sie es trotz angebotenem Coaching per Handy aus Angst vor heftigen Schwindelattacken und Ohnmachtsanfällen nicht, mit dem Auto oder dem Zug die Reise anzutreten.

Als Alternative lud ich sie mit der Unterstützung ihrer Familie später für drei Tage nach Wien statt nach Linz ein, um mit ihr eine Konfrontationstherapie durchzuführen, was trotz bester Vorbereitung wiederum nicht gelang. Sie hatte nämlich den Anspruch, es müsse ihr nicht nur in Prag, sondern auch in Wien bestmöglich gehen, um von dieser Reise maximal profitieren zu können und nirgends unangenehm aufzufallen. Völlig unerwartet erhielt sie kurze Zeit nach Abbruch der Reise die Diagnose einer schlimmen, bereits stark fortgeschrittenen Krebserkrankung mit Metastasierung. Angesichts ihres bevorstehenden Todes schaffte sie es plötzlich problemlos, trotz ihrer starken Agoraphobie zwischen zwei Chemotherapien ganz allein nach Wien zu fliegen, um dort drei Tage mit mir die Stadt zu besichtigen – nicht wie eine Agoraphobie-Patientin mit großer Angst vor Schwindel und Ohnmacht, sondern wie eine von der Krebserkrankung sichtbar gezeichnete Frau auf schwankenden Beinen, die, manchmal gestützt von mir, aber ohne jede Ohnmachtsangst, unbedingt so viel wie möglich von Wien sehen und erleben wollte, bis sie einige Monate später laut SMS ihres Sohnes verstarb. Aus der ehemals gewünschten, gleichzeitig jedoch wegen ihrer überhöhten Ansprüche gefürchteten Konfrontationstherapie war ihr Wien-Besuch zum Highlight ihres letzten Lebensjahres geworden.

Muss es – weil der in weiter Ferne vorgestellte Tod nicht ausreicht – wirklich erst eine tatsächliche krankheitsbedingte Todesbedrohung sein, die uns dazu bringt, endlich das zu tun, was wir in unserem Leben schon längst tun wollten, wozu wir aber wegen verschiedener widriger Umstände oder stark überhöhter Ansprüche bislang niemals gekommen sind? Es gibt so viele Ziele, die wir immer wieder unnötig lange hinausschieben, in der Hoffnung auf bessere Zeiten, statt unter den Bedingungen der Gegenwart zu handeln!

Ein erfülltes Leben als Mittel gegen die Angst vor dem Tod

Irvin D. Yalom, der die Sterblichkeit des Menschen und die Angst vor dem Tod in den Mittelpunkt seiner existenziellen Psychotherapie gestellt hat, beschreibt in seinem Buch »In die Sonne schauen. Wie man die Angst vor dem Tod überwindet« eine »positive Korrelation zwischen der Angst vor dem Tod und dem Gefühl eines ungelebten Lebens«[81]. Wer im Leben viel versäumt habe, fürchte den Tod mehr als andere Menschen, die aus ihrem Leben das Bestmögliche machen. Die Angst vor dem Tod sei bei seinen Patientinnen und Patienten umso größer, je unzufriedener sie mit ihrem Leben seien. Der Amerikaner drückt seine Empfehlungen mit zwei Sätzen von Friedrich Nietzsche aus: »Lebe dein Leben« und »Stirb zur rechten Zeit«. Angesichts der Endlichkeit des Lebens gehe es darum, alle Chancen zu nutzen, um im Nachhinein keine Reue über das nicht gelebte Leben haben zu müssen.

In Bezug auf die eigene Person geht es nach Yalom um die maximale Selbstverwirklichung und bestmögliche Nutzung der eigenen Potenziale im Laufe des Lebens. Eine derartige Selbstverwirklichung sei ein »Bollwerk gegen Vergänglichkeit und den bevorstehenden Tod«[82]. *In Bezug auf andere* gehe es im Leben darum, wie bereits beschrieben, einen »Welleneffekt« zu hinterlassen, das heißt um die bestmögliche Einflussnahme auf die belebte und unbelebte Natur, ausgehend von unserem gegenwärtigen Leben bis über den Tod hinaus.

Eine amerikanische Längsschnittstudie an Absolventen der Harvard-Universität zur Frage »Wie gelingt das Leben?« hat als mit Abstand wichtigsten Faktor für ein gelungenes Leben die *Bindung* ergeben.[83] Dabei geht es nicht nur um die Bindung an einen Lebenspartner, sondern vor allem auch um die Kontakte zu anderen Menschen im Sinne von liebevollen und einfühlsamen Beziehungen. Persönlich bereichernde und befriedigende Sozialkontakte und eine gute soziale Integration im eigenen

Lebensumfeld sind daher wichtige Garanten für Lebenszufriedenheit und damit auch von Bedeutung, um die Angst vor dem Tod zu verringern.

Wertebasiertes Leben als Gegenpol zu existenziellen Ängsten

Innerhalb der *Verhaltenstherapie,* jener Psychotherapiemethode, die die Basis meiner beruflichen Tätigkeit darstellt, haben sich in den letzten Jahren und Jahrzehnten erhebliche Veränderungen ergeben. Es geht nicht mehr so wie früher um einen ständigen Kampf gegen Angst, Furcht und Panik, bis sich diese Emotionen aufgrund von Gewöhnung bzw. Erschöpfung auflösen oder durch Einsicht und Änderung negativer Denkmuster als unbegründet herausstellen, sondern um die Verbesserung der Lebensmöglichkeiten mit und trotz Angst, Furcht und Panik, vor allem auch um ein Leben auf der Basis zentraler *Wertvorstellungen.*

Diese geänderten Sichtweisen im Umgang mit Problemen und Symptomen zeigen sich insbesondere bei einer neueren Richtung innerhalb der Verhaltenstherapie, der sogenannten *Akzeptanz- und Commitmenttherapie (ACT).* Ihr zufolge sollen wir *achtsam,* das heißt nicht wertend akzeptieren, was in einer bestimmten Lebenssituation gerade ist und wie wir uns fühlen, und aufgrund unserer Verpflichtung (engl. *Commitment*) gegenüber bestimmten Werten das tun, was uns sehr wichtig ist, auch wenn wir dabei bestimmte psychische und körperliche Symptome wie Angst, Furcht, Herzklopfen, Beklemmungsgefühle oder Schwindel erleben sollten. Vor dem Hintergrund unserer existenziellen Ängste geht es um ein erfülltes Leben auf Basis unserer zentralen Werte; sie geben unserem Leben Sinn angesichts des Todes, trotz möglicher Angst- und Furchtreaktionen in bestimmten Situationen.

Stellen Sie sich im Laufe Ihres Lebens immer wieder einmal folgende *Frage:* Was möchte ich angesichts meines momentanen Alters, meiner Persönlichkeit und meiner konkreten Lebenssituation unbedingt noch erleben, bevor ich sterbe? Tun Sie dann täglich das Bestmögliche und tolerieren Sie dabei Ihre existenziellen Ängste. Es ist wissenschaftlich erwiesen, dass es zufriedener macht, wenn man sinn- und werteorientiert lebt, statt nur dem »Lustprinzip« zu folgen oder aufgrund einer Wohlfühlideologie immer gut drauf sein zu wollen.

Fragen Sie sich jeden Abend vor dem Schlafengehen, welche Aktivitäten und Erlebnisse am heutigen Tag für Sie bedeutsam waren. Planen Sie in diesem Sinne für den nächsten Tag bestimmte Handlungen, ausgerichtet nach Ihren kurz- und mittelfristigen Zielen, die von Ihren zentralen Werten (Lebensbedeutungen) bestimmt sind.

Beantworten Sie eine Zeitlang abends folgende *Fragen:*

- Was habe ich heute getan, das sinnvoll war?
- Was habe ich heute erlebt, das angenehm war?
- Wofür bin ich heute dankbar trotz aller Probleme?
- Was hat sich heute in meinem Leben getan, das es wert ist, Angehörigen oder Bekannten davon zu erzählen?

Das Leben intensiv genießen

Menschen, die unter psychischen Problemen leiden, leben entweder mental und emotional zu viel in der *Vergangenheit*, da sie sich ständig an das erinnern, was ihnen Schlimmes widerfahren ist, oder sie leben geistig zu sehr in der *Zukunft* und stellen sich immer wieder bildlich vor, welche Katastrophen ihnen oder anderen passieren könnten. Die Vergangenheit können wir aber nicht mehr ändern, sondern nur noch anders sehen und besser verarbeiten lernen, und auf die Zukunft, wie sie sich in den Worst-Case-Fantasien darstellt, können wir uns in der Gegenwart gar nicht angemessen vorbereiten, weil es sich dabei oft nur um ein unproduktives Sich-Sorgen-Machen über nicht fassbare Probleme handelt, ohne dass es konkret mögliche Lösungsstrategien gäbe.

Die alte christliche Weisheit »Lebe jeden Tag so, als ob er dein letzter wäre« richtet unsere Aufmerksamkeit ganz auf die Gegenwart, auf das, was wir im Hier und Jetzt tun können, um das Bestmögliche aus dem heutigen Tag zu machen. Es ist hilfreich, konzentriert und engagiert ganz im gegenwärtigen Tun aufzugehen. Gleichzeitig sollten wir uns jedoch auf das Morgen vorbereiten, sofern wir den heutigen Tag überleben sollten, was zwar nicht sicher, aber doch sehr wahrscheinlich ist. Eine überstarke Konzentration auf die Gegenwart kann aber auch eine Vermeidung der Konfrontation mit dem demnächst Bevorstehenden sein, mit der fatalen Folge, dass reale oder mögliche Bedrohungen für Leib und Leben nicht rechtzeitig abgewehrt werden.

Der englische Philosoph *Stephen Cave* schlägt folgende *Maxime* vor: Wir sollten so leben, dass es uns aufgrund unserer bestmöglichen Konzentration auf die Gegenwart nicht leidtäte, wenn wir morgen sterben müssten, aber auch nicht leidtäte, wenn wir morgen doch noch am Leben sein sollten, weil wir uns darauf angemessen vorbereitet haben.[84] Die Endlichkeit des Lebens und der Wunsch, aus jedem Tag das Bestmögliche zu machen, sollte jedoch zu keiner hektischen Betriebsamkeit und keinem ungesunden Stress führen, etwas zu versäumen und zu verpassen, weil wir beim ständigen Denken an das, was wir noch nicht erlebt haben, das Erlebte gar nicht genießen können.

Lebenskunst und Sterbenskunst sind eng miteinander verbunden. Die *Kunst des Sterbens* (ars moriendi) zu erlernen, gelingt jenen Menschen leichter, die vorher die *Kunst des Lebens* (ars vivendi) gelernt haben. Das Leben mit allen Sinnen wahrzunehmen und zu genießen und dabei die Sinnhaftigkeit des Daseins zu spüren, ohne ständig auf rationaler Ebene einen Lebenssinn zu suchen, stellt eine hilfreiche Gegenmaßnahme angesichts der Angst vor dem Tod dar.

Nach dem Philosophen *Richard D. Precht*[85] sind *Lernen und Genießen* das Geheimnis eines erfüllten Lebens. Lernen ohne Genießen verhärme, Genießen ohne Lernen verblöde. Wir sollten neugierig bleiben, unsere guten Ideen verwirklichen und »unsere Tage mit Leben füllen und nicht unser Leben mit Tagen«, wie ein bekannter Spruch es auf den Punkt bringt. Der Sinn unseres Lebens könne sich mit fortschreitendem Lebensalter ändern, sodass es auch darauf ankomme, den für die aktuelle Lebenssituation passenden Lebenssinn zu verwirklichen. Auch nach Precht ist der wichtigste Grund für unser Sinnbedürfnis das Wissen um unseren bevorstehenden Tod, und so komme es darauf an, unser gegenwärtiges Leben nach unseren Vorstellungen zu leben. Precht zitiert den russischen Schriftsteller Leo Tolstoi, nach dem das Glück nicht darin besteht, dass man tut, was man tun will, sondern darin, dass man immer *will,* was man tut. Das könne man auch auf die Sinnerfülltheit des Lebens übertragen.

Aufrüttelnd und hilfreich können folgende *Fragen* sein:

- Wie würde ich leben, wenn ich nur noch ein Jahr zu leben hätte, davon zehn Monate bei voller Handlungsfähigkeit und nur die letzten zwei Monate krankheitsbedingt im Krankenhaus?
- Welche Änderungen in meinem Leben würde ich dann vornehmen, die ich eigentlich auch schon jetzt als völlig gesunder Mensch anbringen könnte?

Wir sollten trotz Angst vor dem Tod und dem möglichen Davor und Danach auf *Spaß* und *Humor* im Leben nicht verzichten. »Lachen ist die beste Medizin«, heißt es. Freude und Lachen zählen zu den wichtigsten Gegenspielern von Angst und Stress. Selbst Menschen, die schicksalhaft von einer lebensbedrohlichen Erkrankung betroffen sind und mit Todesangst ringen, wird geraten, Humor und Lachen nicht zu vergessen.[86] *Lachen* dämpft das Schmerzempfinden durch die Ausschüttung von

Glückshormonen (Endorphinen), aktiviert und stimuliert den Kreislauf, senkt den Blutdruck, baut Stresshormone (Cortisol) ab, regt das Immunsystem an, vermindert Muskelverspannungen und fördert positive Emotionen, die mehr Optimismus und eine gewisse Gelassenheit ermöglichen. Wer Humor zeigt, kann belastende Dinge von außen sehen und zu ihnen auf Abstand gehen. Humor schafft die nötige Distanz zu uns selbst und gegenüber der Umwelt und hilft uns, mit dem Unvermeidlichen besser zurechtzukommen, statt ständig in unproduktiver Besorgtheit über die Endlichkeit des Lebens nachzudenken und in der Angst vor dem Tod zu erstarren.

Das Leben trotz Problemen bejahen

Das bekannte *Gelassenheitsgebet* kann auch jenen Menschen, die nicht an Gott glauben, das Akzeptieren dessen erleichtern, was sie nicht ändern können, und ihre Bereitschaft fördern, so gut wie möglich das zu tun, was ihr Leben reicher und erfüllter macht: »Gott, gib mir die Gelassenheit, die Dinge hinzunehmen, die ich nicht ändern kann, den Mut, die Dinge zu ändern, die ich ändern kann, und die Weisheit, das eine vom anderen zu unterscheiden.«

Akzeptanz von nicht oder kaum veränderbaren Situationen ermöglicht uns die Hinwendung zum Machbaren. Oft fällt es uns schwer, psychische oder körperliche Erkrankungen bei uns selbst oder bei nahen Angehörigen anzunehmen, oder unsere momentan nicht veränderbare private, partnerschaftliche, familiäre, soziale, schulische oder berufliche Situation auszuhalten. In dieser Situation gilt es, nicht *gegen* die widrigen Umstände zu kämpfen, sondern *für* jene Werte und Ziele, die einem wichtig sind. Wir sollten versuchen, die Lust am Leben aufrechtzuerhalten – durch einen sinnvoll strukturierten Lebensalltag, den Kontakt zu wichtigen Bezugspersonen und durch die Besinnung auf das, was unserem Leben Bedeutung gibt, vor allem auch Spiritualität.

Die Endlichkeit unseres Daseins ist eine gegebene Tatsache. Doch wir haben eine gewisse Chance, durch einen bestimmten *Lebensstil* die biologische Grenze, die unserem Leben gesetzt ist, etwas nach hinten zu verschieben. Auch wenn wir aufgrund bestimmter *Erbfaktoren* zu einer körperlichen oder psychischen Krankheit neigen, ist damit noch keineswegs unser Schicksal besiegelt. Nach dem modernen Konzept der *Epigenetik* beeinflussen sich Erbe, Umwelt und Lebensstil wechselseitig, in positiver und negativer Weise. Wir haben unser Schicksal zwar nicht in der Hand, können es jedoch durch einen gesunden Lebensstil und eine gute soziale Integration beeinflussen. Es hat sich herausgestellt, dass sozial gut eingebundene Menschen mit einem schlimmen Schicksal besser zurechtkommen als jene Personen, die keinerlei psychosoziale Unterstützung erhalten.

Eine schlimme Erkrankung wie Krebs ist für jeden von uns schwer anzunehmen. Zahlreiche Studien haben nachgewiesen, dass das Leben zumindest etwas verlängert und die Lebensqualität sogar erheblich gesteigert werden können, wenn die Betroffenen im Rahmen einer umfassenden palliativen Versorgung nicht nur medizinisch, sondern auch psychosozial, psychologisch und psychotherapeutisch bestmöglich betreut werden. Wenn wir eine schwere Krankheit und die damit verbundenen Umstände nicht ändern können, kommt es ganz entscheidend darauf an, mit dieser Situation so umzugehen, dass wir versuchen, uns auf das Leben in der Gegenwart zu konzentrieren, und das Bestmögliche daraus zu machen. Nicht positives Denken, sondern *positives Handeln* verbessert unsere Lebensqualität. Im Fachjargon spricht man von *Ressourcenaktivierung*.

Angesichts einer lebensbedrohlichen Krankheit ist es sehr wichtig, das *Selbstwertgefühl*, die *Sinnhaftigkeit* und die *Bedeutung* des weiteren Lebens trotz der erheblichen körperlichen Beeinträchtigungen zu stärken. Genau dieses Ziel verfolgt die sogenannte *Würdezentrierte Therapie* des kanadischen Psychiaters *Harvey Max Chochinov*.[87] Es geht um den Erhalt und die Verbesserung der *Würde* des kranken Menschen in dreifacher Form: krankheitsbezogen, sozial und persönlich. Die Krankheitsbewältigung gelingt umso besser, je mehr die Schwerkranken zur Stärkung ihrer Würde auf körperbezogene, soziale und persönliche Ressourcen zurückgreifen können. Die Betroffenen sind dann weniger ängstlich, depressiv, hoffnungslos und lebensüberdrüssig. Wichtige Erkenntnisse aus dem Lebensrückblick werden zur Stärkung der Würde verschriftlicht und in bestimmten Fällen auch als *Vermächtnis* den Angehörigen schriftlich übergeben bzw. diesen vorgelesen.

Typische *Fragen* zur Stärkung des Würdegefühls sind:

- Was ist und bleibt von meiner Erkrankung unberührt?
- Welche positiven Aktivitäten sind weiterhin möglich?
- Worauf bin ich in meinem Leben besonders stolz?
- Kann mich eine religiöse oder spirituelle Gemeinschaft stärken?
- Was ist mir in Bezug auf Privatsphäre und Körper sehr wichtig?
- Was lenkt mich von meiner Krankheit ab und kann beruhigen?
- In welcher Weise möchte ich bei meinen Angehörigen in Erinnerung bleiben?
- Was möchte ich aufgrund meiner Lebenserfahrungen meinen Angehörigen und Freunden für deren Leben noch mitgeben?

Ratschlag 4
Leben Sie entsprechend den eigenen Werten: Ziehen Sie eine Bilanz in Form eines Lebensrückblicks

Lebensrückblick in Freude und Dankbarkeit

Die Strategie des *Lebensrückblicks* wurde zuerst in der Betreuung älterer Menschen, dann bei Schwerkranken, wie etwa Personen mit Krebserkrankungen oder beginnender Demenz, und schließlich auch in der Psychotherapie eingesetzt, und zwar von unterschiedlichen Methoden wie etwa der Verhaltenstherapie und den tiefenpsychologischen Verfahren.[88] Der Lebensrückblick wird heute bei Menschen aller Altersgruppen als *lebenssinnstärkende Unterstützung* und *Bilanzierung* des bisher gelebten und auch des ungelebten Lebens genutzt, um die Vergangenheit besser zu verarbeiten und zu integrieren und in der Folge davon hilfreiche Schlussfolgerungen für die Zukunft zu ziehen.

Ein therapeutisch nützlicher Lebensrückblick besteht nicht in der chronologischen Vergegenwärtigung des ganzen Lebens in Form eines detaillierten Lebenslaufs, sondern in der *möglichst bildhaften Erinnerung an emotional bedeutsame Punkte und Phasen im bisherigen Leben*. Es geht um die Integration von positiven und negativen Erfahrungen, freudigen und traurigen Erlebnissen, geglückten und weniger geglückten Aktivitäten. Im Rückblick auf unser bisheriges Leben ergibt sich ein Ganzes, eben das Bild von uns selbst als Mensch mit allen Stärken und Schwächen, und zwar dann, wenn wir weder einer romantischen, auf Verdrängung und Verfälschung beruhenden Schönfärbung des Lebens noch einer Überfixierung auf Verluste, Misserfolge und Versäumnisse im Leben erliegen.

Es ist sehr hilfreich, wenn wir uns mit unserer Vorstellungskraft bestmöglich alle emotional bedeutsamen Situationen, Übergänge und Schnittpunkte im Leben vergegenwärtigen, die bei uns Freude, Hoffnung, Ärger, Angst, Traurigkeit und andere Gefühle ausgelöst haben. Die lebhafte Erinnerung an jene zentralen Erfahrungen, die dazu beigetragen haben, dass wir das sind, was das Leben aus uns gemacht hat, schafft ein stärkeres Bewusstsein von unserer Identität über verschiedene Zeiträume hinweg, als dies bisher der Fall war.

Ein derartiger Lebensrückblick ermöglicht uns durch neue Sichtweisen auf früher Erlebtes sowie durch eine bessere Akzeptanz unseres Lebenslaufs eine *Versöhnung* mit unserer Lebensgeschichte und eine *Würdigung* bzw. *Abrundung* unseres Lebens. Ein heilsamer Effekt des Lebensrückblicks, bei dem Schlüsselszenen unseres Lebens emotional wiedererlebt werden, besteht vor allem auch in der Erkenntnis: Unser Leben war erfüllt und ist auch weiterhin sinnvoll und lebenswert trotz des bevorstehenden Todes und trotz der Unsicherheit über das Danach. Angesichts der Endlichkeit befriedigt ein emotional betonter Lebensrückblick unser menschliches Bedürfnis, die Intensität unseres Lebens wenigstens in der Vorstellung noch einmal wiedererleben zu können, bevor wir sterben müssen.

Die Jung'sche Psychoanalytikerin und Psychotherapeutin *Verena Kast* betont in ihrem empfehlenswerten Buch »Was wirklich zählt, ist das gelebte Leben. Die Kraft des Lebensrückblicks«[89] die Gestaltung des Lebensrückblicks als *Freudenbiografie*. Bei emotional negativer Stimmung neigen wir nämlich dazu, eher die negativen Erfahrungen und belastenden Situationen in der Vergangenheit zu erinnern als die positiven Aspekte, sodass wir unsere Aufmerksamkeit beim Blick zurück ganz bewusst auf die freudigen Erlebnisse richten sollten, ohne deswegen die negativen Aspekte des Lebens zu verleugnen. Die Imagination der schönsten und erfüllendsten Erfahrungen sowie der größten Erfolgserlebnisse in unserem Leben stärkt unser Selbstwertgefühl und erleichtert uns dadurch, belastende Erinnerungen an die schlimmsten Dinge unseres Lebens sowie an Handlungen und Verhaltensweisen, die wir bislang als schambesetzt empfunden oder schuldhaft bewertet haben, konstruktiv zu bewältigen.

Im Rahmen des Lebensrückblicks als Freudenbiografie[90] vergegenwärtigen wir uns die verschiedenen Phasen des Kindes-, Jugend- und Erwachsenenalters und erinnern uns dabei an jene Situationen, die in uns Gefühle von *Freude* sowie auch von *Vorfreude* ausgelöst haben. Zur Verbesserung unseres Erinnerungsvermögens können wir dabei bestimmte *Hilfsmittel* nutzen, wie etwa Fotos, Videos, Zeichnungen, schriftliche Unterlagen, Lieblingsgegenstände und auch Gespräche mit bedeutsamen Bezugspersonen und guten Freunden.

Wir können auch von persönlichen Aufzeichnungen in einem *Freudentagebuch* profitieren, in dem wir fortlaufend alle Erinnerungen an freudige Erlebnisse in unserem Leben festhalten.

Im Rahmen des Lebensrückblicks sind folgende *Fragen* hilfreich:

- Worauf in meinem Leben blicke ich mit Freude und Stolz zurück?
- Was sind die größten Erfolge in meinem Leben?
- Welche Schwierigkeiten im Leben habe ich trotz widriger Umstände erfolgreich gemeistert?
- Was sind die schönsten Erlebnisse meines Lebens, die mich auch rückblickend noch immer mit Freude erfüllen?
- Was waren die lustigsten Momente meines Lebens, bei denen ich auch rückblickend noch immer lachen muss?
- Was war bisher das Schönste und Wichtigste in meinem Leben, weshalb es sich ausgezahlt hat, auf der Welt zu sein?
- Welche Menschen und Bezugspersonen waren in meinem Leben von größter Bedeutung für mich und was verdanke ich ihnen?
- Was habe ich mit anderen Menschen zusammen aufgebaut, das auch weiterhin Bedeutung und über die Zeit hinweg Bestand hat?
- Welche Erfahrungen haben das Bewusstsein um den Wert meiner Person und meiner Fähigkeiten gestärkt?
- Was möchte ich weiterhin erleben, gestärkt und ermutigt durch die positiven Erfahrungen in meinem Leben?

Die Beantwortung dieser Fragen sollte am besten schriftlich erfolgen, hilfreich ist auch eine Sprachaufnahme mit der Memofunktion des Handys, um alle Reflexionen und Erinnerungen zu einem passenden Zeitpunkt einer bestimmten Vertrauensperson mitteilen zu können.

Die *Erinnerung* an freudvolle Erlebnisse in der Vergangenheit kann dazu beitragen, dass wir auch die Gegenwart wieder mit mehr Freude wahrnehmen und sie genießen lernen. Selbst wenn angesichts der gegenwärtigen Situation und der momentanen Befindlichkeit dieselben oder ähnliche Quellen der Freude nicht mehr möglich sein sollten, kann die Erinnerung an frühere freudvolle Erlebnisse unsere Motivation stärken, nach neuen Möglichkeiten freudiger Erlebnisse zu suchen, etwa nach anderen sportlichen Aktivitäten, kreativen Tätigkeiten oder nach neuen Sozialkontakten.

Im Rahmen des Lebensrückblicks können wir auch unser zentrales *Lebensmotto* herausarbeiten, das zu verschiedenen Zeitpunkten unseres Lebens unser leitendes Handlungsprinzip ist. Anhand des zentralen Lebensmottos wird uns bewusst, was in den verschiedenen Lebensabschnitten den Sinn unseres Daseins ausgemacht hat.

In diesem Zusammenhang sind folgende *Fragen* anregend:

- Was ist bzw. war das Lebensmotto in meiner Kindheit und Jugendzeit, im mittleren Erwachsenenleben und im höheren Alter?
- Welche Bezugspersonen haben mir welches Lebensmotto vermittelt oder vorgelebt?
- Wie bin ich im Laufe meines Lebens mit dem übermittelten Lebensmotto umgegangen?
- Welche Leitmotive und Grundüberzeugungen meiner sozialen Umwelt habe ich im Laufe der Zeit übernommen oder geändert?
- Zu welchen Werten, Überzeugungen und Lebenszielen bin ich im Laufe meines Lebens selbst gelangt?

Im Lebensrückblick können wir auch unsere *religiöse bzw. spirituelle Entwicklung* betrachten. Hilfreich sind diesbezüglich folgende *Fragen:*

- Welche religiöse Sozialisation hat mich geprägt?
- In welche Richtung habe ich mich bis heute spirituell weiterentwickelt?
- Hat sich aus dem unreflektierten Glauben meiner Kindheit im späteren Leben ein überzeugter Glaube an Gott bzw. an »etwas Höheres« entwickelt oder habe ich alle früheren religiösen Überzeugungen zugunsten einer agnostischen bzw. atheistischen Grundeinstellung aufgegeben?
- Welche entscheidenden Erfahrungen und Erkenntnisse in meinem Leben haben zu dieser Entwicklung geführt?

Angesichts widriger Lebensumstände, großer Furcht vor dem Sterben und ständiger Angst vor dem Tod kann uns ein *Dankbarkeitstagebuch* helfen. Darin können wir täglich am Abend festhalten, was es trotz allem sinnvoll gemacht hat, den jeweiligen Tag zu erleben, obwohl wir mit jedem Tag immer mehr dem Tod entgegengehen. Dankbarkeit ist eine wirksame Strategie im Umgang mit der Angst vor dem Tod.

In diesem Zusammenhang können folgende *Fragen* hilfreich sein:

- Für welche drei Dinge bin ich abends dankbar, wenn ich auf den vergangenen Tag zurückblicke?
- Welchen Menschen bin ich am heutigen Tag dankbar für ihr Verhalten mir gegenüber?

Lebensrückblick auf das nicht gelebte Leben

Im Rahmen unseres Lebensrückblicks sollten wir uns auch ganz ehrlich eingestehen, was wir uns trotz der Ziele, die wir verfolgt und für die wir uns eingesetzt haben, bislang leider nicht erreicht haben, und was wir uns aufgrund der Lebensumstände berechtigt erhofft, dann aber nicht erlebt haben.

Hilfreich sind folgende *Fragen:*

- Welche meiner Träume und Erwartungen haben sich nicht erfüllt?
- Was sind die schlimmsten Dinge meines Lebens, die mir widerfahren sind, sodass mein Leben anders verlaufen ist, als ich ursprünglich geplant und erhofft hatte?
- Was ist mein *ungelebtes Leben,* das ich aufgrund schwieriger Lebensumstände, aufgrund des Aufschiebens auf später oder aufgrund des zu geringen Engagements für bestimmte Ziele nicht erleben konnte?
- Welche Aspekte des ungelebten Lebens muss ich als nicht nachholbar akzeptieren, welche Aspekte kann ich in Zukunft unter anderen Umständen zumindest teilweise verwirklichen?

Wir sollten die verpassten Lebensmöglichkeiten bewusst betrauern, das heißt das *nicht gelebte Leben.* Man spricht von heilsamer *Trauerarbeit,* wenn man etwas betrauert, das man im Leben verloren hat: liebe Menschen, die Gesundheit oder bestimmte unerfüllte Träume und Erwartungen an das Leben. Aus nicht verarbeiteter Traurigkeit kann sonst leicht eine *Depression* im Sinne einer inneren Erstarrung werden, wie dies schon Sigmund Freud sehr treffend anhand von nicht verarbeiteten Verlusterfahrungen beschrieben hat. Die Fähigkeit zu trauern ist eine zentrale Kompetenz im Umgang mit der Angst vor dem Tod.[91] Die vorhandenen Ressourcen werden dadurch auf die noch realisierbaren Ziele ausgerichtet.

Es kann sein, dass uns ein Lebensrückblick auf die traurigen Dinge unseres Lebens schwerfällt oder gar sinnlos vorkommt. Wir möchten gerne die negativen Seiten des Lebens beiseiteschieben, weil wir die Vergangenheit ohnehin nicht mehr ändern können. Es stimmt: Was vorbei ist, ist vorbei, und kann nicht mehr geändert werden. Was wir jedoch verändern können, ist unsere Sicht auf die vergangenen Ereignisse, die unser Leben wesentlich mitbestimmt haben. Durch den veränderten Umgang mit den negativen Seiten der Vergangenheit ist eine Neubewertung des Lebens möglich.

Vielleicht sind unsere Enttäuschungen in Bezug auf das nicht gelebte Leben und unsere belastenden Erinnerungen an die negativen Erfahrungen unseres Lebens wichtige Gründe dafür, dass wir mehr Angst vor dem Tod haben als andere Menschen, deren Lebensträume sich stärker erfüllt haben. Eine unbewältigte Trauer im Lebensrückblick und eine überdimensionierte Angst im Lebensvorausblick können dazu führen, dass wir die noch möglichen Chancen unseres Lebens in den kommenden Jahren bzw. Jahrzehnten bis zu unserem Tod nicht angemessen nutzen, um das Beste aus unserem weiteren Leben zu machen. Wenn alles schon »verpfuscht« wäre, wie könnten wir dann noch Hoffnung für die Zukunft haben? Es ist verständlich, wenn wir dann entweder kaum noch Angst vor dem Tod haben, weil wir ihn bereits als Erlösung erwarten, oder wenn wir eine übermäßige und gar lähmende Angst vor dem Tod entwickeln, weil wir die Zukunft nur im Licht von nicht realisierbaren Lebenschancen betrachten.

Lebensrückblick am fiktiven Lebensende zur Aktivierung des Möglichen

Ein Lebensrückblick von einem *fiktiven Standpunkt in der Zukunft* aus kann die Gefahr verhindern, dass wir in einigen Jahren mit Bedauern auf unser nicht gelebtes Leben blicken. Wir können den *aus der Zukunft bedauernden Rückblick* ganz gezielt als Mittel einsetzen, um eine *Anhäufung von Bedauern zu verhindern.* Es geht dabei um die Frage, was wir in der nächsten Zeit tun können, um unsere gegenwärtig noch zur Verfügung stehende Lebenszeit bestmöglich zu nutzen, damit es in der Zukunft nicht zum Bedauern von nicht gelebtem Leben kommt. Hilfreich und rasch veränderungswirksam ist die Vorstellung, wir seien bereits drei, fünf oder zehn Jahre älter und blicken auf die abgelaufene Zeit zurück.[92]

Eine gesunde, heilsame Angst, die unsere Ressourcen aktiviert, unsere Lebensgeister beflügelt und unser weiteres Leben in positiver Weise verändert, lässt sich auch rasch hervorrufen, wenn wir uns fiktiv unser Lebensende vorstellen und auf die Zeit bis zum gegenwärtigen Zeitpunkt zurückblicken. Wir können uns dabei vorstellen, wir haben nur noch wenige Tage zu leben und blicken von dieser Position aus bei klarem Verstand und guter Erinnerungsfähigkeit auf unser Leben zurück. Egal wie alt wir derzeit sind (30, 50 oder 70 Jahre, denn sterben können wir schließlich auch als völlig gesunde Menschen jeden Tag), kann diese

Imaginationsübung trotz der damit verbundenen Belastung für uns sehr lehrreich und heilsam sein.

Hilfreich sind in diesem Zusammenhang folgende *Fragen:*

- Was habe ich im fiktiven Rückblick gesehen, das ich versäumt habe, aber bei einigem Einsatz durchaus noch gerne getan oder erlebt hätte?
- Was kann ich nachholen, weil es jetzt noch nicht zu spät ist?
- Auf welches nicht gelebte Leben muss ich auch in Zukunft verzichten, wenn ich so weitermache wie bisher?
- Was habe ich nicht nur in der Vergangenheit nicht getan und nicht erlebt, sondern strebe ich auch gegenwärtig nicht ernsthaft und entschlossen genug an, sodass ich meine momentane Trägheit und Untätigkeit am Ende meines Lebens sehr bereuen könnte?
- Welche zentralen Anliegen und Bedürfnisbefriedigungen schiebe ich immer weiter hinaus, weil mir bestimmte Alltagssorgen und nervenaufreibende Kleinigkeiten momentan wichtiger sind als die Verwirklichung meiner großen Lebensziele?

Mithilfe von Übungen des zukünftigen Bedauerns kann uns deutlich werden, was es heißt, die *Endlichkeit des Lebens als Chance zu nutzen,* um nicht alle Wünsche auf später zu verschieben. Wir sollten jede Gelegenheit nutzen, um in Gegenwart und Zukunft unser Leben so zu gestalten, dass wir unsere wichtigsten Werte realisieren. Wir sollten in positiver Weise ganz konkrete Ziele und Wünsche formulieren, die wir in unserem weiteren Leben verwirklichen möchten, damit wir auch angesichts des Todes jene *Sinnerfüllung* erfahren, die uns von zentraler Bedeutung ist.

Typische *Beispiele* dafür sind: anstelle häufig wechselnder Beziehungen die richtige Frau fürs weitere Leben kennenlernen; sich vom gegenwärtigen Partner wegen unlösbarer Probleme trennen, um die Chance auf eine glücklichere Partnerschaft mit einer anderen Person zu erhöhen; in der passenden Beziehung Kinder bekommen und bestmöglich erziehen; aus dem Elternhaus ausziehen und eigenständig leben; eine neue Ausbildung mit mehr Zukunftschancen und größerer Arbeitszufriedenheit beginnen; den Arbeitsplatz vor dem Eintritt eines Burn-outs wechseln; ein Haus bauen oder eine Eigentumswohnung kaufen; die eigenen künstlerischen und sonstigen Talente fördern und besser nutzen; die religiös-spirituellen Einstellungen überprüfen und überzeugend leben; anstelle der übermäßigen Bedeutung der Arbeitswelt mehr auf die Verwirklichung wichtiger Freizeitbedürfnisse achten, wie etwa Reisen oder mehr sportliche Betätigung; partnerschaftliche, familiäre und sonstige soziale Beziehungen intensivieren bzw. ausbauen.

Lebensausblick mit Akzeptanz des Unmöglichen

Wir sollten bereits jetzt akzeptieren, was wir trotz bester Bemühungen aufgrund unserer persönlichen Grenzen und Lebensumstände auch zukünftig nicht erreichen können. Was müssen wir als irreale Träume und nicht realisierbare Lebensziele ansehen, auch wenn es schön wäre, sie verwirklichen zu können? Typische *Beispiele* dafür sind: eine schlankere Figur, um das Selbstwertgefühl zu erhöhen; eine bessere Partnerschaft mit einer anderen Person, obwohl die gegenwärtige Beziehung zwar nicht schlecht, aber auch nicht wirklich ideal ist; eine neue Ausbildung, wenn diese aufgrund des Alters und des zeitlichen bzw. finanziellen Aufwands gar nicht möglich ist; eine andere Wohnsituation, wenn diese aufgrund der finanziellen Situation nicht infrage kommt; eine vollständige körperliche bzw. psychische Gesundheit, wenn diese aufgrund der tatsächlichen Situation unmöglich ist; eine berufliche Karriere, die aufgrund der Ausbildung trotz Fleiß und Tüchtigkeit sowie aufgrund der in der Gegend vorhandenen Arbeitsmarktsituation nicht erreichbar ist; eine höhere Kinderzahl, wenn diese aus biologischen oder sonstigen Gründen nicht möglich ist; eine klärende Aussprache und dauerhafte Versöhnung mit bestimmten Angehörigen, die dazu jedoch nicht bereit sind; einen anderen Ort für den Lebensabend, wenn dies aufgrund der körperlichen und sozialen Situation ausgeschlossen ist.

Wir sollten überprüfen, wie sehr uns *unrealistische, überhöhte Lebensziele* unglücklich machen, sodass wir unser gegenwärtiges Leben nicht so zufriedenstellend leben können, wie dies vielleicht sonst möglich wäre.

Hilfreich sind hier folgende *Fragen:*

- Wenn ich mein momentanes Leben jemand anderem als »Anleitung zum Unglücklichsein« schriftlich präsentieren müsste, welche Beschreibung würde ich dann vornehmen?
- Wäre meine Angst vor dem Tod wesentlich geringer, wenn ich auf einige leider nicht realisierbare Lebensziele verzichten könnte?
- Was macht mein Leben trotz verpasster Gelegenheiten sinnerfüllt, sodass ich innerlich bereit bin zu sterben, wenn es sein muss?

Ratschlag 5
Bereiten Sie sich auf das Sterben vor: Beschäftigen Sie sich mental mit dem Sterben

Gelegentliche Konfrontation mit dem Sterben-Müssen

Sterben und Tod sind und bleiben die schlimmsten unvermeidbaren Ereignisse, die auch durch tägliches Daran-Denken zumindest für viele von uns nichts von ihrer schrecklichen Realität verlieren. Jeder von uns wird die Erfahrung mit dem Sterben zum ersten und gleichzeitig letzten Mal machen. Es ist nicht unbedingt notwendig, sich ständig mit seiner *Sterbestunde* zu konfrontieren, um im gegebenen Fall besser damit umgehen zu können. Es kann jedoch hilfreich sein, sich gelegentlich mit dem Prozess des Sterbens zu beschäftigen.

Die Angst vor dem Sterben ist völlig normal und laut Umfragen sogar größer als die Angst vor dem Tod. Wir sind Sterben und Tod ohnmächtig ausgeliefert, wir können nur vorher etwas tun: unser Leben vor dem Sterben entsprechend unseren Werten bestmöglich führen und vor allem auch alle nötigen Angelegenheiten so regeln, dass wir alles nach unseren Plänen geordnet hinterlassen und dadurch leichter loslassen können.

Verschiedene Philosophen der römischen Antike, wie etwa Seneca, aber auch späterer Zeiten haben die Auffassung vertreten, *Philosophieren* heiße, sich durch regelmäßige Beschäftigung mit der Endlichkeit des Daseins an die Vorstellung vom bevorstehenden Tod zunehmend zu gewöhnen, um auf diese Weise leichter sterben zu lernen.[93] Auch das »Memento mori« (Gedenke des Todes) der Mönche des Mittelalters kann man auf diese Weise verstehen.

Derartige tägliche Gedankenübungen, um die Angst vor Sterben und Tod zu vermindern, sind nicht zwingend nötig. Die phasenweise Beschäftigung damit kann uns jedoch motivieren, mehr aus der noch vorhandenen Lebenszeit zu machen, als dies bei ständiger Verdrängung jeglicher Gedanken an Sterben, Tod und Danach möglich wäre. Die Beschäftigung mit Sterben und Tod kann das Leben bereichern, intensiver und lebendiger machen.

Vorstellungen von einem guten Sterben

Gewünschte Todesursache

Keiner von uns kann sich die Todesursache aussuchen. Dennoch können wir uns fragen, woran wir am liebsten sterben möchten, wenn es schon irgendwann einmal sein muss.

Was sind Ihre *Wunschvorstellungen* für ein gutes Sterben? Wählen Sie zwischen drei möglichen Todesursachen:[94]

1. *plötzlicher, unerwarteter Tod* bei vorheriger völliger Gesundheit, z.B. ein Zehn-Sekunden-Herzinfarkt,
2. *mittelschneller Tod* (verzögertes Sterben) als Folge einer schweren, fortschreitenden Erkrankung, wie etwa Krebs, mit einer Lebensdauer von zwei bis drei Jahren bei vollem Bewusstsein und bester medizinischer Behandlung,
3. *langsamer Tod* als Folge einer Demenzerkrankung nach acht bis zehn Jahren bei ebenfalls bestmöglicher medizinischer Betreuung.

Vermutlich gehören Sie zur überwiegenden Mehrheit jener Personen, die im Fall einer Wahlmöglichkeit die erste Todesart aussuchen würden, vielleicht in der Form, ruhig einzuschlafen und am nächsten Tag nicht mehr aufzuwachen, ohne den Tod durch Herzinfarkt um 4 Uhr morgens überhaupt mitzubekommen, während andere ihren Tod nicht einfach verschlafen, sondern vielmehr ganz bewusst erwarten und erleben möchten. Nur jeder Vierte wünscht sich ein verzögertes Sterben, um bei vollem Bewusstsein noch alles Nötige regeln, sich von den Angehörigen verabschieden und sich auf den Tod vorbereiten zu können. Kaum jemand möchte im Zustand der geistigen Verwirrtheit sterben, auch nicht um den Preis eines längeren Lebens.

Die Wirklichkeit schaut dagegen völlig anders aus: Nur 5 Prozent der Menschen sterben plötzlich und unerwartet, 50 bis 60 Prozent sterben einen mittelschnellen, verzögerten Tod als Folge von chronischen Krankheiten, und 30 bis 40 Prozent (mit steigender Tendenz) sterben an den Langzeitfolgen einer Demenzerkrankung.[95]

Gewünschte Sterbesituation

Stellen Sie sich konkret vor, unter welchen Umständen Sie sterben möchten, während Sie bei vollem Bewusstsein sind, Ihr Körper sich jedoch matt und kraftlos anfühlt. Malen Sie sich die letzten Stunden des Sterbens in Form einer *Imaginationsübung* möglichst lebhaft aus.

Folgende *Fragen* sind dabei hilfreich:
- An welchem Ort möchte ich in meiner Sterbestunde sein?
- Möchte ich am liebsten allein oder im Kreis meiner Angehörigen sterben?
- Welche Menschen sollen dabei anwesend sein?
- Was möchte ich den Anwesenden noch mitteilen?
- Was wünsche ich mir vonseiten der anwesenden Personen?
- An welche Erfahrungen und Situationen möchte ich mich ein letztes Mal erinnern?
- Was sollen meine letzten Worte sein?
- Woran genau möchte ich am liebsten sterben?
- Welche Gedanken und Vorstellungen kommen mir ganz spontan, wenn ich an den Zustand nach meinem Tod denke?
- Ist der Tod für mich das unwiderrufliche Ende meiner ganzen Person oder nur der Übergang in eine andere Welt?

Machen Sie diese Vorstellungsübung nur dann allein, wenn Sie von Ihrer Selbsteinschätzung her in der Lage sind, die aufkommenden Emotionen zu bewältigen, anderenfalls im Rahmen einer Psychotherapie.

Horrorvorstellungen von einem schlimmen Sterben zulassen

Es ist völlig normal, wenn sich uns ganz spontan bestimmte Vorstellungen aufdrängen, wie wir auf keinen Fall sterben möchten, vor allem, wenn wir in unserem sozialen Umfeld schlimme Formen des Sterbens miterlebt oder aufgrund unseres medizinischen Wissens bestimmte Horrorvorstellungen entwickelt haben.

Lassen Sie derartige Bilder, Vorstellungen und Erinnerungen zu, ohne sie zu unterdrücken, weil das Verdrängen innerlich sehr viel Kraft kostet und ständiges Ablenken gar nicht möglich ist.

Konfrontieren Sie sich mit auftauchenden Vorstellungen, ohne sie unnötig zu provozieren, und beantworten Sie folgende *Fragen:*
- Was genau fürchte ich, wenn ich an das Sterben denke?
- Was waren bzw. sind meine schlimmsten Vorstellungen, wie ich zu Tode kommen könnte?

- Warum komme ich gerade auf diese und keine anderen Vorstellungen vom Sterben?
- Was wünsche ich mir im Bedarfsfall zur Erleichterung des Sterbens?

Sagen Sie sich innerlich immer wieder: »Das sind nur meine Bilder und Vorstellungen. Das sind nur meine Erinnerungen an das Sterben und den Tod eines anderen Menschen. Es wäre schlimm, wenn alles tatsächlich so eintreffen würde, wie ich es gerade fürchte. Aber das sind nur meine bildhaften Vorstellungen, sie sind nicht die bevorstehende Realität. Diese angstmachenden Vorstellungen lösen bei mir jetzt belastende körperliche und seelische Zustände aus, es besteht derzeit jedoch keine erhöhte Gefahr, dass ich tatsächlich auf die befürchtete Art und Weise sterben werde.«

Unterscheiden Sie bei Horrorvorstellungen von einem schlimmen Sterben zwischen jenen ungewollten Umständen, die Sie mithilfe einer *Patientenverfügung* verhindern können, wie etwa eine künstliche Lebensverlängerung ohne Aussicht auf eine bessere Lebensqualität, und jenen Umständen, auf die Sie sich derzeit gar nicht vorbereiten können, wenngleich es durchaus hilfreich ist, sich gut darüber zu informieren.

Angesichts schlimmer Befürchtungen über einen langen schweren Leidensweg und einen qualvollen Tod wirken allgemeinverständliche Bücher zu Palliativmedizin sowie Gespräche mit kompetenten Ärztinnen und Ärzten durchaus angstreduzierend.[96] Sprechen Sie im Bedarfsfall mit Ihren behandelnden Ärzten, mit welchen Beschwerden Sie im Fall einer schweren Erkrankung rechnen müssen und was Sie diesbezüglich tun können bzw. ob Ihre Befürchtungen überhaupt berechtigt sind.

Die meisten Menschen fürchten im Fall einer schweren Krebserkrankung unerträgliche Schmerzen. Diese können jedoch durch bestimmte Medikamente heutzutage sehr gut gelindert werden. Tatsächlich ist bei vielen schwerkranken Menschen das Symptom der *Atemnot* ein viel schlimmeres Symptom, das sich jedoch medikamentös und nichtmedikamentös ebenfalls gut behandeln lässt. *Schmerzen* machen nur ein Drittel der körperlichen Beschwerden am Lebensende aus. Die anderen zwei Drittel hängen jeweils etwa zur Hälfte mit anderen Belastungen zusammen, und zwar einerseits mit *internistischen Symptomen* wie Atemnot, Übelkeit oder Erbrechen, und andererseits mit *neuropsychiatrischen Symptomen* wie Verwirrtheit, Delir und Depressionen.[97]

Ärztinnen und Ärzte aus dem Bereich der Palliativmedizin berichten, dass viele schwerkranke Menschen aufgrund ihrer völlig übertriebenen und unrealistischen Vorstellungen von einem schmerzhaften Todeskampf in den letzten Tagen und Monaten ihres Lebens starke Ängste entwickeln, tatsächlich jedoch würde die Mehrzahl der Krebskranken sehr friedlich sterben und scheinbar »nur« einschlafen, ohne einen vermehrten Bedarf an Schmerzmitteln.[98] Das Sterben müsse heute nicht mehr wehtun, niemand müsse sich mehr im Todeskampf winden. Die meisten Symptome lassen sich laut Expertinnen und Experten heutzutage durch bestimmte Maßnahmen zumindest lindern und erträglich gestalten.

Abgesehen von gefürchteten Leidenszuständen haben die meisten Menschen im Fall einer schweren Erkrankung große Angst vor dem Verlust ihrer Unabhängigkeit und Autonomie aufgrund körperlicher Beeinträchtigungen und der damit verbundenen zunehmenden Abhängigkeit von medizinischen Apparaten und Pflegepersonen, vor allem bei dauerhafter Pflegebedürftigkeit. Extrem belastend ist die Angst vor dem Verlust der sozialen Beziehungen und der mit der Krankheit verbundenen sozialen Isolierung, aber auch die Sorge, die engsten Angehörigen mit einer schweren Erkrankung zu überfordern und dadurch in ihren Lebensmöglichkeiten ungebührlich einzuschränken.

Angesichts verschiedener Horrorvorstellungen über unerträgliche *psychosoziale Belastungssituationen* sollten Sie sich die *Frage* stellen: »Was kann ich bereits hier und heute dagegen tun?« Eine Möglichkeit sind Gespräche mit den engsten Angehörigen, welche Lösungen im Fall einer derartigen Belastungssituation gemeinsam gefunden werden können. Eine andere Bewältigungsstrategie besteht in der rechtzeitigen Vorbereitung auf den weiteren *Sinn* im Leben, wenn man gesundheitlich nicht mehr so stabil sein sollte wie jetzt, das heißt, sich zu fragen, welche Stützen des Selbstwertgefühls aufgebaut oder verstärkt werden können, wenn die körperliche Gesundheit verloren gegangen ist, damit ein lebenswertes Leben möglichst weiterhin gegeben ist.

Bei Gesunden ist das Selbstwertgefühl häufig einseitig auf der körperlichen und geistigen Leistungsfähigkeit aufgebaut, sodass ein Umdenken erforderlich ist.

Beantworten Sie folgende *Frage:* Was macht mein Leben auch bei chronischer Krankheit für mich selbst sowie für meine Angehörigen sinnvoll?

Das Risiko für bestimmte Todesursachen vermindern

Haben Sie Angst davor, an einer bestimmten *Krankheit* zu sterben, die Sie durch einen falschen *Lebensstil* langfristig mitverursachen könnten? Trinken Sie zu viel Alkohol? Rauchen Sie? Ernähren Sie sich falsch durch zu viel Süßes oder Fettes? Bewegen Sie sich zu wenig? Vernachlässigen Sie sinnvolle Vorsorgeuntersuchungen? Üben Sie einen Beruf mit einem erhöhten Erkrankungsrisiko aus?

Die meisten Deutschen sterben an sogenannten Volkskrankheiten oder Zivilisationskrankheiten wie Diabetes mellitus, Herzinfarkt oder Krebs. Die höchste Lebenserwartung haben – abgesehen von den überdurchschnittlich wohlhabenden Bewohnerinnen und Bewohnern von Stadtstaaten wie Singapur – die Menschen in Japan, die mehr Fisch und Gemüse, mehr ungesättigte Fettsäuren, mehr Ballaststoffe, mehr Vitamine und Mineralstoffe essen und sich insgesamt maßvoller ernähren, das heißt weniger Kalorien pro Tag zu sich nehmen. Große Bedeutung haben in Japan auch die beiden Religionen Shinto und Buddhismus sowie familiärer Zusammenhalt und soziale Rituale.

Ein gesunder Lebensstil erhöht die Wahrscheinlichkeit auf ein längeres Leben. *Gesundheitserhaltend* sind folgende Faktoren: eine maßvolle, ausgewogene und abwechslungsreiche Ernährung, der Verzicht auf Zigaretten und Drogen, der maßvolle Konsum von Genussmitteln, regelmäßige medizinische Vorsorgeuntersuchungen, körperliche Aktivitäten ohne Überlastung, viel Aufenthalt in der freien Natur, insbesondere bei Sonnenlicht, stabile und regelmäßige soziale Kontakte, eine spirituelle Einstellung, eine lebenslange geistige Betätigung sowie die Vermeidung von negativem Stress mit einem anhaltenden Anstieg des Dauerstresshormons Cortisol, das langfristig das Immunsystem schwächt.

Eine *Verlangsamung des Alterns* und eine *höhere Lebenserwartung* werden laut zusammenfassender Darstellung des Medizinprofessors und evangelischen Theologen Oliver Müller von folgenden Faktoren bedingt:[99] lebenslange körperliche Aktivität, viel Zeit im Freien an der frischen Luft, Vermeidung von erheblichem Übergewicht, fettarme und maßvolle Ernährung, Genussmittel in gesunder Dosierung, religiöser Glaube bzw. Ausübung einer bestimmten Religion, Engagement für soziale Zwecke und Projekte, Eingebundensein in familiäre Geborgenheit bzw. in ein stabiles soziales Umfeld.

Vorbereitung auf mögliche Sterbesituationen

Sterbeort

Angenommen, Sie könnten sich den *Sterbeort* aussuchen, welchen würden Sie sich wünschen? Wählen Sie aus fünf Möglichkeiten den für Sie passenden Sterbeort aus: zu Hause, im Krankenhaus, im Altersheim, im Hospiz bzw. auf einer Palliativstation oder an einem anderen Ort.

Mindestens zwei Drittel der Menschen möchten am liebsten zu Hause sterben. Die Realität sieht in Deutschland jedoch völlig anders aus: 15 bis 20 Prozent, maximal 30 Prozent sterben zu Hause, je nach Region unterschiedlich, 43 bis 47 Prozent im Krankenhaus, 25 bis 30 Prozent im Altersheim, 1 bis 2 Prozent im Hospiz oder auf einer Palliativstation und rund 1 Prozent anderswo, etwa auf der Straße oder am Arbeitsplatz.[100] Nach anderen Daten sterben von den Deutschen 90 Prozent außer Haus: rund 50 Prozent im Krankenhaus, knapp 40 Prozent im Pflegeheim, nur 10 Prozent zu Hause, weniger als 1 Prozent im Hospiz bzw. auf einer Palliativstation und ungefähr 3 Prozent anderswo.[101] Die meisten Deutschen wünschen sich dies anders: Jeweils weniger als 5 Prozent möchten im Krankenhaus bzw. Pflegeheim sterben, 65 Prozent zu Hause, 18 Prozent im Hospiz bzw. auf einer Palliativstation und 8 Prozent an einem anderen Ort.

Es bestehen oft romantische und völlig unrealistische Vorstellungen über das Sterben zu Hause im vertrauten Kreis der nächsten Angehörigen, fernab von der Apparatemedizin im Krankenhaus. Als jüngerer, körperlich und geistig gesunder Mensch denkt man kaum daran, dass man im Fall einer bestimmten schweren Erkrankung die bestmögliche Betreuung eher in speziellen Einrichtungen als in der eigenen Wohnung hat, weil zu Hause entweder gar keine nahen Verwandten oder keine passenden Betreuungspersonen zur Verfügung stehen. Der Wunsch nach dem Sterben zu Hause drückt das Bedürfnis nach einem Tod in der vertrauten Umgebung sowie nach einem Abschied von der Welt im Kreis der engsten Angehörigen, das heißt in Geborgenheit, aus.

Aus Kostengründen sollen kranke und unheilbare Menschen zukünftig häufiger im Altersheim als in teuren Krankenhäusern sterben. Es ist damit zu rechnen, dass immer mehr Menschen ihren Lebensabend im Pflegeheim oder in betreuten Wohneinrichtungen verbringen werden, wenn die ambulanten Betreuungsmöglichkeiten aus medizinischen Gründen oder aufgrund des Ausmaßes ihrer körperlichen und kognitiven Beeinträchtigung nicht ausreichen. Viele alte oder kranke Menschen möchten lieber vorher sterben, als für immer im Alters- oder Pflegeheim zu leben, und sterben im Fall eines Aufenthalts dort auch nachweislich schneller, als dies aus rein medizinischen Gründen erklärbar ist, und zwar weil sie sich aufgeben.

Falls Sie sich aufgrund Ihres Alters oder eines sehr schlechten Gesundheitszustands Sorgen darüber machen, wo Sie wohl sterben werden, tragen Sie Vorsorge dafür, dass die gewünschte Wahl des Sterbeortes im Bedarfsfall möglich ist. Wenn Sie zu Hause sterben möchten, wie sich dies viele Menschen wünschen, wer soll im Krankheitsfall einmal Ihre Betreuung übernehmen? Wenn Sie selbst im hohen Alter sind, kommt der ebenfalls meist ältere Partner bzw. die Partnerin nicht infrage, und die Kinder, falls überhaupt vorhanden, leben nicht selten weit entfernt oder sind mit der eigenen Familie beschäftigt.

Wenn eine fremde, fachlich geeignete Betreuungsperson nicht zu finden bzw. nicht finanzierbar ist oder überfordert sein könnte, sollten Sie die hohe Wahrscheinlichkeit akzeptieren, dass Sie im Krankenhaus, Altersheim oder in einer speziellen Betreuungseinrichtung sterben werden, weil dort die besten Betreuungsmöglichkeiten gegeben sind.

Vorsorgevollmacht und Patientenverfügung

Haben Sie Angst davor, aufgrund einer schweren Erkrankung einmal nicht mehr geschäftsfähig zu sein, sodass Sie eine Rechtsvertretung brauchen könnten? Dann treffen Sie entsprechende Vorkehrungen in schriftlicher oder wenigstens mündlicher Form.

Bei einer *Vorsorgevollmacht* bestimmen Sie im Voraus, welche Vertrauensperson bevollmächtigt werden soll, Ihre Interessen wahrzunehmen, wenn Sie selbst einmal dazu nicht mehr in der Lage sein sollten. Wenn Sie große Furcht vor dem Sterben unter schlimmen Umständen haben, in denen Sie nicht mehr voll handlungsfähig sind, sollten Sie überlegen, welche Person in Ihrer Familie, Verwandtschaft oder Bekanntschaft Sie als Ihre Rechtsvertretung einsetzen möchten.

Zahlreiche Menschen haben eine große Angst davor, am Lebensende der ärztlichen Willkür ausgeliefert zu sein. Es besteht ein zunehmendes Bedürfnis nach Kontrolle der Umstände gegen Ende des Lebens, vor allem im Fall eines Krankenhausaufenthalts. Im Mittelpunkt steht die Klärung der Frage, welche medizinischen Maßnahmen vor dem bevorstehenden Tod eingesetzt bzw. nicht eingesetzt werden dürfen.[102]

Aus Angst vor Kontrollverlust am Lebensende werden immer häufiger *Patientenverfügungen* verfasst für den Fall, dass die Betroffenen in bestimmten Situationen selbst nicht mehr in der Lage sein sollten, ihre

Wünsche und Bedürfnisse eigenständig zu vertreten.[103] Mit derartigen Anweisungen geben Sie den zukünftig behandelnden Ärztinnen und Ärzten Ihre konkreten Therapiewünsche und Therapieablehnungen bekannt, ebenso Ihre Zustimmung zu einer möglichen Organspende zur Lebensrettung eines anderen Menschen bzw. Ihren Widerspruch dagegen. Sie nehmen mit einer derartigen Verfügung auch Ihren Angehörigen den Druck, später einmal für Sie entscheiden zu müssen.

Im Internet finden Sie verschiedene Vorlagen für Vorsorgevollmachten und Patientenverfügungen, zugeschnitten auf die Rechtssituation Ihres Heimatlandes. Dringend empfohlen wird die vorherige medizinische Beratung durch einen Vertrauensarzt und in materiellen Belangen auch durch einen Notar.

Bei den Aufgabenstellungen in Ratschlag 5 geht es – wie bei denen in Ratschlag 6 – nicht darum, die unvermeidlichen Geschehnisse von Sterben und Tod durch eine mentale Konfrontation damit leichter erträglich zu machen, sondern vielmehr darum, sich angemessen darauf vorzubereiten und die beeinflussbaren Umstände so zu gestalten, wie es für Sie und Ihre Hinterbliebenen am besten ist. Wir können das Sterben nicht durch eine regelmäßige mentale Konfrontation damit einüben, denn es könnte alles ganz anders kommen, als wir es uns vorgestellt haben.

Wir haben Sterben und Tod nicht unter Kontrolle, wir können uns jedoch auf das Unvermeidbare im Rahmen des Möglichen vorbereiten, ähnlich wic wir uns auch auf andere Notfälle des Lebens durch bestimmte Handlungspläne vorbereiten können, die im Gegensatz zu Sterben und Tod jedoch nicht unbedingt eintreffen müssen. Je besser wir in der Lage sind, alle Gedanken und Vorstellungen in Zusammenhang mit Sterben und Tod ohne permanente Vermeidungsstrategien zuzulassen und je besser wir den Tod als die unvermeidbare Grenze unseres Lebens akzeptiert haben, desto besser können wir uns auf das gegenwärtige und unmittelbar vor uns liegende Leben einlassen.

Ratschlag 6
Bereiten Sie sich auf den Tod vor: Konfrontieren Sie sich mental mit dem Tod

Der Tod aus medizinischer Sicht

Die mentale Konfrontation mit dem Tod umfasst neben anderen Aufgabenstellungen vor allem auch die Bereitschaft, sich mit Informationen über den Tod auseinanderzusetzen.[104] Tot sind wir dann, wenn unser Gehirn als oberstes Steuerungsorgan unseres Körpers alle seine Funktionen eingestellt hat. Das EEG zeigt dann keinerlei Aktivitäten mehr an (EEG-Nulllinie). Der Tod des Menschen wird heutzutage nicht mehr mit dem Herztod, sondern mit dem *Ganzhirntod* gleichgesetzt. Es handelt sich dabei um das *irreversible Erlöschen der drei zentralen Hirnregionen Großhirn, Kleinhirn und Hirnstamm,* das allerdings sukzessive erfolgt. Wenn das Großhirn, auf dem unsere Persönlichkeit beruht, ausfällt, können die Funktionen des Hirnstamms, der die basalen Lebensmechanismen unseres Körpers steuert, noch eine Zeitlang aufrecht sein, bis auch diese aufgrund von Sauerstoffmangel erlöschen. In diesem Zeitraum treten die Erlebnisse von Menschen mit Nahtoderfahrung auf.

Der Tod stellt aus medizinischer Sicht kein plötzliches, punktuelles, sondern ein prozesshaftes Geschehen dar. Zum Zeitpunkt der Feststellung des Gehirntods als unwiderruflichem Endpunkt der menschlichen Existenz müssen noch nicht alle Körperzellen abgestorben sein. Durch kontrollierte Beatmung kann die Herz-Kreislauf-Funktion weiterhin aufrechterhalten werden, sodass Hirntote aufgrund der dadurch ermöglichten rosigen Erscheinung und der Körperwärme äußerlich gar nicht wie tot wirken, verglichen mit Toten ohne künstlich aufrechterhaltenem Kreislauf, die bereits die typischen Todeszeichen von Totenstarre, Totenflecken oder Fäulnis aufweisen.[105] Ohne Gehirnuntersuchung wird der Hirntod *klinisch* anhand von drei Symptomen festgestellt (Irreversibilität nach 12 und 72 Stunden):[106]

- tiefe, irreversible Bewusstlosigkeit,
- Ausfall der Reflexe des Hirnstamms (keine Reflexe auslösbar),
- Verlust der Spontanatmung (ohne Atmung kein Leben!).

Beziehungsklärungen vor dem Tod

Wie wichtig ist es Ihnen, vor Ihrem Tod mit bestimmten Verwandten oder Bekannten, mit denen Sie im Streit lagen oder zu denen Sie den Kontakt abgebrochen hatten, ein klärendes, wenn möglich aussöhnendes Gespräch zu führen? Sind Sie von *Schuldgefühlen* geplagt wegen bestimmter Umstände oder Verhaltensweisen, die sich negativ auf andere, vielleicht sogar auf enge Angehörige wie etwa Ihre Kinder, ausgewirkt haben? Möchten Sie sich vor Ihrem Tod mit den Betroffenen noch unbedingt aussprechen und bei ihnen entschuldigen? Kann Ihre momentane Angst vor dem Tod vielleicht auch damit zusammenhängen, dass Sie ohne Versöhnung mit bestimmten Personen und ohne Entschuldigung für Ihr reales oder vermeintliches Fehlverhalten sterben könnten? Oder erwarten Sie umgekehrt von anderen Menschen eine Entschuldigung für ihr Verhalten Ihnen gegenüber, auch wenn dies schon lange zurückliegen mag, um diese Angelegenheit endlich abschließen zu können?

Suchen Sie nach Mitteln und Wegen, wie Sie ungeklärte und unaufgearbeitete Dinge der Vergangenheit rechtzeitig ansprechen und bewältigen können, indem Sie die betreffenden Personen zu einem Gespräch einladen. Wenn die anderen dazu jedoch nicht bereit sind, sollten Sie rückblickend versuchen, eine Sichtweise von der Vergangenheit zu entwickeln, bei der Sie sich schuldhaftes Verhalten zwar eingestehen, sich aber auch die damaligen Lebensumstände und Einstellungen vor Augen halten, von denen Sie geprägt waren. Wichtig ist es dann auf jeden Fall, dass Sie sich subjektiv, aber auch objektiv schuldhaftes Fehlverhalten selbst verzeihen können. Auf diese Weise erlauben Sie sich, Ihr weiteres Leben so zu leben, dass es Ihnen so gut wie möglich gehen darf, ohne sich von Schuldgefühlen und Selbstvorwürfen auffressen zu lassen.

Die Macht der anderen kann darin bestehen, Sie durch Ignorieren und Unversöhnlichkeit lebenslänglich zu bestrafen. Ihre eigene Möglichkeit besteht jedoch darin, mit den Betroffenen wenigstens in Form eines Briefes Kontakt aufzunehmen, in dem Sie alles festhalten, was Ihnen wichtig erscheint, und in dem Sie sich für Ihr Fehlverhalten entschuldigen, auch wenn Ihr Gegenüber ein persönliches Gespräch mit Ihnen verweigert.

Verfassen eines Testaments

Ihre Furcht vor dem Sterben und Ihre Angst vor dem Tod können durch den Gedanken verstärkt werden, dass Sie nicht bzw. nicht rechtzeitig dazu in der Lage sein könnten, ein Testament zu hinterlassen, das angesichts möglicher bzw. wahrscheinlicher Erbschaftsstreitigkeiten alles regelt, was im Fall Ihres plötzlichen Ablebens geklärt sein sollte.

Im Fall Ihres Todes ist aufgrund der gesetzlichen Erbfolge in Ihrem Land auch ohne ein *Testament* ausreichend klar geregelt, welche Verwandten wie viel von dem erben werden, was Sie an materiellen Werten hinterlassen, aber auch, wie hoch der Pflichtteil ist, der bestimmten Angehörigen zusteht, den Sie ihnen nicht verweigern können. Wenn Sie damit einverstanden sind und als Erblasser alles Weitere vertrauensvoll Ihren Erben überlassen können, befinden Sie sich in einer glücklichen und beneidenswerten Situation. Doch auch in diesem Fall kann ein Testament als Ausdruck Ihres persönlichen Abschieds von Ihren Erben sinnvoll sein.

Dennoch ist es möglich, dass Sie, so wie viele andere Menschen auch, ein Testament überhaupt nicht oder nur mit starkem Unbehagen bzw. großen Gewissensbissen erstellen können, gilt es doch, schwierige Entscheidungen zu treffen, etwa: Wer soll was und wie viel erben, wenn Sie zwei- oder dreimal verheiratet waren, wenn Sie eine oder mehrere längere Beziehungen ohne eingetragene Partnerschaft geführt haben, wenn Sie einem bestimmten leiblichen Kind eigentlich überhaupt nichts oder maximal nur den Pflichtteil gönnen, wenn Sie neben leiblichen Kindern auch Stiefkinder haben, wenn Sie überhaupt keine leiblichen Kinder haben, wenn Sie guten Bekannten und Freunden mehr vererben möchten als Blutsverwandten, zu denen Sie keine enge persönliche Beziehung haben, wenn Sie von Ihren Eltern etwas geerbt haben, das laut deren Vermächtnis nicht in »fremde Hände«, das heißt in die angeheiratete Familie, fallen soll? Je mehr Sie zu vererben und zu verteilen haben, desto größer können Ihre diesbezüglichen Probleme, Ängste und Sorgen sein.

Wenn Sie nach Ihrem Gutdünken handeln möchten, können Sie sich vorstellen, zu Ihren Lebzeiten allen betroffenen Personen mitzuteilen, was Sie ihnen vererben bzw. nicht vererben werden? Ihr Testament sagt viel über Ihre Beziehungen zu den Lebenden aus. Das gilt auch für den Fall, dass Sie statt Vermögen hohe Schulden angehäuft haben, von denen Ihre Erben noch gar nichts wissen. Sie sollten Ihre Angehörigen auch auf diesen Fall vorbereiten, statt Ihnen zu Ihren Lebzeiten eine bittere Enttäuschung ersparen zu wollen.

Zusammenstellung aller wichtigen Dokumente und Unterlagen

Es ist eine Tatsache: Ihr Tod wird Ihren Angehörigen nicht nur Trauer und Schmerz bereiten, sondern auch einen großen bürokratischen Aufwand. Bewahren Sie in einer Ablage, die Ihren engsten Vertrauenspersonen bekannt ist, alle wichtigen Dokumente und Unterlagen sowie auch alle Adressen von Behörden, Organisationen und Vereinen auf, denen Ihr Tod gemeldet werden muss. Es handelt sich dabei um folgende Dokumente und Daten:

- handgeschriebenes Testament mit Ort, Datum und Unterschrift, Vorsorgevollmacht, Patientenverfügung, Bestattungsverfügung, Fürsorgevollmacht (bei Vorhandensein minderjähriger Kinder),
- Reisepass bzw. Personalausweis, Geburtsurkunde, Taufschein, Heiratsurkunde, Scheidungsurkunde, Sterbeurkunde des Partners, Staatsbürgerschaftsnachweis, Meldebescheinigung,
- Unterlagen zu allen geldauszahlenden Stellen und allen Versicherungen mit den Adressen der jeweiligen Behörden und Organisationen, die von Ihrem Ableben erfahren sollen,
- Unterlagen für die Steuererklärung,
- Unterlagen zu allen Bankkonten, Immobilien und sonstigen materiellen Werten,
- Unterlagen zu allen Verträgen rund um Ihr Haus, Ihre Wohnung, Ihr Auto, Ihr Handy sowie die Adressen jener relevanten Firmen, die von Ihrem Tod wissen sollten,
- Unterlagen bzw. Passwörter zu Ihren Online-Accounts (E-Mails, soziale Medien),
- Unterlagen zu allen Mitgliedschaften und Abonnements, die von Ihren Angehörigen zu kündigen sind,
- Liste mit den Adressen bzw. Telefonnummern aller Verwandten und Freunde, die von Ihrem Tod erfahren bzw. auch zu Ihrem Begräbnis eingeladen werden sollen (soweit sie nicht Ihren Hinterbliebenen ohnehin bekannt sind).

Anhand der Zusammenstellung dieser Unterlagen kann Ihnen bewusst werden, von welchen Verbindlichkeiten, Vereinen und Abonnements Sie sich bereits zu Ihren Lebzeiten trennen sollten, weil diese aufgrund Ihrer aktuellen Lebenssituation nicht mehr jene Bedeutung für Sie haben wie früher. Betrachten Sie die erforderlichen Maßnahmen und Aktivitäten als sukzessives Abschiednehmen von emotional bedeutsamen Dingen in der Vergangenheit.

Abschiedsbriefe an die engsten Angehörigen

Haben Sie sich schon überlegt, wie Sie sich im Fall des erwarteten bzw. auch unerwarteten Todes von Ihrem sozialen Umfeld angemessen verabschieden möchten? Sie können sich von Ihren engsten Angehörigen und besten Freunden in Form eines Briefes oder gar in Form eines persönlichen Besuchs mit dem Ziel verabschieden, Ihre *Dankbarkeit* ihnen gegenüber zum Ausdruck zu bringen für all das, was sie in Ihrem Lebens für Sie getan haben. Beschreiben Sie dabei sehr spezifisch, wofür Sie der anderen Person dankbar sind und was sich dadurch in Ihrem Leben verändert hat. Sie können diesen *Dankbarkeitsbrief* mit dem Titel »Dafür bin ich dir in meinem Leben besonders dankbar« später bei einem persönlichen Besuch laut vorlesen, ohne dies bei der vorherigen Terminvereinbarung angekündigt zu haben, um dadurch den Überraschungseffekt zu verstärken. Sie können diesen Text auch per Telefon, Videotelefonie oder Sprachnachricht übermitteln, wenn die betreffenden Personen zu weit entfernt wohnen oder in absehbarer Zeit nicht persönlich erreichbar sind. Diese Aufgabenstellung beruht auf einem Vorschlag des Psychotherapeuten *Irvin D. Yalom,* der diese Anregung wiederum von *Martin Seligman,* einem der Mitbegründer der Positiven Psychologie, übernommen hatte.[107] Dankbarkeitsbriefe und Dankbarkeitsbesuche lösen eine starke emotionale Wirkung und Betroffenheit bei allen Beteiligten aus.

Hilfreich sind folgende *Fragen:*

- Welchen wichtigen Personen in meinem Leben sollte ich mit sehr persönlichen Worten einen Dankbarkeitsbrief schreiben?
- Welche Erfahrungen meines Lebens möchte ich bestimmten Verwandten wie meinen Kindern oder Enkelkindern übermitteln?
- Was wünsche ich bestimmten Menschen meines sozialen Umfelds?
- Gibt es etwas, das ich in meinem bisherigen Leben niemals auszudrücken gewagt habe, das mir aber im Angesicht des Todes sehr wichtig erscheint und das ich bestimmten Personen noch unbedingt sagen möchte?
- Welche Unterstützung sollen bestimmte Personen für meine engsten Angehörigen leisten, für die ich nicht mehr da sein kann?
- In welcher Form sollen die Hinterbliebenen an mich denken?

Gestaltung von Begräbnis und Grab

Mentale Konfrontation mit dem eigenen Tod

Haben Sie sich schon entschieden, wo und wie Sie einmal bestattet werden möchten? Wovon wird Ihre Entscheidung abhängen, wenn Sie sie derzeit noch nicht getroffen haben? Die folgenden Anregungen können für viele Menschen mit existenziellen Ängsten sehr hilfreich sein, vor allem dann, wenn sie angesichts einer schweren Erkrankung oder aufgrund ihres Alters damit rechnen müssen, innerhalb von einigen Jahren zu sterben. Für andere kann diese Aufgabenstellung gegenwärtig aber kontraproduktiv sein, weil sie bei aktuell bestehendem körperlichen und seelischen Wohlbefinden die Lebensfreude trüben kann oder weil sie bei einer bereits sehr ängstlichen oder gar depressiven Grundbefindlichkeit das Stimmungstief möglichweise noch verstärkt. Auch im Fall einer akuten Krankheit kann es momentan angemessener sein, sich darauf zu konzentrieren, damit besser zurechtzukommen, statt sich gleich auf das Schlimmste vorzubereiten.

Lassen Sie sich von jenen Überlegungen und Anregungen leiten, die für Ihre momentane Befindlichkeit passend sind oder die Ihnen in der aktuellen Situation sinnvoll erscheinen. Verschiedene Bestimmungen, um die es im Folgenden geht, können Sie auch als *Bestattungsverfügung* Ihrem Testament beilegen.

Ab einem bestimmten fortgeschrittenen Alter sollten Sie selbst mit einem ausgewählten Bestattungsunternehmen, einer Friedhofsverwaltung und einem Steinmetzbetrieb (wegen des Grabsteins) alles Notwendige rund um Ihr Begräbnis vereinbaren. Bezahlen Sie entweder selbst alle damit verbundenen Kosten im Voraus, wie etwa die Miete eines Grabes oder den Kauf eines Grabsteins Ihrer Wahl, oder schließen Sie eine Sterbeversicherung ab, die mit einer monatlichen Ratenzahlung verbunden ist.

Auf diese Weise können Sie sich einerseits in sehr persönlicher Form mit dem Thema Tod beschäftigen und andererseits Ihren Angehörigen eine unangenehme Arbeit abnehmen. Ihre Verwandten werden Ihnen dafür dankbar sein. Dieser Ratschlag beruht auf meinen eigenen Erfahrungen während der Arbeit an diesem Buch. Mangels eines Familiengrabes habe ich, angefangen von der Miete eines Grabes und dem Kauf eines Grabsteins, bereits selbst alles organisiert, inklusive des Begräbnisses durch ein Bestattungsunternehmen und des Abschlusses einer Sterbeversicherung. Es war für mich ein sehr bewegender Moment, vor meinem eigenen Grab, einer Stele, zu stehen, auch wenn ich auf ein noch langes Leben in bestmöglicher Gesundheit hoffe.

Begeben Sie sich an den Ort, an dem Sie einmal begraben sein werden, sei es ein bereits bestehendes Familiengrab und ein von Ihnen neu erworbenes Grab. Ich empfehle Ihnen, real und mental öfter vor Ihrem Grab zu stehen, und zwar nicht um bereits Abschied vom Leben zu nehmen, sondern um angesichts Ihrer Vergänglichkeit zur bestmöglichen Nutzung Ihrer Lebenschancen aktiviert zu werden. Als Alternative können Sie auch Ihr voraussichtliches Grab fotografieren und das Foto im Laufe der Zeit immer wieder betrachten.

Gestaltung der Todesanzeige

Was soll auf der Todesanzeige über Sie stehen? Erstellen Sie selbst einen Teil des Textes sowie der Einladung zu den Begräbnisfeierlichkeiten. Welchen Bildhintergrund, welches Gedicht, welchen Sinnspruch oder Bibeltext und welches Foto möchten Sie dazu auswählen? Die Todesanzeige stellt gleichsam Ihre letzte Botschaft an die Nachwelt dar und dient den anderen als Erinnerung an Sie.

Zwei Entscheidungen habe ich meinen Kindern abgenommen: den Hintergrund der Todesanzeige und den Sinnspruch. Seit dem Jugendalter hat mich der Satz des von den Nazis hingerichteten Jesuitenpaters Alfred Delp tief beeindruckt: »Wenn durch einen Menschen ein wenig mehr Liebe und Güte, ein wenig mehr Licht und Wahrheit in der Welt war, dann hat sein Leben einen Sinn gehabt.« Heute sehe ich diese Feststellung in Zusammenhang mit der Sinnfrage des Lebens, wie sie bei Ratschlag 2 thematisiert wurde. Sehr beeindruckt hat mich bereits als Jugendlicher auch die werteorientierte Entscheidung von Pater Delp, lieber den Tod durch den Strang zu wählen als das Angebot anzunehmen, am Leben bleiben zu können, wenn er aus dem Jesuitenorden austreten würde.

Begräbnisfeierlichkeiten

Welche Vertrauensperson soll Ihr Begräbnis organisieren? Im Fall einer eigenständigen Regelung Ihres Begräbnisses werden Sie vom jeweiligen Bestattungsinstitut nach dem Namen dieser Person gefragt. Wünschen Sie sich ein Begräbnis nach einem bestimmten religiösen Ritus oder ein Begräbnis ohne den Vertreter einer Religionsgemeinschaft? Welche Musik soll in der Kirche oder an einem anderen Ort der Verabschiedung gespielt werden und welche Texte sollen von wem gesprochen werden?[108] Auch wenn es Ihnen nach Ihrem Tod gleichgültig sein könnte: Wer soll zu den Begräbnisfeierlichkeiten eingeladen werden und wer nicht? Möchten Sie in großem oder kleinem Rahmen verabschiedet werden?

Art und Ort der Bestattung

Haben Sie bestimmte Wünsche in Bezug auf den Sarg, in dem Sie einmal aufgebahrt werden? Bevorzugen Sie ein Begräbnis in einem Sarg in der Erde oder eine Urnenbestattung? Mehr als die Hälfte der Bevölkerung entscheidet sich heutzutage bereits für die Feuerbestattung anstelle der traditionellen Erdbestattung. Ein Teil der Betroffenen fühlt sich unbehaglich bei dem Gedanken, zu verfaulen und von Würmern zerfressen zu werden. Andere wiederum möchten ihren Hinterbliebenen durch die Urnenbestattung so wenig Aufwand wie möglich bezüglich der Grabbetreuung bereiten. Neben der Erdbestattung erfolgt in diesem Fall die Platzierung der Urne in einer Stele oder in einem Kolumbarium, also in einer Wand oder in einem speziell dafür ausgerichteten Raum. Aus welchen Gründen wählen Sie die Erd- bzw. Feuerbestattung?

Die *Feuerbestattung* ist von der evangelischen Kirche erst seit dem Jahr 1920, von der katholischen Kirche gar erst seit dem Jahr 1964 erlaubt. Das erste Krematorium wurde in Deutschland im Jahr 1878 und in Österreich im Jahr 1922 errichtet.[109] Trotz der christlichen Hoffnung auf einen verklärten, unverweslichen Leib bei der Auferweckung am Jüngsten Tag durfte der verwesliche Körper früher weder medizinisch seziert noch verbrannt werden. Der Glaube an die Auferweckung erforderte die Beisetzung eines unversehrten Körpers; außerdem war es den Menschen nicht erlaubt, den Körper als ein Geschöpf Gottes zu vernichten. Die orthodoxe Kirche, das Judentum und der Islam lehnen aus diesen Gründen die Feuerbestattung auch weiterhin ab. Darüber hinaus sah die katholische Kirche in der im 19. Jahrhundert aufkommenden Feuerbestattung einen Protest gegen den Auferstehungsglauben. Die katholische Kirche bevorzugt auch heutzutage die Beerdigung des Leichnams, weil dadurch eine größere Wertschätzung für den verstorbenen Menschen zum Ausdruck komme, akzeptiert aber den Umstand, dass immer mehr Gläubige eine Feuerbestattung wünschen.

In verschiedenen Ländern gibt es bei einer Feuerbestattung unterschiedliche Möglichkeiten, wo die Asche mit der Urne hinkommen soll: auf den Friedhof, in einen Ruhewald, auf eine Alm, unter einen Felsen, ins Meer bzw. in einen See, in den eigenen Garten oder in die eigene Wohnung.

In Deutschland herrscht – mit Ausnahme der Seebestattung und der Waldbestattung (auch Baumbestattung genannt) – fast überall der seit

1934 geltende *Friedhofs- und Grabzwang*, und zwar bei Erd- und Urnenbestattung. Neben dem Zur-Verfügung-Stellen der Leiche für medizinische Zwecke ist auch ein anonymes Grab möglich. Auf regionaler Ebene wie in Bremen ist auch eine Urnenbestattung auf einem Privatgrundstück, etwa in einem Garten, erlaubt.

An welchem Ort bzw. auf welchem Friedhof sollen Ihre sterblichen Überreste bestattet werden? Haben Sie sich schon einen bestimmten Platz ausgewählt? Wenn nicht, wovon wird Ihre Auswahl abhängen? Möchten Sie in einem neuen Grab oder in einem bereits bestehenden Grab bestattet werden, etwa im Grab Ihrer Eltern bzw. Ihrer Schwiegereltern oder Ihres Partners bzw. Ihrer Partnerin? Die Festlegung eines bestimmten Bestattungsortes kann erschwert werden durch die Art Ihrer Beziehungen zu bestimmten lebenden bzw. verstorbenen Personen. Verständlicherweise möchten beispielsweise Geschiedene nicht nebeneinander begraben werden.

Grabgestaltung

Möchten Sie von den Trauergästen beim Begräbnis einen bestimmten Blumenschmuck oder eine Spende für soziale Zwecke? Wie wichtig ist Ihnen eine bestimmte Grabgestaltung? Welche Materialien, Pflanzen und Farben sollen Ihr Grab zieren? Welche Grabinschrift, welches Foto und welches Symbol sollen auf Ihrem Grabstein als Erinnerung an Ihre Person angebracht werden? Welches Zeichen Ihres Glaubens möchten Sie auf Ihrem Grabstein haben? Welches für Sie und Ihr Leben typische Symbol soll Ihr Grab schmücken, wenn Sie jede religiöse Symbolik als unpassend empfinden?

Nachruf auf Ihr Leben

Wer soll bei der Trauerfeier bzw. Verabschiedungszeremonie einen *Nachruf* auf Ihr Leben halten? Was sollte der Redner oder die Rednerin unbedingt über Sie und Ihr Leben zur Sprache bringen? Was sollen die Hinterbliebenen über Sie denken und in Erinnerung behalten? Was soll als die Botschaft Ihres Lebens gelten?

Erstellen Sie selbst eine *Trauerrede* für Ihr Begräbnis und beschreiben Sie die wichtigsten Stationen Ihres Lebens: Kindheit, Jugendzeit, Erwachsenenalter, ggf. mit Heirat und Familiengründung, Berufs- und Freizeitleben, höheres Alter, wenn dies bereits auf Sie zutrifft. Es geht nicht darum, dass die Rednerin oder der Redner später vor Ihrem Sarg Ihren selbst verfassten Nachruf tatsächlich wörtlich vorlesen soll, sondern vielmehr darum, dass Sie, in Antizipation Ihres Lebensendes, aus einer »jenseitigen« Perspektive Ihr Leben nochmals reflektieren, mit Ihren eigenen Werten und Grundsätzen, mit Ihren Bezügen zur Welt und zu Ihren Mitmenschen. Es geht dabei auch darum, was bei den anderen von Ihnen über Ihren Tod hinaus in Erinnerung bleiben soll.

Angesichts Ihres bevorstehenden Todes soll Ihnen durch das Verfassen eines solchen Nachrufs auf Ihr Leben deutlich werden, für welche Werte Sie gelebt haben, die für Sie selbst und für die Hinterbliebenen weiterhin gültig bleiben, weil sie stärker sind als der Tod, etwa Werte wie Liebe, Fürsorge, Engagement für die soziale Umwelt und die Verbesserung der Lebensbedingungen auf dieser Welt.

Wenn Sie bei guter Gesundheit oder in jüngerem Alter sind, könnten Sie sich einmal vorstellen, dass Sie morgen durch einen tragischen Unfall ums Leben kommen. Schreiben Sie auch in diesem Fall aus heutiger Sicht einen Nachruf auf Ihr Leben. Es geht dabei wiederum um die zentrale *Frage:* Was für ein Mensch bin ich in meinem bisherigen Leben gewesen?

Viele Anregungen zu einem Nachruf auf Ihr Leben erhalten Sie in Christiane zu Salms Buch »Dieser Mensch bin ich gewesen. Nachrufe auf das eigene Leben«[110], in dem 80 Nachrufe von schwerkranken Menschen auf das eigene Leben aufgezeichnet sind. Im Gegensatz zu diesen Personen haben Sie derzeit noch die Möglichkeit, Einfluss auf den Ablauf Ihres Lebens zu nehmen und dadurch auch den tatsächlichen Nachruf auf Ihr Leben zu bestimmen.

Folgende *Fragen* sind hilfreich:

- Was sind die Eckpunkte meines bisherigen Lebens?
- Was sind wichtige Erkenntnisse und Erfahrungen meines Lebens, die ich an meine Angehörigen und Freunde weitergeben möchte?
- Was soll von mir bei den anderen in Erinnerung bleiben?
- Was hätte ich bestimmten Menschen gerne noch gesagt, wenn ich die Zeit oder auch den Mut dazu gehabt hätte?
- Welche Projekte und Aufgaben hätte ich gerne noch erledigt?
- Welche meiner Wünsche und Sehnsüchte blieben unerfüllt?
- Welcher nahestehenden Person würde ich den Nachruf auf mein Leben gerne vorlesen und zumindest zum Lesen übergeben?
- Möchte ich auf diese Weise bestimmten Angehörigen noch etwas mitteilen, was mir zu meinen Lebzeiten bisher nicht möglich war?

Ratschlag 7
Finden Sie zu Ihrer eigenen Spiritualität oder Weltanschauung: Entwickeln Sie angesichts des Todes eine religiöse oder philosophische Grundhaltung

Die menschliche Sehnsucht nach Unsterblichkeit und ewigem Leben

Vielfältige Jenseitsvorstellungen in der Menschheitsgeschichte

Neben mythologischen Vorstellungen von einem *ewigen Leben* in einem diesseitigen Paradies, wie etwa im Buch *Genesis* des Alten Testaments, haben vor allem die Vorstellungen über ein Leben nach dem Tod schon immer das Denken und Verhalten der Menschen und Völker bestimmt. Der Glaube an eine unsterbliche Seele ist damit nicht unbedingt verbunden, wie verschiedene Vorstellungen belegen: Laut Altem Testament befinden sich die Verstorbenen in einem Schattenreich, und im Alten Ägypten betraten bestimmte höhergestellte Verstorbene das Jenseits mit ihrem irdischen Körper.

Der Glaube an eine *unsterbliche Seele,* oft auch an ein Weiterleben des verstorbenen oder eines erneuerten Körpers in einer anderen Dimension, ist seit Jahrtausenden ein Grundbedürfnis vieler Menschen und Völker in aller Welt. Trotz völlig unterschiedlicher Vorstellungen, wie es nach dem Tod weitergehen könnte, stand in früheren Zeiten religions- und kulturunabhängig fest, dass es ein Leben nach dem Tod gibt, zumindest für bestimmte herausgehobene Personen wie Pharaonen, Könige und Heroen.

Die *Sehnsucht nach Unsterblichkeit* hat keineswegs nur mit der Unfähigkeit und dem Unwillen des Menschen zu tun, den Tod als endgültiges Aus der eigenen Person anzuerkennen, sondern auch mit dem Wunsch und der Hoffnung, dass die engsten Angehörigen und die besten Freunde im Jenseits gut aufgehoben sind, bis man nach dem eigenen Tod wieder mit ihnen zusammen sein kann.

Der *Ahnenkult* und die Verehrung der Geister der Verstorbenen in vielen Regionen der Welt weisen auf die Bedeutung des Wir-Gefühls jenseits des Todes hin. Ahnenkulte beruhen auf dem Glauben an ein Weiterleben der Verstorbenen im Jenseits, aus dem deren Geister in guter und schlechter Weise für die Lebenden wirksam werden. Die Hinterbliebenen oder zumindest bestimmte Mittler können mit den Ahnen in Kontakt treten, etwa durch Opfer, Orakel und Gebete. In schamanistisch und animistisch geprägten Religionen der Welt spielt der Ahnenkult auch heutzutage noch eine große Rolle.

Zur Bewältigung der Angst vor dem Tod als dem Ende der irdischen Existenz setzen die Menschen nach dem US-Psychiater *Robert Jay Lifton* fünf verschiedene Strategien von *Transzendenz,* das heißt von Überschreitung der eigenen Person, ein:[111]

1. den *biologisch-generativen Modus* mit dem Wunsch nach Weiterleben in den eigenen Nachkommen oder in der Gesellschaft,
2. den *religiösen Modus* mit dem Glauben an ein ewiges Leben und der Erfahrung spiritueller Verbundenheit mit einer höheren Macht,
3. den *kreativen Modus* mit dem Bestreben, in seinen Taten und Werken weiterzuleben,
4. den *natur- und kosmosbezogenen Modus* mit Bezug auf eine überdauernde Totalität in der Natur, in der Welt oder im Kosmos,
5. den *Modus der erfahrenen Transzendenz* in Form des Staunens und der Ehrfurcht vor der Schöpfung sowie in Form eines sehr persönlichen mystischen oder ekstatischen Erlebens.

Der englische Philosoph, Diplomat und Journalist *Stephen Cave* beschreibt in seinem Buch »Unsterblich. Die Sehnsucht nach dem ewigen Leben als Triebkraft unserer Zivilisation«[112], welche vier Mittel und Wege den Menschen und Völkern aller Zeiten die Verwirklichung der *Sehnsucht nach Unsterblichkeit* garantieren sollten. Bereits im Alten Ägypten habe es im Laufe der Zeit alle vier Modelle gegeben.

Cave unterscheidet zwischen *vier Unsterblichkeitserzählungen:*

Weiterlebenserzählung. Es geht um das intensive Bemühen des Menschen um ein möglichst langes, am besten ewiges Weiterleben des Körpers auf dieser Erde mithilfe bestimmter Strategien (gegenwärtig mithilfe der modernen Medizin, die ein immer längeres Leben ermöglichen soll).

Auferstehungserzählung. Es geht um den Glauben an die Auferstehung von den Toten in Form des Weiterlebens des Menschen in einer anderen Welt mit demselben oder einem neuen Körper (mit demselben Körper bei ägyptischen Pharaonen wie Cheops, der laut damaligem Glauben im ursprünglichen Körper zum Himmel aufstieg, mit einem verwandelten Körper laut den monotheistischen Religionen Judentum, Christentum und Islam).

Seelenerzählung. Es geht um die Unsterblichkeit der Seele in Form eines körperlosen Weiterlebens des Menschen in einer anderen Welt (in unterschiedlichen Varianten vorhanden in der assyrisch-babylonischen Kultur, im Alten Ägypten, in der griechischen Mythologie, bei den griechischen Philosophen Pythagoras, Sokrates und Platon, in den letzten zwei Jahrhunderten vor Christus auch im Judentum, später vor allem im Christentum, Islam und anderen Religionen).

Vermächtniserzählung. Es geht um das ruhmvolle symbolische Weiterleben des Menschen in Form der persönlichen Taten in dieser Welt (dieser Aspekt passt zur Terror-Management-Theorie sowie zur Lebensbedeutung »Generativität« in der Sinnforschung).

Die »Weiterlebenserzählung« und die »Vermächtniserzählung« handeln von der Sehnsucht des Menschen nach möglichst langer realer bzw. symbolischer Anwesenheit auf der Erde. Sie bieten zwar keinen gleichwertigen Ersatz für den Glauben an die Auferweckung des Körpers im Jenseits (»Auferstehungserzählung«) bzw. an die Unsterblichkeit der Seele (»Seelenerzählung«), haben aber das Leben des Einzelmenschen sowie praktisch aller Völker seit Beginn der Menschheit so stark geprägt, dass man laut Stephen Cave alle Kulturen als Ausdruck dieses Bestrebens betrachten kann. Die Kombination von »Auferstehungserzählung« und »Seelenerzählung« stellt bis heute die offizielle Lehre der christlichen Konfessionen dar.

Die Sehnsucht des Menschen nach Unsterblichkeit entspricht nach Meinung des atheistischen Philosophen Cave dem natürlichen, evolutionär-biologisch fundierten Grundbedürfnis des Menschen, sich in die Zukunft zu projizieren. Es wird nur kontrastiert vom gleichzeitigen Wissen des Menschen um seine Sterblichkeit, was Cave, wie bereits erwähnt, als *Sterblichkeitsparadoxon* bezeichnet.

Die Hoffnung auf ein *Weiterleben nach dem Tod* zeigt sich bei zwei völlig unterschiedlichen Personengruppen in ähnlicher Weise:

Kirchenferne Menschen, die an keinen persönlichen Gott glauben, zu dem man beten kann, glauben dennoch sehr diffus an »etwas Höheres« und dass nach dem Tod »noch etwas kommt«.

Immer mehr *religiöse Menschen* mit Zugehörigkeit zu einer Religionsgemeinschaft stehen immer weniger hinter einzelnen Glaubensinhalten oder interessieren sich gar nicht dafür, glauben aber zumindest an Gott und an ein ewiges Leben nach dem Tod.

Abnehmender Jenseitsglaube in der Gegenwart

Bei Umfragen zur religiösen Einstellung der Bevölkerung ergibt sich übereinstimmend der Befund, dass in Europa der Glaube an die zentralen Inhalte der christlichen Religion im Laufe der Jahre stetig abnimmt. Nach einer großen Befragung in Deutschland im Auftrag der Zeitschrift DER SPIEGEL im Jahr 2019 glauben 55 Prozent der Deutschen an einen Gott (im Westen 63 Prozent, im Osten 26 Prozent), 46 Prozent an eine unsterbliche Seele, 40 Prozent an ein Leben nach dem Tod, 40 Prozent an Engel, 26 Prozent an einen Teufel, 13 Prozent an eine Hölle als Ort der ewigen Verdammnis. Von den *Gottgläubigen* glauben 67 Prozent an einen dreifaltigen Gott, 55 Prozent, dass Jesus in einer Person Gott und Mensch war, 54 Prozent, dass Jesus von den Toten auferstanden ist, 49 Prozent, dass Gott alles, was es gibt, erschaffen hat.[113] Nach einer Umfrage aus dem Jahr 2015 glauben nur 36 Prozent der Deutschen an die Auferstehung Jesu von den Toten und nur 34 Prozent an das ewige Leben.[114]

Nach einer Umfrage im Rahmen der europäischen Wertestudie im Jahr 2018 glauben in Österreich 73 Prozent der Bevölkerung an einen Gott und 53 Prozent an ein Weiterleben nach dem Tod; als religiös bezeichnen sich immerhin 63 Prozent der österreichischen Bevölkerung.[115]

Laut einer sehr differenzierten Befragung im Jahr 2020 glauben 29 Prozent der Befragten an einen persönlichen Gott und weitere 42 Prozent an ein höheres Wesen oder eine geistige Macht.[116] Die Personen mit einem starken Gottesglauben haben sich von 1970 bis 2020 nahezu halbiert. Im Durchschnitt glaubt nur noch ein gutes Drittel (36 Prozent) der Bevölkerung an die Kernbotschaften der Bibel. Im offiziell größtenteils katholischen Österreich kann man nur noch ein Drittel der Bevölkerung als »christlich« bezeichnen, wenn man als Kriterium dafür den Glauben an die Kernbotschaft der Auferstehung Jesu zugrunde legt. An die eigene Auferstehung von den Toten mit Leib und Seele glauben gar nur noch 22 Prozent der österreichischen Bevölkerung.[117]

Laut Umfragen und amtlicher Statistik schwindet auch der Anteil an Menschen, die einer christlichen Konfession angehören. Vor allem bei jungen Erwachsenen nimmt die kirchlich gebundene Religion einen immer geringeren Stellenwert ein. Markante Eckpunkte des Lebens wie die christliche Taufe und das christliche Begräbnis werden von vielen heutigen Menschen nicht mehr als Garantie für einen sicheren Platz im Himmel benötigt, sollte es einen Gott und ein Leben nach dem Tod geben. Immer mehr Menschen machen dies mit Gott selbst aus, zu dem sie auch ohne Mitgliedschaft bei einer christlichen Kirche beten können.

Die Dominanz des Christentums gegenüber anderen Religionen geht zunehmend zurück, dennoch wird – vor allem in konservativen Kreisen – auf das vermeintlich immer noch »christliche Abendland« verwiesen, dessen Werte zu verteidigen seien. Das Kreuz gilt als wichtiges christliches Symbol, an die Erlösung durch den Tod Jesu, für die es steht, glauben jedoch immer weniger Menschen.

Mindestens ein Drittel, eher sogar rund die Hälfte der Menschen in Europa schätzt sich selbst als weder religiös noch spirituell ein. Angesichts dieser Zahlen ist die Behauptung problematisch, dass jeder Mensch eine spirituelle Dimension besitzt, wenn man nicht auch bereits einen »säkularen Humanismus« als Spiritualität bezeichnet.[118]

Ratschlag 7 soll Menschen mit existenziellen Ängsten anregen, ihre religiösen, spirituellen, agnostischen oder atheistischen Sichtweisen zu reflektieren, weiterzuentwickeln oder zu festigen. In den folgenden Kapiteln zur Thematik eines möglichen Lebens nach dem Tod gebe ich eine Übersicht über unterschiedliche Inhalte: die Botschaften des Christentums, die Botschaften anderer Religionen, Nahtodberichte, den Glauben an eine menschliche Unsterblichkeit ohne den Gott der Religionen, die Lehren der Philosophen und naturwissenschaftlich-materialistische Sichtweisen.

Botschaften des Christentums

Hoffnung auf das Himmelreich

Der Glaube an ein ewiges Leben bei Gott im Himmel hat im Christentum eine lange Vorgeschichte, die an die jüdische Erwartung der Wiederkehr des *Messias* auf Erden anknüpft. Laut Bibelforschung verkündete Jesus den *Anbruch des Reiches Gottes auf Erden* als unmittelbar bevorstehend und irdisch erlebbar. Jesus rief in der Tradition des Judentums zur raschen Umkehr auf, weil das Himmelreich nahe sei und das Endgericht Gottes über die Menschheit binnen kurzer Zeit hereinbrechen werde.

Die jüdisch-christliche Urgemeinde, der Apostel Paulus und die frühen Judenchristen waren aufgrund der *Endzeitstimmung* der damaligen Zeit fest davon überzeugt, dass Jesus nach seinem Tod und seiner Auferweckung durch Gott der verheißene Messias (griech. *Christos*) sei und dass alle Menschen sein Kommen in diese Welt zu ihren Lebzeiten noch miterleben würden. Es wurde also erwartet, dass der Himmel auf die Erde kommt und sie völlig verändert, nicht umgekehrt, dass die Menschen in einen anderswo lokalisierten Himmel aufsteigen.

Die zentrale Botschaft Jesu war das *bevorstehende Anbrechen des Reiches Gottes auf Erden.* Heutige Christen beten im »Vaterunser«, dem bedeutendsten Gebet der Christenheit, weiterhin um das Kommen des Reiches Gottes sowie um die Wiederkunft Christi. Das Bitten um das Gottesreich in der Zukunft geht jedoch einher mit dem Glauben, dass das Leben im Hier und Jetzt bereits durchdrungen ist von der Anwesenheit Jesu Christi, die von den Gläubigen gegenwärtig bereits innerlich erlebt und äußerlich bei jedem Gottesdienst gefeiert wird.

Auferweckung mit einem neuen, verklärten Leib

Analog zur Botschaft von Tod und Auferweckung Jesu wurde im frühen Christentum auch die Auferweckung der Menschen von den Toten verkündet, die durch den *Kreuzestod Jesu als Sühneopfer für die Sünden der Menschen* – so eine der verschiedenen Deutungen des Todes Jesu – ermöglicht worden sei. Die christliche Botschaft von der *Erlösung* der Menschen kommt ohne das hellenistisch-philosophische Konzept einer unsterblichen Seele aus, das für die Jünger Jesu, den Apostel Paulus, die Evangelien und die frühen Christen nicht zur Botschaft Jesu passte.

Auch in unserer heutigen Zeit wird im Schlusssatz des *Apostolischen Glaubensbekenntnisses* der christlichen Kirchen der Glaube an die »Auferstehung der Toten und das ewige Leben« bekundet. Dies macht den Kern des christlichen Glaubens aus: Alle Menschen werden am Ende der Welt mit einem *neuen, verklärten Leib auferstehen,* und zwar nicht aufgrund eigener Kraft, vielmehr werden alle *auferweckt* durch einen Schöpfungsakt Gottes.

Die kirchliche Tradition beschreibt das Geschehen nach dem Tod in klassischen Bildern, die aber in der heutigen Theologie immer wieder neu und anders »übersetzt« werden: Nach der Auferweckung von den Toten durch den Messias, der im Christentum mit Jesus gleichgesetzt wird, erfolgt eine Gerichtsverhandlung, das *Jüngste Gericht,* bei dem von Jesus Christus entschieden wird, ob die auferweckten Personen aufgrund ihres früheren Lebens für immer in den Himmel oder in die Hölle kommen, in den Worten der neueren Theologie ausgedrückt, auf ewig in der Nähe Gottes oder in Gottferne leben werden. Nach römisch-katholischer Lehre gibt es unmittelbar nach dem Tod ein göttliches Gericht über die Seele, wie der Katechismus deutlich macht: »In seiner unsterblichen Seele erhält jeder Mensch gleich nach dem Tod durch Christus, den Richter der Lebenden und der Toten, in einem besonderen Gericht seine ewige Vergeltung.«[119] Die evangelischen Kirchen lehnen diese Sichtweise von einem Einzelgericht zugunsten des Endgerichts am Jüngsten Tag ab. In der katholischen Theologie gibt es jedoch auch eine Theorie von der Auferweckung im Tod, die versucht, die beiden zeitversetzten Gerichte als zwei Aspekte eines einzigen Geschehens zu begreifen.

Unsterblichkeit der Seele?

Beim Nachdenken über den Tod und das Danach orientierten sich die Menschen im *frühen Christentum* an der Vorstellung von einer unsterblichen Seele, wie sie im griechisch-hellenistischen Raum bekannt war und die vom Leib-Seele-Dualismus des Philosophen *Platon* geprägt war. Diese Auffassung wurde bereits von den *Pythagoräern* im 5. Jahrhundert vor Christus vertreten, später auch in der *Gnosis* – religiösen, von der Kirche als Häresie verurteilte Strömungen und Geheimlehren im 2. und 3. Jahrhundert. Der Körper, der in der Bibel als Geschöpf Gottes galt, wurde von der platonischen Philosophie als *Kerker der Seele* betrachtet, eine Sichtweise, die sich im Christentum im Laufe der Jahrhunderte verheerend ausgewirkt hat. Der Tod stellt nach Platon die Befreiung der Seele von den Einschränkungen des Körpers und den Übergang in die Welt der Ideen dar, in der die Seele bereits vor der Geburt existiert hat.

Jesus glaubte als tiefgläubiger Jude nicht an eine unsterbliche Seele, sondern an die baldige Wiederkunft des Messias zu den Menschen, der das Himmelreich auf Erden errichten würde. Die platonische Vorstellung von einer körperlosen unsterblichen Seele gelangte erst im 3. Jahrhundert durch den Theologen *Origenes* in die christliche Welt.

Gegen Ende des 4. Jahrhunderts entwickelte der berühmte Kirchenlehrer *Augustinus* (354–430 n. Chr.) jene kreative Übernahme der platonischen Seelenlehre, wie sie auch für das spätere Christentum bestimmend blieb: Die immaterielle Seele ist nicht aus sich selbst heraus, sondern nur durch Gott unsterblich; die Seele kommt nach dem Tod in das Reich Gottes und nicht in ein Reich des Geistes; die Seele existiert nach dem Tod des Körpers für ewig bei Gott und durchläuft keine Seelenwanderung, wie Platon dies beschreibt.[120] Seit Augustinus bilden der christliche Auferstehungsglaube und der platonisch geprägte Unsterblichkeitsglaube eine untrennbare Einheit.

Im Jahr 1513 verkündete die katholische Kirche auf dem 5. Laterankonzil das Dogma von der Unsterblichkeit der menschlichen Seele: Jeder Mensch habe eine individuelle und unsterbliche Seele, die den Leib im Tod überdauere. Martin Luther glaubte zwar auch an eine unsterbliche Seele, lehnte diese Sichtweise jedoch als Teufelslehre – weil heidnisch (hellenistisch) – ab. Nach Luther hat die Seele ihre Lebenskraft nicht aus sich selbst, sondern nur durch Gott.

Auch viele heutige evangelische Theologen und Theologinnen lehnen das Konzept einer unsterblichen Seele als hellenistischen Fremdkörper im Christentum ab. Nach der traditionellen evangelischen Lehre befinden sich die Verstorbenen bis zu ihrer Auferweckung in einem *Seelenschlaf,* aus dem sie erst am Jüngsten Tag mit Leib und Seele zur Unsterblichkeit auferweckt werden. Der christliche Glaube an die Auferweckung der Toten, wie ihn Paulus in der griechischen Antike verkündet hatte, wäre aus evangelischer Sicht überflüssig, wenn die Seele und damit der Mensch von Natur aus unsterblich wäre.

Das christliche Glaubensbekenntnis

Das *Apostolische Glaubensbekenntnis* der christlichen Konfessionen, das in jeder Kirche gebetet wird, macht deutlich: Christinnen und Christen glauben an mehr als nur an die Auferstehung des Menschen mit Leib und Seele, nämlich an einen *göttlichen Heilsplan,* ohne den kein ewiges Leben des Menschen denkbar ist.

»Ich glaube an Gott, den Vater, den Allmächtigen, den Schöpfer des Himmels und der Erde. Und an Jesus Christus, seinen eingeborenen Sohn, unseren Herrn, empfangen durch den Heiligen Geist, geboren von der Jungfrau Maria, gelitten unter Pontius Pilatus, gekreuzigt, gestorben und begraben, hinabgestiegen in das Reich des Todes, am dritten Tage auferstanden von den Toten, aufgefahren in den Himmel; er sitzt zur Rechten Gottes, des allmächtigen Vaters; von dort wird er kommen, zu richten die Lebenden und die Toten. Ich glaube an den Heiligen Geist, die heilige katholische / christliche Kirche, Gemeinschaft der Heiligen, Vergebung der Sünden, Auferstehung der Toten und das ewige Leben. Amen.«

Das christliche Glaubensbekenntnis kann gläubige Menschen dazu anregen, sich mit der christlichen Lehre auseinanderzusetzen. Viele theologisch wenig geschulte Christinnen und Christen tun sich jedoch schwer mit diesen dogmatischen Formulierungen und können sie weder verstehen noch glaubhaft finden. Hier kann es hilfreich sein, Literatur hinzuzuziehen, in der dargelegt wird, wie der christliche Glaube in der heutigen Zeit verstanden werden kann.[121]

Umgang mit den christlichen Lehren vom Leben nach dem Tod

Für viele Christinnen und Christen ist der *Glaube an eine unsterbliche Seele* und damit an die nichtkörperliche Weiterexistenz nach dem Tod eine ausreichende Beruhigung angesichts der Angst vor dem Tod und dem Danach. »Für die meisten heutigen Christen ist allein die Seele der Weg zur Unsterblichkeit.«[122] Dabei sind zahlreiche Gläubige fälschlicherweise davon überzeugt, dass die *Unsterblichkeit der menschlichen Seele* eine christliche Botschaft sei. Tatsächlich jedoch beinhaltet die Frohe Botschaft des Christentums nicht das hellenistische Konzept der Unsterblichkeit der Seele, sondern sie besteht in der Verkündigung der leiblichen Auferweckung der Toten durch Gott am Ende der Zeiten.

Die leibliche Auferstehung im Sinne der paulinischen Verkündigung – mit einem neuen, verherrlichten, verklärten Körper ohne Leiden, aber auch ohne Freuden wie Sexualität – beschäftigt heutzutage kaum noch viele Christinnen und Christen. In unserer naturwissenschaftlich geprägten Zeit machen sich die meisten von ihnen entweder gar keine konkreten Vorstellungen von einer Existenz nach dem Tod oder sie malen sich ein mögliches Leben im Jenseits so ähnlich aus wie auf der Erde – als ewiges Zusammensein mit jenen geliebten Personen, die man durch den irdischen Tod verloren hat. Früher stand für Menschen christlichen Glaubens dagegen die Schau Gottes im Mittelpunkt der Vorstellungen vom Leben im Himmel.

Nach den bereits erwähnten Umfrageergebnissen gibt es in Deutschland und Österreich immer weniger Menschen, die an Gott glauben und für die die christlichen Glaubensinhalte eine Bedeutung haben. Selbst Mitglieder einer christlichen Glaubensgemeinschaft haben oftmals nur wenige Kenntnisse von den Kerninhalten des christlichen Glaubens.

In der Auseinandersetzung mit Ihrem Glauben können folgende *Fragen* hilfreich sein:

- Trifft auch auf Sie zu, dass Sie den Kirchen und ihren Lehren eher fernstehen?
- Wie sehr können Sie sich im Fall der Zugehörigkeit zu einer der beiden Konfessionen mit der christlichen Botschaft und Ihrer Kirche identifizieren?
- Haben Sie als Mitglied der römisch-katholischen oder der evangelischen Kirche Probleme, die christliche Lehre so zu glauben, wie sie von Ihrer Glaubensgemeinschaft in bestimmten Dogmen verkündet wird?
- Spricht Sie die christliche Lehre nur in einigen wenigen Punkten an, wie etwa ein ewiges Leben nach dem Tod im Himmel, Nächstenliebe im Hier und Jetzt oder die Zehn Gebote als Basis für ein moralisch integres Leben? Dies geht auch vielen anderen kritischen Menschen so, die trotzdem deswegen ihren christlichen Glauben als solchen nicht aufgeben möchten.

- Haben Sie vielleicht deswegen Angst vor einem Leben nach dem Tod, weil Sie es in diesem Leben wagen, ganz nach Ihren eigenen religiösen Vorstellungen zu leben, und sich nicht streng an die Regeln und Glaubensinhalten Ihrer Religionsgemeinschaft halten?
- Überlegen Sie einmal: Inwieweit kann Ihnen die christliche Botschaft in ihrer Gesamtheit – nicht bloß in einigen ausgewählten Bereichen – helfen, Ihre Angst vor dem Tod und dem Danach zu vermindern? Vielleicht hilft Ihnen auch ein Gespräch mit einer Vertreterin oder einem Vertreter Ihrer Kirche.

Neuinterpretation der christlichen Lehre für die heutige Zeit
Aufgrund der Erkenntnisse der Naturwissenschaften und der historisch-kritischen Methode der Bibelforschung haben christliche Gelehrte die Bibel völlig neu interpretiert, um nicht ständig mit den Wissenschaften im Widerspruch zu stehen. Man bemühte sich, die christliche Botschaft in die moderne Welt zu übertragen.

Die Neuinterpretation der christlichen Botschaft hat auch Auswirkungen auf die Lehre von den Letzten Dingen, das heißt sowohl auf das, was mit den Menschen nach dem Tod passiert, als auch auf das Schicksal der ganzen Welt am Ende der Zeiten. Existenzielle Ängste werden jetzt dadurch gemindert, dass bestimmte Inhalte der christlichen Botschaft als mythologisch verstanden, komplett gestrichen oder theologisch bzw. tiefenpsychologisch uminterpretiert werden, etwa: Adam und Eva als erstes Menschenpaar, ihr Sündenfall und die daraus abgeleitete Erbsündenlehre, die Existenz eines Teufels, einer Hölle und eines Fegefeuers, die Erwartung eines Jüngsten Gerichts mit der Verurteilung vieler Menschen zur ewigen Verdammnis.[123]

Das Bild eines liebenden statt strafenden Gottes hat im 20. Jahrhundert auch zum Konzept der *Allerlösung* geführt, das heißt, letztlich könnten alle Menschen gerettet werden, weil alle von Jesus Christus erlöst worden seien.[124]

Gläubigen mit Interesse an der modernen Bibelwissenschaft sowie an neueren Sichtweisen vom christlichen Glauben und dem Konzept einer unsterblichen Seele empfehle ich zwei Bücher der katholischen, sehr ökumenisch denkenden Theologieprofessorin Doris Nauer: »Gott – Woran glauben Christen? Verständlich erläutert für Neugierige«[125] und »Christliches Menschenbild heute? Verständlich erläutert für Neugierige«.[126] Dogmenkritischen Christinnen und Christen empfehle ich das Buch »Wendepunkte oder Was eigentlich besagt das Christentum?« des katholischen Theologen und Priesters Eugen Drewermann, der im Jahr 2005 aufgrund zahlreicher Konflikte mit der Amtskirche aus der römisch-katholischen Kirche ausgetreten ist.[127]

Botschaften anderer Religionen

Die beiden anderen monotheistischen Weltreligionen, das Judentum und der Islam, vertreten ebenfalls den Glauben an eine *unsterbliche Seele* sowie an ein *Jüngstes Gericht* am Ende der Zeiten, anlässlich dessen die Verstorbenen leiblich auferweckt werden.

Die Botschaft des Islam

Im *Islam*, zu dem sich in Deutschland mehr als vier Millionen Menschen aus über 60 verschiedenen Nationen (größtenteils aus der Türkei und dem ehemaligen Jugoslawien) bekennen, zählen ein Weltende, ein Endgericht, ein ewiges Leben nach dem Tod im Paradies für die Gläubigen und eine ewige Hölle mit qualvollem Leiden für die Ungläubigen zu den zentralen Glaubensinhalten.[128]

Der Tod ist das Tor zum Jenseits, in dem die guten Taten mit dem Aufenthalt im Paradies belohnt und die schlechten mit den Qualen der Hölle bestraft werden. Für die Gläubigen ist der Tod der notwendige Übergang zu einem Leben in Gottes Nähe, sodass er ohne Furcht erwartet werden kann. Allah hat den Todestag jedes Menschen genau festgelegt. Der Tod ist nicht die Folge einer Ursünde von Adam, der auch im Koran als der erste von Allah geschaffene Mensch genannt wird, sondern die Heimkehr zum Schöpfer. Dabei spielen verschiedene Engel eine bedeutsame Rolle. Der Todesengel Izrail trennt beim Tod die Seele vom Körper und bringt die guten Seelen in die sieben Himmel vor Gott zu einem Zwischengericht. Bei gläubiger Lebensführung wird ihnen die Vergebung ihrer Sünden verkündet, danach kehren sie wieder in ihren Körper zurück und befinden sich in einem Zwischenbereich. Die schlechten Seelen, die aufgrund ihres Lebens vor Gott keinen Bestand haben, werden dagegen nur bis zum ersten Himmel gebracht, in den sie keinen Zutritt erhalten. Sie kehren dann ebenfalls in ihren Körper zurück und müssen im Grab verschiedene Fragen der Engeln Munkar und Nakir über ihren Glauben beantworten. Bei richtiger Beantwortung im Sinne des islamischen Glaubens haben sie nach der Auferstehung Aussicht auf ein Leben im Paradies, bis dahin wird ihnen die Wartezeit durch zwei andere Engel erleichtert. Bei falscher Beantwortung steht ihnen die Hölle bevor, doch bereits vorher müssen sie im Grab schlimme Qualen erleiden, die ihnen von den Engeln Munkar und Nakir zugefügt werden. Die Seelen aller Verstorbenen warten in einem schlafähnlichen Zustand, der ihnen später als sehr kurz vorkommen wird, auf das Jüngste Gericht am Auferstehungstag.

Ähnlich wie im Christentum geht die Auferstehung der Toten mit einem endzeitlichen Drama und einem Gericht einher. Die ganze Welt, alle Lebewesen und deren Seelen werden zu einem bestimmten, von Gott festgesetztem Zeitpunkt, dem Jüngsten Tag, in Form von schaurigen Katastrophen vernichtet. Das Leben in dieser Welt ist dann für immer zu Ende, und es beginnt das wirkliche und ewige Leben. Am Jüngsten Tag, dem Tag der Abrechnung, werden dann alle Menschen, die jemals gelebt haben, mit Körper und Seele auferweckt und im Rahmen einer Versammlung vor Gottes Gericht gebracht. Bei diesem Jüngsten Gericht wird über Belohnung und Bestrafung aller Menschen entschieden. Dabei werden zuerst ihre Taten aus einem Buch verlesen und danach ihre guten und schlechten Taten mithilfe einer himmlischen Waage gegeneinander aufgewogen. Alle Menschen erhalten aufgrund von Gottes gerechtem Urteil Bescheid über ihren Bestimmungsort im Jenseits. Nach dem Gerichtsurteil führt ein Engel die Gläubigen mit unvorstellbarer Geschwindigkeit über eine schmale Brücke ins Paradies, die Ungläubigen stürzen dagegen von dieser engen Brücke in die Tiefen der Hölle mit ihrem lodernden Feuer hinab, in der sie auf ewig unvorstellbar schlimme Qualen erleiden müssen, die im Koran zur Abschreckung sehr detailliert beschrieben werden.

Ähnlich wie in der katholischen Kirche gibt es vorübergehend noch einen dritten Ort (Araf genannt) zwischen Himmel und Hölle, in den jene Muslime zeitlich befristet gebracht werden, deren gute und schlechte Taten sich gegenseitig aufheben. Es handelt sich dabei also um Gläubige, die jedoch aufgrund ihrer Verfehlungen beim Gerichtsurteil Gottes nicht bestanden haben. Nach einem vorübergehenden Aufenthalt in der Hölle, in der sie ihre Sünden abbüßen, können sie aufgrund ihres Glaubens schließlich doch noch ins Paradies eingehen, das allen Nicht-Muslims verwehrt ist. Für die Gläubigen ist das Paradies ein Ort der Sinnesfreuden, des geistigen Wohlbefindens und des Friedens. Der höchste Lohn für ein gottgefälliges Leben der Gläubigen besteht jedoch, zumindest nach einer bestimmten theologischen Schule, in dem Umstand, dass sie Gott schauen dürfen.

Die Botschaft des Judentums

Im *Judentum* gibt es keine einheitlichen Vorstellungen über das Leben nach dem Tod.[129] Laut den ältesten Schriften des Alten Testaments, der

Tora, befinden sich die Verstorbenen in der *Scheol*, der Unterwelt, in der die lebenserhaltende Gemeinschaft mit Gott aufgehoben ist – eine Sichtweise, die bis zum 2. Jahrhundert vor Christus vertreten wurde. Unter dem Einfluss persischer und griechischer Vorstellungen setzte sich in späterer Zeit der Glaube an die leibliche Auferstehung bei der Ankunft des Messias, einem Menschen aus Fleisch und Blut, durch.

Die Auferstehungshoffnung wurde im Buch Daniel (Dan 12,2) im 2. Jahrhundert vor Christus erstmals formuliert. Einige spätere Schriften sprachen nur von der Auferstehung der Gerechten, andere von der Auferstehung aller Menschen zum Gericht, wieder andere Schriften erwähnten zwei Auferstehungen: die erste am Anfang der messianischen Herrschaft, die zweite am endgültigen Gerichtstag als die Auferstehung der Gottlosen, die dann abermals, jedoch für immer sterben. Im 1. Jahrhundert vor Christus beeinflusste die griechische Philosophie mit dem Konzept der unsterblichen Seele die jüdischen Vorstellungen vom Leben nach dem Tod.

Zur Zeit Jesu stritten die beiden Gruppen der Sadduzäer und der Pharisäer darüber, ob man den Auferstehungsglauben biblisch begründen könne. Die Sadduzäer lehnten dies ab mit Verweis auf die Tora, die fünf Bücher Moses, in denen dieser Glaube nicht explizit vorkomme. Die Sichtweise der Pharisäer über eine spätere Wiederbelebung der Toten setzte sich schließlich bei der Mehrheit des jüdischen Volkes durch. Schriftlich verankert wurde sie in der Mischna, die eine zentrale Basis des Talmuds darstellt, der als eines der bedeutendsten Schriftwerke des Judentums gilt.

Im Laufe der Zeit wurde die rabbinische Lehrmeinung von der Wiederbelebung der Toten mit der griechisch-philosophischen Vorstellung von der Unsterblichkeit der Seele verbunden, ähnlich wie dies im Christentum erfolgt ist. Trotz aller Unterschiede stimmte man darin überein, dass jeder Mensch für seine Taten im Leben verantwortlich ist, mit Folgen für das Leben danach.

Gegenwärtig halten die sogenannten konservativen und orthodoxen Juden am Glauben an der Auferstehung mit Leib und Seele fest. Nach dem rabbinischen Judentum hat der Mensch eine unsterbliche Seele, die bei der Ankunft des Messias wieder mit dem Körper verbunden wird. Nach der Auferstehung werden alle Menschen in Frieden zusammenleben. Ein Teil der Juden glaubt, dass jeder Verstorbene direkt nach seinem Tod vor Gottes Gericht stehen wird. Die Angehörigen setzen sich für ihre Verstorbenen mit Gebeten dafür ein, dass deren Seele weiterleben darf. Ein anderer Teil der Juden glaubt dagegen, dass am Jüngsten

Tag alle Toten gemeinsam auferstehen werden, indem Gott ihre Gebeine wieder lebendig werden lässt. Die Toten werden daher nicht verbrannt und ihre Gräber nicht weitergegeben. Die Totenruhe gilt als heilig.

Die sogenannten Reformjuden glauben nur an die Unsterblichkeit der menschlichen Seele, ähnlich wie bereits der berühmte jüdische Philosoph Moses Maimonides im 12. Jahrhundert in Spanien. Das amerikanische Reformjudentum lehnt vor dem Hintergrund philosophischer und naturwissenschaftlicher Überlegungen seit dem 19. Jahrhundert die leibliche Auferstehung zugunsten des Glaubens an die unsterbliche Seele ab, ebenso – wie auch schon Maimonides Jahrhunderte zuvor – die Vorstellung von Himmel und Hölle als die vermeintlichen Orte der Belohnung und Bestrafung für das Leben im Diesseits.

Im Vergleich zu den beiden anderen monotheistischen Weltreligionen beschäftigen sich die jüdischen Gelehrten der Gegenwart relativ wenig mit dem Leben nach dem Tod, noch viel weniger mit dem Konzept einer Hölle. Im Mittelpunkt steht vielmehr ein gutes Leben in dieser Welt. Die Hölle gilt als Durchgangsort auf dem Weg zum Himmel und nicht als Ort der ewigen Verdammnis.

Die Botschaften anderer Religionen

In vielen anderen Religionen der Vergangenheit und Gegenwart findet man ebenfalls eine allgemeine Totenauferstehung am Ende der Welt. Lediglich zwei Weltreligionen, der Buddhismus und der Hinduismus, betonen die *Wiedergeburt (Reinkarnation),* das heißt die Rückkehr in diese Welt auf einer höheren oder niedrigeren Seinsstufe, je nach den Taten der Menschen im früheren Leben.[130]

Nach dem *Hinduismus* müssen Leben und Tod in einer Seelenwanderung immer wieder durchlaufen werden, bis die endgültige Verschmelzung der unsterblichen Seele mit *Brahman*, dem unanschaulichen Göttlichen, gelingt. Nach dem *Buddhismus,* zumindest in seiner strengen und ursprünglichen Form, geht es um das Erlöschen des Ichs und das endgültige Aufgehen des Individuums im *Nirwana*. Eine unsterbliche Seele als Basis für die Wiedergeburten gibt es dabei nicht. Das *Karma*, die Summe aller Handlungsfolgen, bestimmt als Ursache-Wirkungs-Prinzip das menschliche Dasein über verschiedene Leben hinweg.

In der Volksfrömmigkeit wird aus dem Nirwana oft eine Insel der Seligen, in der die Toten weiterleben. Nach dem japanischen *Shintoismus* behält die vom Körper abgespaltene Seele ihre Individualität nach dem Tod bei und steigt im Laufe der Zeit zu den Ahnen auf. Zumindest im Volksglauben gibt es somit auch bei den asiatischen Religionen eine Art

Unsterblichkeit der Seele als Basis dafür, dass der Mensch seinen Tod in Form eines Daseins im Jenseits überlebt.

Buddhistische Auffassungen finden in den USA und auch in Europa zunehmend Anklang, als Alternative zum Christentum. Rund 22 Prozent der Deutschen glauben mittlerweile an eine Wiedergeburt im Sinne der buddhistischen Reinkarnationslehre. Die meisten christlichen Buddhismus-Sympathisanten verbinden die Vorstellung der Seelenwanderung mit dem Glauben an ihre Identität über den Tod und die verschiedenen Wiedergeburten hinweg; sie unterliegen damit einem Missverständnis, weil der Buddhismus gar keine personale Identität im Sinne einer unsterblichen Seele kennt, sondern nur Karma-bedingte Wiedergeburten ohne Seelenwanderung.

Bei westlichen Menschen mit Reinkarnationsglauben ist dieser oft verbunden mit der Hoffnung auf die Erlösung aller Menschen, anstatt dass ein sogenannter doppelter Gerichtsausgang mit einem späteren Leben im Himmel oder in der Hölle angenommen wird. Die Seelenwanderung in Form von Wiedergeburten erfolgt laut Buddhismus als kosmische Gesetzmäßigkeit, ohne dass es zuvor ein göttliches Gericht gibt, das nach dem Tod des Individuums abgehalten wird. Wiedergeburten werden im christlich-westlichen Kontext viel positiver als neue Chancen für die Menschen betrachtet, ganz anders als das negativ gefärbte Bild von Wiedergeburt im östlichen buddhistischen Kontext, das als Abbüßen eines bösartigen Karmas verstanden wird.[131]

Hoffnung auf Unsterblichkeit ohne einen Glauben an Gott

Die Annahme, dass der Mensch, anders als das Tier, eine *körperunabhängige unsterbliche Seele* hat, stärkt auch bei vielen nichtreligiösen Menschen der westlichen Welt das Selbstbewusstsein, im Rahmen der Evolution als höchstentwickeltes Tier doch etwas ganz Besonderes zu sein und der Vergänglichkeit nicht in derselben Weise unterworfen zu sein wie die übrige belebte Natur.

Die Vorstellung von einer unsterblichen Seele trägt aus ethischer Sicht auch außerhalb der monotheistischen Religionen dazu bei, jeden Menschen als wertvoll und einzigartig betrachten zu können, ganz abgesehen von seinem Alter, seinem Äußeren, seinem Geschlecht oder seiner sozialen Stellung in der jeweiligen Kultur und Gesellschaft, ohne deswegen einen Schöpfungsakt Gottes annehmen zu müssen.

Unabhängig, aber nicht ganz unbeeinflusst von den Vorstellungen der Weltreligionen, glauben viele nichtreligiöse Menschen mehr oder weniger überzeugt an ein Weiterleben des Menschen nach dem Tod, ohne sich diesbezüglich genauere Vorstellungen zu machen. Der Glaube an eine körperunabhängige und unsterbliche Seele ist in den meisten Kulturen seit Urzeiten verankert und stellt kein Spezifikum der bei uns verbreiteten Religionen Christentum, Judentum und Islam dar. Schon Cäsar berichtete, dass der Kampfesmut der Gallier bzw. Kelten in ihrem Glauben begründet war, ihre Seele würde nach dem Tod in einem anderen Körper weiterleben.

Die *Religion der Moderne* ist in der westlichen Welt zunehmend frei von den zentralen christlichen Glaubensvorstellungen. Laut Umfragen glauben zahlreiche Menschen an eine unsterbliche Seele bzw. an irgendein Weiterleben nach dem Tod, obwohl sie weder einer Religionsgemeinschaft angehören noch an einen persönlichen Gott glauben. Sie glauben nicht selten an »etwas Höheres«, können jedoch keinen Zusammenhang zwischen einer höheren Macht und den Umständen ihres Weiterlebens nach dem Tod herstellen. Bei anderen Personen findet man dagegen trotz wachsender Säkularisierung die christlichen, jüdischen oder islamischen Glaubenslehren zum Weiterleben nach dem Tod unreflektiert im Hintergrund ihrer Gedanken und Vorstellungen, die sie sich bezüglich ihrer postmortalen Existenz machen.

Jenseitsvorstellungen werden in der westlichen Welt, neben vielen Bestsellern zum Thema *Nahtoderfahrungen*, zunehmend beeinflusst von *esoterischen Konzepten* wie etwa Spiritismus, Theosophie, Anthroposophie oder der New-Age-Bewegung sowie von Reinkarnationsvorstellungen, was durch die zunehmende Verbreitung einer buddhistischen Religiosität bedingt ist.

Der religionsunabhängige Glaube vieler Menschen an die Unsterblichkeit der menschlichen Seele, ausgedrückt in der vagen Formulierung, dass »nach dem Tod noch irgendwas kommt«, kann die Angst vor dem Tod und dem Danach erheblich reduzieren. Der Glaube an die Unsterblichkeit der Seele stellt nicht nur eine Tröstung und Angstminderung in Bezug auf den eigenen Tod dar, sondern geht auch mit der traurigkeits- und depressionsmindernden Hoffnung einher, nahe Angehörige, Freunde und Bekannte nach deren Tod und dem späteren eigenen Tod »drüben« wiedersehen zu können.

Auch der *Verfall* des Körpers während des Sterbeprozesses und alle damit verbundenen *Schmerzen* sind leichter zu ertragen durch den Glauben, nach dem Tod von allen Qualen befreit zu sein. Der Glaube an die Trennung der Seele vom Körper im Moment des Todes kann die Furcht vor dem Sterben erheblich reduzieren, weil man den Übergang in eine andere Welt, in einen anderen Seinszustand, erwartet. Das Leiden während des Sterbeprozesses wird leichter erträglich durch die Hoffnung auf ein besseres Leben nach dem Tod.

Die Hoffnung auf eine *ausgleichende Gerechtigkeit* im Jenseits sowie eine Entschädigung für alle Entbehrungen im Diesseits besteht auch bei vielen Menschen, die an keinen persönlichen Gott im Sinne der monotheistischen Religionen glauben, und hilft Personen überall auf der Welt, die mit einem schlimmen Schicksal zu kämpfen haben, ihre Lebensbedingungen im Diesseits besser akzeptieren zu können.

Wenn Sie an ein Jenseits glauben, könnten Sie sich einmal folgende *Frage* stellen:
Glaube ich an die Unsterblichkeit der menschlichen Seele bzw. an ein Weiterleben nach dem Tod aufgrund meines christlichen Glaubens, aufgrund einer anderen Religion, einer Vermischung bestimmter Religionen, esoterischer Vorstellungen, philosophischer Überlegungen oder bin ich von Büchern über Nahtoderlebnisse beeinflusst?

Nahtoderfahrungen als Beweis für ein Jenseits?

Nahtoderfahrungen sind ein relativ häufiges Phänomen

Rund vier Prozent der Bevölkerung in Deutschland und in den USA haben *Nahtoderfahrungen* gemacht, das heißt sie hatten bestimmte Erlebnisse, als sie bereits klinisch tot waren. Zahlreiche Fachleute aus den Bereichen der Medizin und der Psychologie sowie auch andere Experten und Betroffene mit einer Nahtoderfahrung[132] haben den Buchmarkt mit Büchern zur Nahtodthematik schier überflutet. Diese Veröffentlichungen haben vor allem auch bei kirchenfernen und nicht gläubigen Menschen die Hoffnung auf ein Leben nach dem Tod gestärkt, weil die berichteten Jenseits-Erfahrungen als Beweis für die Unsterblichkeit der Seele verstanden werden können.

Angestoßen wurde diese Entwicklung bereits in den 1970er-Jahren vom amerikanischen Psychiater *Raymond Moody*[133], der 150 Betroffene interviewt hatte, sowie von der Neurologin und Psychiaterin *Elisabeth Kübler-Ross*[134], die aufgrund der Berichte von Personen mit Nahtoderfahrung der Meinung war, der Tod sei nur ein Übergang in ein anderes Leben. Für viele Menschen sehr überzeugend wirken insbesondere die persönlichen Nahtoderfahrungen des amerikanischen Neurochirurgen *Eben Alexander*[135], die 2012 erstmals auf Englisch veröffentlicht wurden.

Die Mehrzahl der Menschen mit Nahtoderfahrung berichtete folgende typische Erlebnisinhalte:[136]

- *Außerkörperliche Erfahrungen.* Die Betroffenen hatten das Gefühl, über sich oder neben ihrem Körper zu sein und von außen zu beobachten, was mit ihrem Körper gerade geschieht. Diese Erfahrungen werden häufig interpretiert als Trennung von Körper und Seele sowie als Weiterexistenz der körperlosen Seele. Die Erfahrung der Außerkörperlichkeit gilt in der Forschung als eindrucksvollste Nahtoderfahrung. Sie wird von den Betroffenen je nach religiöser Einstellung als Beweis für ein Jenseits und ein Weiterleben nach dem Tod, das heißt als Beleg für die Unsterblichkeit der Seele und ein höheres Wesen, interpretiert.
- *Filmartiger Lebensrückblick.* Die Betroffenen berichteten, dass ihr Leben in Bildern wie ein Film an in ihnen vorüberzog. Diese Erfahrungen werden häufig als Beurteilung und Rechtfertigung des vergangenen Lebens interpretiert.
- *Begegnungen mit lebenden oder verstorbenen Bezugspersonen.* Bei den meisten Nahtoderfahrungen kam es zu Begegnungen mit lebenden oder verstorbenen Personen oder überirdischen Wesen, mit denen sie per »Gedankenübertragung« ohne Sprache kommunizierten.
- *Glücksgefühle, Liebe, Geborgenheit und Frieden.* Die Betroffenen erlebten Gefühle von Frieden, Liebe, Glück und Schmerzfreiheit. Wunderschöne paradiesische Landschaften und sphärische Klänge und Melodien erhöhten das Wohlbefinden der Seele. Diese Empfindungen werden oft interpretiert als Vorgefühle einer jenseitigen Welt und das glückselige Zusammensein mit einem höheren Wesen.
- *Licht- oder Tunnel-Erfahrungen.* Die Betroffenen machten Erfahrungen mit einem dunklen Tunnel und einem hellen Licht am Ende oder mit einem hellen, weißen oder warmen Licht, das als Begegnung mit Jesus, Gott, Heiligen oder anderen Wesen wie Engeln oder Feen erlebt wurde. Diese Erfahrungen werden oft als Übergang in eine andere Welt bzw. in einen anderen Bewusstseinszustand sowie als Beweis der Existenz Gottes oder eines höheren Wesens interpretiert.
- *Bewusste Rückkehr.* Die Betroffenen berichteten von den Wiederbelebungsversuchen, von der eigenen Entscheidung zur Rückkehr ins Leben oder von ihrem Widerwillen, ins Leben zurückgeholt zu werden.

Die faszinierenden Berichte von Nahtoderfahrungen, die unabhängig von Kultur, Religion und Region sogar von prominenten Personen aus Medizin, anderen Naturwissenschaften und auch Psychologie und Psychotherapie, etwa von C. G. Jung, gemacht wurden, werden in zunehmendem Maße wissenschaftlich erforscht, derzeit vor allem vom englischen Intensivmediziner *Sam Parnia* in New York, der zwei große internationale Studien dazu (in den USA, Großbritannien und Österreich) koordiniert hat.[137] Demnach hatten laut der ersten Studie von 140 Personen, die bereits einen Herztod erlitten hatten und ohne Blutzufuhr zum Gehirn waren, 46 Prozent zumindest für einige Minuten, in manchen Fällen auch für Stunden, verschiedene Gehirnaktivitäten in Form eines Bewusstseins, das sich, wie später dokumentiert wurde, in Angstgefühlen, erinnerten Bildern von Löwen, Tigern und Pflanzen, Lichterscheinungen, Szenen voller Gewalt und Verfolgung, Begegnungen mit Familienmitgliedern und Déjà-vu-Erfahrungen zeigte. Nur 3 Prozent der Betroffenen sahen Verstorbene oder hatten Geist-Erscheinungen, nur 7 Prozent nahmen das berühmte helle Licht wahr, nur 2 Prozent hatten außerkörperliche Erfahrungen. Insgesamt erfüllten nur 9 Personen die typischen Kriterien für Nahtoderfahrungen. In der zweiten, kleineren Studie traten typische Nahtodphänomene ebenfalls nur in geringem Ausmaß auf.

Laut Sam Parnia sind Nahtoderfahrungen keine Halluzinationen; sie seien auch grundlegend anders als die Erfahrungen von Komapatienten oder Narkotisierten. Für den nicht religiösen Experten, der von wissenschaftlichen und therapeutischen Motiven geleitet wird, handelt es sich bei den berichteten Erlebnissen um keine Nahtoderfahrungen, sondern um naturwissenschaftlich bislang nicht erklärbare Erfahrungen nach dem Herztod. Im Gegensatz zur Mehrheit der Naturwissenschaftlerinnen und Naturwissenschaftler hält er es aufgrund der bisherigen Forschungsergebnisse für möglich, dass es ein von der Materie unabhängiges, nicht auf elektrischen oder biochemischen Prozessen im Gehirn basierendes menschliches Bewusstsein gibt, also einen Personkern, der traditionellerweise als »Seele« bezeichnet wird. Neuere Studien zur Überprüfung dieser Vermutung seien nötig.

Existiert das menschliche Bewusstsein unabhängig vom Gehirn?

Der niederländische Kardiologe *Pim van Lommel* ist der bekannteste Nahtodforscher in Europa. Er führte umfangreiche Befragungen von Menschen mit Nahtoderfahrungen durch. 18 Prozent der überlebenden Herzinfarkt-Patienten hatten Nahtoderfahrungen, die er mithilfe eines sehr komplexen theoretischen Konzepts in seinem Buch »Endloses Bewusstsein. Neue medizinische Fakten zur Nahtoderfahrung«[138] zu erklären versucht.

Van Lommel kritisiert die gegenwärtige Dominanz des naturwissenschaftlich-materialistischen Welt- und Menschenbilds mit seinem Konzept vom Gehirn als Basis der menschlichen Identität, das nicht alle menschlichen Phänomene erklären könne, und propagiert die Idee eines nicht lokalen, vom Körper völlig unabhängigen *endlosen Bewusstseins*. Das Bewusstsein sei allgegenwärtig, habe keine materielle Grundlage im Gehirn, habe bereits vor der Geburt des Menschen existiert und bestehe auch nach seinem Tod fort. Das Gehirn sei die Basis für unser Wachbewusstsein, das nur den Zugang zu jenem Teil ermöglicht, der üblicherweise als Ich bezeichnet wird; es sei nur eine Schnittstelle und funktioniere wie eine Art Empfangsstation des Bewusstseins. Es gebe jedoch auch eine Wahrnehmung jenseits der Sinne, auf denen alle Nahtoderlebnisse beruhen würden. Van Lommel versucht, sein von den meisten naturwissenschaftlichen Expertinnen und Experten abgelehntes Konzept mithilfe der modernen Physik, namentlich mithilfe von Analogien und Begriffen aus der Quantenphysik, zu untermauern; er fordert mehr Forschungsgelder, um die von ihm beschriebenen Phänomene und Erklärungen besser untermauern zu können.

Philosophisch betrachtet, kann man die Konzepte van Lommels als Versuch betrachten, den *Körper-Seele-Dualismus* von Platon und Plotin wiederzubeleben und naturwissenschaftlich zu fundieren, was auf Menschen, die an ein Weiterleben nach dem Tod glauben bzw. glauben möchten, faszinierend wirkt. Das Konzept eines Bewusstseins ohne Anfang, das heißt der Präexistenz der Seele bereits vor der Zeugung des Menschen, steht dabei im Widerspruch zu den Grundannahmen des Christentums.

Können Nahtoderfahrungen die Existenz einer vom Körper unabhängigen Seele beweisen?

Nahtoderfahrungen stellen aus Sicht der meisten Naturwissenschaftlerinnen und Naturwissenschaftler keinen Beweis für ein Weiterleben nach dem Tod dar, weil es sich ihrer Einschätzung nach bei diesen Sterbeerlebnissen um rein hirnphysiologisch bedingte Prozesse handelt, die einige Minuten vor dem irreversiblen Hirntod eintreten, der durch medizinische Interventionen gerade noch verhindert werden konnte. Gemäß der gängigen medizinisch-naturwissenschaftlichen Lehrmeinung gibt es nach Feststellung des klinischen Todes kurzfristig noch vorhandene Aktivitäten in den tieferen Schichten des Gehirns, da die verschiedenen Gehirnareale während der Unterversorgung mit Sauerstoff nach dem Herzstillstand unterschiedlich schnell absterben.[139] Diese stressbedingten hirnphysiologischen Aktivitäten bewirken eine Freisetzung von Noradrenalin, was u.a. mit sensorischer Erregung und besonderen Gedächtnisleistungen in Zusammenhang steht, wodurch die Erfahrung des Lebensrückblicks hervorgerufen werden kann. Der Sauerstoffmangel im Gehirn führt aufgrund des Ausfalls des Temporal- und des Parietallappens zu Halluzinationen sowie zu einer Gleichsetzung von Erinnerungen mit tatsächlichen Erlebnissen, was eine Erklärung für das Phänomen der Begegnung mit verstorbenen Personen sein kann. Des Weiteren erfolgt in den älteren Hirnregionen auch eine Freisetzung von Opioiden und Endorphinen, was zur Unterdrückung von Schmerzen und zur Auslösung von Glücksgefühlen führt, die mit dem Zurückgeholtwerden ins Leben wieder schwinden. So ist nachvollziehbar, dass manche Betroffene einen starken inneren Widerstand gegen die Wiederbelebung haben.

Neben Sauerstoffmangel des Gehirns während des Sterbeprozesses können auch andere Extrembelastungen des Gehirns zu nahtodähnlichen Erfahrungen führen. Abstürzende Bergsteiger z.B., die mit dem Tod gerechnet, jedoch durch eine Seilsicherung überlebt haben, hatten ähnliche Erlebnisse wie klinisch Tote mit Nahtoderfahrungen. Die Interpretation der Nahtoderfahrungen wird zudem durch individuelle und kulturelle Faktoren wesentlich mitbestimmt. So berichten atheistisch und nichtchristlich eingestellte Personen z.B. nicht von Begegnungen mit einem persönlichen Gott, mit Jesus oder mit Heiligen.

Es gibt aber auch Aspekte von Nahtoderfahrungen, die sich nicht so eindeutig hirnphysiologisch erklären lassen wie außerkörperliche Erfahrungen, bei denen Details z.B. im Operationssaal wahrgenommen werden, von denen der auf dem OP-Tisch liegende Mensch gar keine Kenntnis haben *kann*, da sie sich außerhalb seines Blickfelds befinden würden, wenn er bei Bewusstsein wäre. Wie diese außerkörperlichen Erfahrungen naturwissenschaftlich zu deuten sind und ob sie Beweiskraft haben, ist natürlich umstritten. Letztlich kann man sagen:

Menschen mit Nahtoderfahrungen haben ihre Erlebnisse auf der Basis von noch funktionierenden Hirnregionen gemacht und waren daher nicht irreversibel tot, wenn man den *Ganzhirntod,* das heißt das vollständige Absterben aller Hirnregionen, als Todeskriterium heranzieht. *Nahtod*erfahrungen sind laut dem evangelischen Theologen und Medizinprofessor *Oliver Müller*[140] eben keine *Todes*erfahrungen, noch viel weniger »Berichte aus dem Jenseits«, wie dies mancher Buchtitel suggeriert.

Auch wenn Nahtoderfahrungen also *kein Beweis* für die Existenz einer vom Körper unabhängigen Seele sind, können sie viele Menschen in ihrer Überzeugung bestärken, dass es eine unsterbliche Seele gibt, unabhängig von einem Glauben an Gott und einer Zugehörigkeit zu einer bestimmten Religion, und sie können dadurch entängstigen.

Die weltweit millionenfach berichteten Nahtoderfahrungen wirken auf die Mehrheit der Betroffenen sowie auf Menschen mit Angst vor Sterben und Tod sehr beruhigend. Es gibt zwar durchaus auch Berichte von Nahtoderfahrungen mit schrecklichen Qualen und Höllen-Erlebnissen. Die meisten Betroffenen machen jedoch positive Erfahrungen und haben deshalb weniger Furcht vor dem Sterben und weniger Angst vor dem Tod als ihre Mitmenschen.

Lehren der Philosophen

Sterbliche und unsterbliche Seele im antiken Griechenland

Die Angst vor dem Tod wurde im Laufe der Jahrhunderte selten in philosophischen Hauptwerken thematisiert, wohl aber oft in kurzen Stellungnahmen vieler Philosophen. Zum bestmöglichen Umgang mit der Angst vor dem Tod wurden bereits seit der griechischen Antike zwei konträre Sichtweisen vorgeschlagen. Beide Strömungen möchten die Menschen belehren, dass sie den Tod nicht fürchten müssen, jedoch aus völlig unterschiedlichen und einander widersprechenden Gründen.

Nach *Platon* müssen wir den Tod nicht fürchten, weil der wichtigste Teil und Wesenskern in uns, nämlich die Seele, unsterblich ist und nach dem Tod im Reich der Ideen weiterexistiert. Nach *Epikur* brauchen wir vor dem Tod keine Angst zu haben, weil der wichtigste Teil in uns, die Seele, nach dem Tod nicht mehr existiert und wir unseren Tod gar nicht bewusst miterleben. Platons Sichtweise hat in der Philosophie der Gegenwart sowie der letzten zwei Jahrhunderte jede Bedeutung verloren und lebt nur noch in den Vorstellungen der verschiedenen Religionen sowie in der Esoterik weiter, während Epikurs Ansichten in den modernen Wissenschaften mehr denn je aufgegriffen werden. Der Begriff der *Seele* wird heutzutage in der Philosophie und Psychologie als Bezeichnung für körper- und gehirngebundene »mentale Ereignisse« betrachtet. Das Konzept der unsterblichen bzw. sterblichen Seele soll im Folgenden näher dargestellt werden.

Platon (427–347 v. Chr.) lässt in der Schrift *Phaidon* seinen zum Tode verurteilten Lehrer Sokrates im Kreis seiner Schüler die Lehre von der

Unsterblichkeit der menschlichen Seele vortragen und mithilfe verschiedener Argumente auch begründen. Nach Platons Darstellung fürchtet sich Sokrates unmittelbar vor seinem Tod überhaupt nicht vor dem Ende seiner Existenz, sondern geht ganz bewusst in den Tod und freut sich auf die beglückende Trennung der Seele vom Körper, die in das Reich der Ideen zurückkehrt, wo sie ewig weiterlebt, in Gemeinschaft mit den Seelen gleichgesinnter Menschen.

Ideen sind nach Platon eigenständige, objektive, vollkommene, unveränderliche und unvergängliche Realitäten, die als *Urbilder* die eigentliche Wirklichkeit darstellen; sie stehen hinter den vergänglichen Sinnesobjekten, die ihre *Abbilder* sind. Die sichtbare Welt der Einzeldinge macht demnach nicht die ganze Wirklichkeit aus. Nach Platon findet das wahre Leben im Jenseits statt. Die Seele kann sich erst dann ihrem Glück zuwenden, wenn sie vom Körper durch den Tod getrennt ist. Sie kann nach dem Tod jedoch nur dann endgültig in das ewige Reich der Ideen zurückkehren, wenn sie von allem Schlechten gereinigt ist. Jene Seelen, die noch nicht ganz von den Tugenden, sondern weiterhin von fleischlichen Begierden durchdrungen sind, müssen im Sinne einer *Seelenwanderung* und Wiedergeburt in einem neuen Körper als Mensch oder auch als Tier immer wieder bis zur endgültigen Läuterung in die Welt zurückkehren.

Eine derartige *Reinkarnationslehre* wurde in der griechischen Antike bereits vor Platon von *Empedokles,* der auch die Lehre von den vier Urstoffen Luft, Feuer, Erde und Wasser entwickelt hatte, und von der Schule des *Pythagoras* vertreten. Das Christentum übernahm zwar, wie bereits dargestellt, aus der platonischen Philosophie die Lehre von der Unsterblichkeit der Seele, lehnte jedoch den Reinkarnationsglauben entschieden ab, vor allem auch in Abgrenzung zu der als Häresie verdammten *Gnosis* (am besten übersetzt als »wahre Erkenntnis«).

Platons Grundkonzept des Menschen beruht auf dem *Dualismus von Körper und Seele,* materieller und immaterieller Substanz, als zwei getrennten Einheiten. Den Leib-Seele-Dualismus haben nicht nur die sogenannten *Neuplatoniker* in der römischen Antike übernommen, sondern er ist, wie bereits erwähnt, seit dem 3. Jahrhundert auch Teil der christlichen Glaubenslehre.

Die *Kirchenväter*, das heißt die namhaften Theologen des frühen Christentums, betrachteten das Konzept von der unsterblichen Seele als eine Möglichkeit, das Weiterleben nach dem Tod ohne Körper zu begründen. Während nach Platon die Seele bereits vor der Geburt des Menschen im Reich der Ideen existiert hat, wird sie laut christlichem Glauben erst bei der Zeugung des Menschen dem Körper von Gott beigegeben und lebt nach dem Tod weiter, bis sie bei der Auferstehung mit einem neuen, verklärten Leib verbunden wird.

Der berühmte Platon-Schüler *Aristoteles* (384–322 v. Chr.) vertrat im Gegensatz zu seinem Lehrer weder eine dualistische noch eine materialistische Sichtweise. Die Vernunftseele habe es nicht bereits vor der Geburt des Menschen gegeben; sie sei geistiger Natur und als solche nicht identisch mit dem Körper, stelle aber auch keine unabhängige, selbstständige substanzielle Wesenheit dar. Die Seele sei kein eigenständiges Wesen, das unabhängig vom Körper existieren könne, sondern dessen Form, die nicht vom Körper zu trennen sei. Daraus ergibt sich die Schlussfolgerung: Mit dem Tod des Körpers stirbt auch die Seele für immer. Nach Aristoteles gibt es eine göttliche Weltseele, an der die Individuen aus Leib und Seele temporär teilhaben, aber als Menschen eben sterblich seien. Der Tod sei das Ende der menschlichen Existenz, danach gebe es für die Toten nichts Gutes und nichts Schlechtes mehr. Aristoteles verwarf – nach anfänglicher gegenteiliger Überzeugung – die Möglichkeit der Existenz einer unsterblichen Seele, denn nur die Seele Gottes sei unsterblich.

Einige altgriechische Philosophen waren im Gegensatz zu Platon und Pythagoras davon überzeugt, dass der Tod die endgültige Auslöschung des Menschen mit Leib und Seele bedeutet. Nach den sogenannten *Atomisten* Demokrit, Leukipp und Epikur besteht die Seele genauso wie der Körper aus *Atomen* und zerfällt daher mit diesem beim Tod für immer.

Der Philosoph *Epikur* (342–271 v. Chr.) wollte seinen Zeitgenossen die Angst vor dem Tod und dem Danach sowie vor den Göttern nehmen, indem er ihre Ängste als unnötig und unvernünftig darstellte. Er kritisierte die religiösen Führer seiner Zeit, die die Angst der Menschen vor dem Tod nur für ihr eigenes Machtstreben missbrauchen würden.

Als *erstes Argument* gegen die Sinnlosigkeit der Angst vor dem Tod führte Epikur folgende Überlegung an: Der Tod sei kein Übel, das wir fürchten müssten, denn ein Übel könne nur etwas sein, das wir bewusst als etwas Negatives erleben könnten. Solange wir lebten, sei der Tod jedoch noch nicht da, sodass wir das Leben genießen sollten, und wenn wir gestorben seien, sei zwar der Tod da, aber wir seien nicht mehr am Leben und würden davon nichts mitbekommen. Die ständige Erwartung des Todes würde uns nur sinnlos bedrücken.

Epikur leugnete nicht die Existenz der Götter, denn dies hätte in der damaligen Zeit tödlich für ihn enden können. Er meinte nur, die Götter würden sich überhaupt nicht um das Leben der Menschen kümmern, sodass jeder Mensch selbst für innere Ruhe, Glück und Wohlbefinden

Sorge tragen müsse. Wenn *Tod* vollständigen Wahrnehmungsentzug bedeutet, heißt *Leben,* mit allen Sinnen wahrzunehmen und das Dasein den eigenen Vorstellungen entsprechend zu genießen, jedoch ohne jene Ausschweifungen, wie sie Epikur vom späteren Christentum fälschlicherweise unterstellt wurden. Der Sinn der menschlichen Existenz auf Erden ist laut Epikur nicht die Vorbereitung auf ein ewiges Leben, sondern die vollendete *Seelenruhe* (Ataxie) zu Lebzeiten.

Epikur lehnte den Glauben an die Unsterblichkeit der menschlichen Seele ab. Die Seele sterbe, so Epikurs *zweites Argument,* mit dem Tod des Körpers. Was aufgelöst sei, könne nichts mehr wahrnehmen, was nicht mehr wahrgenommen werden könne, sei ein Nichts. Nach Epikur wissen wir als Tote und endgültig Ausgelöschte nichts mehr von unserem Tod.

Als *drittes Argument*, gleichsam als »Trost« für das endgültige Aus des Lebens, bietet Epikur, insbesondere jedoch dessen späterer römischer Schüler *Lukrez*, den Menschen die Überlegung an, dass sie auch schon vor ihrer Geburt nicht existent gewesen seien und dass nach ihrem Tod einfach nur dieselbe Situation bestehen würde.

Können derartige, rein an den Verstand gerichtete Aussagen wie die drei Argumente von Epikur wirklich unsere Angst vor dem Tod vermindern, vor allem dann, wenn wir den Eintritt des Todes bereits vor dem Ende unserer durchschnittlichen Lebenserwartung fürchten? Ich bin der Ansicht: Wenn der Mensch tatsächlich nur dieses eine Leben hat, ist der Tod das schlimmste Ereignis, das man zu Lebzeiten durchaus fürchten darf.

Der atheistische Psychoanalytiker, Psychiater und Psychotherapeut *Irvin D. Yalom*[141] bringt Epikurs dreifache Argumentation schon sehr früh in die Therapie bei Menschen mit starken Ängsten vor dem Tod und dem Danach ein. Dabei betont er, dass er bei sehr gläubigen Menschen in der Therapie niemals deren Glaubenssystem infrage stellen würde, wenn es für sie tatsächlich eine Hilfe zur besseren Lebensbewältigung darstellt.

In neuerer Zeit wurden als Ergänzung zu Epikur weitere Argumente entwickelt, die existenzielle Ängste reduzieren und dem Tod seine Bedrohlichkeit nehmen sollen:[142]

- Ein endlos langes Leben sei gar nicht wünschenswert, weil das Dasein auf dieser Welt dann bald jede Sinnhaftigkeit, Motivation und Spannung verlieren würde.
- Ein begrenztes Leben nach dem Motto »Man lebt nur einmal« sensibilisiere für die Einmaligkeit und Einzigartigkeit des Lebens und motiviere zu einer bewussteren Lebensweise.

- Der Tod sei evolutionsgeschichtlich notwendig, um neues Leben auf der Welt zu ermöglichen.
- Angesichts unheilbarer Krankheiten mit extremen körperlichen, seelischen und sozialen Belastungen sowie auch angesichts anderer auswegloser Lebenssituationen werde der Tod eher als Erlösung willkommen geheißen als gefürchtet.

Es gibt nach Epikur keinen vorgegebenen Sinn des menschlichen Lebens, sodass jeder Mensch die Freiheit für und die Chance auf ein selbstbestimmtes Leben habe – ein sehr modernes Argument im Sinne des bereits beschriebenen *Sinnsubjektivismus.* Epikur und sein späterer römischer Schüler Lukrez sind für die Gegenwart sehr bedeutsame Philosophen, weil sie erstmals den Sinnsubjektivismus vertreten haben. Nach ihrer Lehre unterliegen die Menschen keiner schicksalhaften Notwendigkeit und müssen keinem vorgegebenen Lebenssinn folgen, da sie von Natur aus zu nichts bestimmt seien. Sinn und Lebensziele ergeben sich erst aus der freien Entscheidung des Menschen, der ohne vorgegebene Bindung an bestimmte Lebensinhalte und ohne göttliche Richtlinien leben könne. Naturgemäß wurden die Lehren beider Philosophen vom Christentum, das ein göttliches Gericht über das irdische Leben des Einzelnen verkündete, massiv abgelehnt.

Religionskritisch eingestellten sowie philosophisch interessierten Menschen empfehle ich das Buch »Tot ohne Gott. Eine neue Kultur des Abschieds« des Philosophen Franz Josef Wetz.[143] Er betont, dass man sich an seine eigene Vergänglichkeit, an den Schmerz der Sterblichkeit und an seine Rückkehr ins Nichts nicht so einfach gewöhnen könne, wie sich dies die »gottlosen Naturalisten« vorstellen, dennoch vermeidet er die »Zuflucht bei religiösen Tröstungen«. Derartige negative Befindlichkeiten müsse der Mensch besser aushalten lernen, meint er.

Christlich versus atheistisch geprägte Philosophie

Nach dem Philosophen *Richard D. Precht* beschäftigten sich die griechischen Philosophen genau mit dem, was wir heute als »Sinn des Lebens« bezeichnen, nämlich mit der Grundfrage: »Worauf kommt es im Leben wirklich an?« Die Philosophen im Mittelalter, in der Renaissance und im Barock widmeten sich dagegen nicht der Sinnfrage, weil diese durch die christliche Glaubenslehre bereits beantwortet worden sei. In den Jahrhunderten der Dominanz des Christentums blieb die Philosophie christlich geprägt, wie auch heute noch die christliche Philosophie an Theologischen Fakultäten; sie war bemüht, die Existenz Gottes philosophisch mit

Beweisen zu untermauern und dem christlichen Glauben nicht zu widersprechen, in früherer Zeit allein schon wegen der angedrohten staatlichen und kirchlichen Sanktionen. Zugrunde lag hier das bereits beschriebene Konzept des *Sinnobjektivismus*, nach dem der Lebenssinn durch die Religion vorgegeben und vom Menschen in seinem irdischen Leben umzusetzen ist, um nach dem Tod in den Himmel zu kommen.[144]

Der Philosoph *David Hume*, ein zentraler Vertreter des Empirismus und Skeptizismus aus Schottland, der gegenüber allen philosophischen Spekulationen, die nicht auf überprüfbaren Erfahrungen gründeten, ablehnend eingestellt war, widerlegte im 18. Jahrhundert als einer der ersten Philosophen alle damals geläufigen Argumente für die Unsterblichkeit der Seele. Hume wies u.a. darauf hin, dass aufgrund der engen Verflochtenheit von Leib und Seele, von körperlichen und geistigen Veränderungen, mit dem Tod der Körper und die Seele gleichzeitig sterben würden, er wagte es jedoch aus Angst vor der Exkommunikation durch die anglikanische Kirche nicht, seine Thesen bereits zu seinen Lebzeiten zu veröffentlichen.

Der Philosoph *Immanuel Kant* war in der zweiten Hälfte des 18. Jahrhunderts einerseits einer der schärfsten Kritiker der Lehre von der Unsterblichkeit der Seele, für die es keine ausreichenden theoretischen Argumente gebe, andererseits aber auch gleichzeitig einer ihrer bedeutsamsten Befürworter. Nach Kant müsse es trotz fehlender Beweisbarkeit aus rationalen und ethischen Gründen eine unsterbliche Seele und ein Jenseits geben, sonst würde der Ungerechtigkeit auf der Welt keine ausgleichende Gerechtigkeit im Jenseits gegenüberstehen – ein ethisches Argument, das letztlich auch hinter den Jenseitsverkündigungen und den Ankündigungen eines Jüngsten Gerichts in den monotheistischen Religionen steht. Im ewigen Leben sah Kant zudem auch die einzige Möglichkeit, wie der Mensch zur Vollendung seiner Möglichkeiten gelangen könne.

Kant sah im Zeitalter der Aufklärung die Aufgabe der Philosophie in der Beantwortung der *vier großen Fragen der Menschheit* (wobei sich die vierte Frage aus den drei anderen Fragen ergibt):[145]

1. *Was kann ich wissen?* Es geht um die *Erkenntnistheorie,* also darum, was der Mensch aufgrund seiner Erfahrung und seines Denkens erkennen kann, und zwar in Bezug auf sich selbst, die Welt und die Beziehung zwischen sich selbst und der Welt. Die Dinge sind nicht an sich gegeben, sodass sie vom Menschen aufgrund einer natürlichen Wahrnehmung als solche erkannt werden könnten, sondern sie werden erst vom erkennenden Subjekt produziert. Unsere Erkenntnis

richtet sich demnach nicht nach den Gegenständen, sondern die Gegenstände werden nach der Form unserer Erkenntnis beurteilt. Die Frage des Erkennens ist heute kein rein philosophisches Thema mehr, sondern vor allem auch ein Thema der modernen Hirnforschung.

2. *Was soll ich tun*? Es geht um *Ethik und Moral,* also darum, wie der Mensch als soziales Wesen sittlich richtig handeln kann. Die Natur kennt keine Ethik, aber der Mensch trägt die Verantwortung für sein Handeln auf der Basis einer allgemein gültigen Gesetzgebung. Der sogenannte »kategorische Imperativ« gilt dabei als oberste und allgemeinste Handlungsanweisung für jeden Menschen: »Handle so, dass die Maxime deines Willens jederzeit zugleich als Prinzip einer allgemeinen Gesetzgebung gelten könnte.« Mit Kants zweiter Frage beschäftigen sich heute vor allem auch die Hirnforschung, die Psychologie und die Verhaltensforschung.
3. *Was darf ich hoffen?* Es geht um *Religion, Glauben und Lebenssinn,* also darum, was der Mensch über sein physisches Dasein hinaus im Sinne religiöser Inhalte erwarten kann. Nach Kant ist die Existenz Gottes, eines Jenseits und einer unsterblichen Seele zwar denkbar, aber nicht erkennbar und nur im Rahmen eines Glaubens möglich. Gott und ein Jenseits als Ort einer ausgleichenden Gerechtigkeit sind zwar nicht beweisbar, aber die praktische Vernunft nötigt uns, daran zu glauben.
4. *Was ist der Mensch?* Im Zentrum dieser Frage steht die *Anthropologie*, das heißt, sie zielt auf das, was der Mensch ist und was er sein soll. Es geht um Antworten auf Fragen wie diese: Was macht uns als Menschen aus? Wie geht jeder von uns mit sich selbst um? In welcher Beziehung stehen wir zu unserer sozialen Umwelt? Welche Aufgaben haben wir zu einem bestimmten Zeitpunkt in einem ganz konkreten Lebensraum?

Machen Sie sich im Anschluss an diese kurzen Ausführungen zu Kant einmal Gedanken zu folgenden drei *Fragengruppen:*

1. Was sind die gesicherten Erkenntnisse meines Lebens? Worauf stütze ich die Gewissheit meines täglichen Handelns? Welche Zweifel und Unsicherheiten beschäftigen mich?
2. Was sind die Grundlagen meines ethischen Handelns? An welchem Maßstab orientiere ich mein Handeln?
3. Was ist mein zentrales religiöses, spirituelles oder nichtreligiöses Glaubenssystem, auf dem meine Lebensführung beruht?

In der zweiten Hälfte des 18. Jahrhunderts entwickelte sich in Frankreich im Zuge der Aufklärung der *Materialismus*, der verbreitete, dass es außerhalb der sinnlich erfahrbaren Natur nichts gäbe, keinen Gott, keine unsterbliche Seele und auch keine unumstößlichen Ideale.

Ab dem Ende des 18. Jahrhunderts sowie im 19. Jahrhundert ging es in der Philosophie erstmals wieder um die Frage eines individuellen Lebenssinns entsprechend dem Konzept des bereits beschriebenen *Sinnsubjektivismus*. Nach Richard D. Precht erlebte die Frage nach dem Lebenssinn in der Mitte des 19. Jahrhunderts einen regelrechten Boom. Ein objektiv vorgegebener Lebenssinn, wie ihn das Christentum vertrat, wurde bestritten, weil die Grundlagen dafür, nämlich die Existenz Gottes und die Unsterblichkeit der Seele, als Garantie dafür geleugnet wurden. Zu den berühmtesten und vehementesten Kritikern des Gottes- und Unsterblichkeitsglaubens im 19. Jahrhundert gehörten in Deutschland die Philosophen Ludwig Feuerbach und Friedrich Nietzsche.[146]

Ludwig Feuerbach verwarf im Rahmen seiner massiven Religionskritik den Unsterblichkeitsglauben als lebensfeindlich und drückte in einer in Deutschland bislang unüblichen Direktheit aus, was die französischen Aufklärer bereits im 18. Jahrhundert mehr oder weniger offen religions- und kirchenkritisch vertreten hatten. Der Glaube an Gott, an die Unsterblichkeit der Seele und an ein ewiges Leben seien wunschbedingte Projektionen des Menschen. Die Menschen schaffen sich Gott nach ihrem Bild, um auf diese Weise ihre Angst vor dem Tod zu überwinden und ihren Wunsch nach einem ewigen Leben zu verwirklichen. Nach Feuerbach ist die Vorstellung von Gott eine Fantasie des zur Vollkommenheit überhöhten Wesens des Menschen und die Vorstellung vom ewigen Leben das vollkommen und unendlich gedachte Diesseits. Das Jenseits sei nur ein Bild von einem verschönerten Dasein im Diesseits, das es aber auf dieser Welt zu verwirklichen gelte, nicht im Jenseits. Die Menschen müssten ihre Sehnsüchte als Wunschträume erkennen, sich von ihren Illusionen befreien, den Tod als das unwiderrufliche Ende ihrer Existenz akzeptieren und auf der Basis des angeborenen Glückseligkeitstriebes ihr Leben zum eigenen Wohl und auch zum Wohl der anderen führen.[147]

Der Philosoph und Gesellschaftstheoretiker *Karl Marx* kritisierte Feuerbachs Materialismus als zu theoretisch. Die Philosophen hätten die Welt nur unterschiedlich interpretiert, es komme nun darauf an, sie auch zu verändern. Religion sei das »Opium des Volkes«, mithilfe dessen die revolutionäre Änderung der Gesellschaft verhindert werde.

Friedrich Nietzsche verkündete den »Tod Gottes« und stellte dem Jenseitsglauben ein engagiertes und kraftvolles Leben im Diesseits gegenüber, statt den Körper aufgrund des Körper-Seele-Dualismus geringzuschätzen und dafür eine Belohnung im Leben nach dem Tod zu erwarten, wie er dies dem Christentum unterstellte.

Die *Existenzphilosophie,* deren bedeutsamste Vertreter vor allem aus Deutschland und Frankreich stammten, beschäftigte sich intensiv mit der Frage nach dem Sinn des Lebens und damit auch mit der Thematik des Todes und eines möglichen Weiterlebens nach dem Tod.[148] Der als Begründer der Existenzphilosophie angesehene dänische Philosoph und protestantische Theologe *Søren Kierkegaard* betrachtete im 19. Jahrhundert den christlichen Glauben als die Basis seiner Philosophie. Angesichts des Todes solle sich der Mensch bewusst werden, dass Gott ihm die Gelegenheit gebe, sich im Leben selbst zu verwirklichen. Nach Kierkegaard hat der Mensch zwei Möglichkeiten: das tägliche Leben oberflächlich zu führen und damit der ewigen Verdammnis anheimzufallen oder die Chance zur ewigen Seligkeit zu ergreifen durch eine sehr streng und asketisch definierte Nachfolge Christi. In seinen letzten Lebensjahren stand Kierkegaard im Widerspruch zur evangelischen Amtskirche, der er vorwarf, sie vertrete nicht mehr das wahre Christentum, sodass er vor seinem Tod sogar die Kommunion verweigerte.

Für den Psychiater und Philosophen *Karl Jaspers* führt die nötige Konfrontation mit dem Tod und der damit gegebenen unüberwindlichen Begrenztheit des Lebens zur Motivation, im Rahmen des zur Verfügung stehenden Lebenszeitraums alle Möglichkeiten zur Selbstverwirklichung zu nutzen und dadurch zum wahren Selbst bzw. zur wahren Existenz zu gelangen. Den Gedanken an ein Weiterleben nach dem Tod sah Jaspers als Selbsttäuschung an, die das Erleben wahrer Existenz verhindere. Konfrontationen mit Grenzsituationen können jedoch zu psychischen Krankheiten führen.

Der Philosoph *Martin Heidegger* sah im menschlichen Dasein ein »Sein zum Tode«, sodass Angst die Grundbefindlichkeit des Menschen sei. Man könne die Angst vor dem Tod bewältigen lernen, indem man sie akzeptiere und zum Anlass nehme, sein eigentliches Leben zu leben, das mit dem Tod für immer zu Ende sei.

Nach dem französischen Philosophen *Jean-Paul Sartre* hat das Leben an sich keinen Sinn, zumal es keinen Gott gebe; auch der Tod gebe dem menschlichen Dasein keinen Sinn. Ständige Angst vor dem Tod stelle jedoch den Tod und nicht die eigene Lebensgestaltung in den Mittelpunkt des Lebens. Jeder Mensch sei für sein Tun verantwortlich – auch dafür, dem Leben in freier Entscheidung jenen Lebenssinn zu geben, der aus der objektiven Sinnlosigkeit des Lebens eine subjektive Sinnhaftigkeit mache.

Der französische Philosoph und Schriftsteller *Albert Camus* hielt das Leben ebenfalls für sinnlos und sah im Tod jenes Faktum, das die Sinnlosigkeit beendet. Die Akzeptanz der Endlichkeit des Daseins ohne ein Leben nach dem Tod biete jedoch die Chance zur Selbstverwirklichung und damit zu einem sinnerfüllten Leben, wenn der Mensch alle Chancen in einem gottlosen Universum ausnutze.

Verschiedene Philosophen des 20. Jahrhunderts lehnten das Beantworten der Frage nach dem Lebenssinn ab oder fühlten sich dafür nicht zuständig. Viele Philosophen der Gegenwart haben eine agnostische oder atheistische Einstellung. In der modernen Philosophie wurde jenseits der christlichen Philosophie die Idee einer unsterblichen Seele aufgegeben.

Als *Neuer Atheismus* wird eine aus dem angelsächsischen Bereich kommende, mittlerweile auch in Deutschland weit verbreitete atheistische Bewegung des 21. Jahrhunderts bezeichnet, die ein humanistisches und naturalistisches Weltbild vertritt. Sie ist vor allem bekannt geworden durch die vier bedeutsamsten Vertreter *Sam Harris, Richard Dawkins, Daniel Dennett* und *Christopher Hitchens* und deren zahlreiche Bücher, die sich ganz gezielt an die breite Masse wenden und fast schon aggressiv gegen jede Form von Religion, vor allem auch gegen die christliche Religion, auftreten. Es handelt sich dabei oft um Naturwissenschaftler und nicht primär um Vertreter aus dem Bereich der Philosophie, die jede Religion als irrational bezeichnen und für eine rein von Vernunft und Verstand geprägte Welt plädieren. Interessierte verweise ich auf deren Werke, die hier in diesem Buch nicht näher dargestellt werden, vor allem auf das Buch des Evolutionsbiologen *Richard Dawkins* »Atheismus für Anfänger: Warum wir Gott für ein sinnerfülltes Leben nicht brauchen«[149].

Naturwissenschaftlich-materialistische Sichtweisen

Kernpunkte des naturwissenschaftlichen Weltbilds

Das *naturwissenschaftlich-materialistische Weltbild* lässt sich im Kontext dieses Buches in drei Punkten zusammenfassen:

1. *Das Weltall entstand vor rund 13,8 Milliarden Jahren, ohne Ziel und Plan, ohne einen Schöpfergott,* die Erde vor rund 4,5 Milliarden Jahren durch glückliche Umstände. Das Weltall dehnt sich von einem ursprünglich unendlich kleinen Punkt immer weiter aus – eine Entwicklung, die als »Urknall« bekannt geworden ist und seit Langem sogar von der römisch-katholischen Kirche anerkannt ist, allerdings

als göttlich bewirkte Schöpfung verstanden wird. Als Folge der zunehmenden Ausdehnung wird das Weltall immer leerer und kälter und schließlich einmal den Kältetod sterben. Es besteht aus Milliarden von Galaxien mit noch viel mehr Milliarden von einzelnen Sonnen. Unsere Sonne wird nach rund 5 Milliarden Jahren erlöschen; davor wird es das Schicksal unserer Erde sein, von der Sonne verbrannt zu werden, falls sie nicht schon längst vorher von einem Asteroiden getroffen wird, wie dies bereits vor 65 Millionen Jahren in Mexiko vor der Halbinsel Yucatán geschah. Als Folge der dadurch eingetretenen Verfinsterung und Sauerstoffnot auf der Erde starben damals die Dinosaurier aus, die die ganze Erde bevölkert hatten, woraufhin die Evolution einen völlig neuen Verlauf nahm: von überlebenden kleinen Säugetieren, nämlich bestimmten Mäusen, zu immer höherentwickelten Lebewesen bis hin zu uns Menschen.

2. *Der Mensch ist ein reines Zufallsprodukt der Evolution.* Die Entwicklungsgeschichte des Menschen als höchstentwickeltem Tier beruht auf zufälligen Mutationen seines Erbguts, deren Vererbung und der natürlichen Auslese der überlebensfähigsten Organismen, das heißt, es setzten sich die anpassungsfähigsten Lebewesen durch. Um sich vom Primaten zum Menschen entwickeln zu können, ist eine unsterbliche Seele nicht notwendig, sondern nur eine entsprechende Entwicklung der Großhirnrinde.
3. *Ein Weiterleben nach dem Tod widerspricht den Naturgesetzen.* Mit dem Tod des Körpers ist der ganze Mensch für immer tot. Das Wesen des Menschen beruht auf den Funktionen seines Gehirns, nicht auf einer körperlosen unsterblichen Seele. Alle Bewusstseinsleistungen des Menschen sind untrennbar an neuronale Funktionen im Gehirn, das heißt an Materie, gebunden. Die Existenz einer immateriellen, körperunabhängigen Seele lässt sich naturwissenschaftlich zwar nicht widerlegen, ist aber eine zum Verständnis des Menschen unnötige religiöse Annahme, auf die in den Humanwissenschaften, wie etwa in der Medizin und in der Psychologie, seit Langem verzichtet wird.

Interessierten werden die allgemeinverständlich geschriebenen Bücher des berühmten englischen Physikers und Astrophysikers *Stephen Hawking* empfohlen, der dezidiert darauf hinweist, dass die Naturwissenschaften Gott zur Erklärung der Welt nicht benötigen. Laut wiederholten Umfragen vertritt die überwiegende Mehrzahl der führenden Naturwissenschaftlerinnen und Naturwissenschaftler, speziell auch der Nobelpreisträger, eine atheistische bzw. agnostische Weltanschauung.

Überlegen Sie einmal:
Die christlichen Kirchen bzw. verschiedene Autoren und Autorinnen zitieren gerne einzelne herausragende Wissenschaftler aus allen möglichen Fachrichtungen als Beweis dafür, dass Wissenschaft und Religion widerspruchsfrei vereinbar seien. Was ist Ihre Meinung dazu? Werden Ihre religiösen bzw. spirituellen Überzeugungen von den gängigen wissenschaftlichen Lehrmeinungen beeinflusst?

Untrennbare Verbindung von Körper und Seele

Die Individualität und Einmaligkeit des Menschen wird bestimmt durch seine immateriellen Fähigkeiten, Gedanken, Gefühle, Erinnerungen und Persönlichkeitseigenschaften, die üblicherweise als »Seele« bezeichnet werden. Aus naturwissenschaftlicher Sicht ist eine derart definierte Seele an ein funktionierendes Gehirn gebunden; laut bestimmten Expertinnen und Experten aus Philosophie und Religion kann sie nach dem Tod ohne ein organisches Substrat – im Sinne der Definition einer körperunabhängigen Seele – nicht existieren.[150]

Geistig-seelische Zustände sind aus naturwissenschaftlich-materialistischer Sicht vollständig an die Funktionsfähigkeit eines lebenden Gehirns gebunden. Der menschliche Geist kann nur in Verbindung mit Materie funktionieren. Jede Veränderung und Schädigung des Gehirns führt unweigerlich auch zu einer Veränderung der geistig-seelischen Befindlichkeit. Die untrennbare Verbindung der Seele mit dem Gehirn zeigt sich am deutlichsten im Zustand nach dem Ganzhirntod, definiert als Erlöschen aller Regionen des Gehirns und nicht nur der Gehirnrinde. Wenn die Seele an Materie, eben an das konkret vorhandene Gehirn, gebunden ist, ist sie wie jede Materie aufgrund physikalischer Prinzipien vergänglich.[151]

Der *Glaube an eine unsterbliche* Seele setzt deren unabhängige Existenz vom Gehirn, das heißt vom Körper, voraus, was aus naturwissenschaftlicher Sicht völlig unmöglich ist. Die Behauptung einer gehirn- und körperunabhängigen Seele widerspricht allen Erkenntnissen der Naturwissenschaften. Der Glaube, dass die Seele den Körper beim Tod verlässt und in einer anderen Welt weiterlebt, lässt sich naturwissenschaftlich zwar nicht widerlegen, weil etwas Unsichtbares mit den Methoden der Naturwissenschaften überhaupt nicht untersucht werden kann. Eine masselose und energiefreie Seele wäre aber aus naturwissenschaftlicher Sicht gar nicht existent. Das Konzept der Körperlosigkeit und Unsterblichkeit der menschlichen Seele ist daher aus naturwissenschaftlicher Sicht völlig unplausibel.

Naturwissenschaftlich-materialistisch orientierte Kritiker sowie atheistische Philosophinnen stellen folgende Fragen zum Thema Leben nach dem Tod:[152]

- Wie kann die Seele als Ausdruck der Identität und des Selbstbewusstseins der Person nach dem Tod unabhängig vom Körper existieren, wenn sie es nicht einmal während des Lebens konnte, wie zahlreiche Erkrankungen des Gehirns belegen?
- Wie kann eine immaterielle Substanz wie die Seele an einem bestimmten Ort im Raum, das heißt im Körper, sein und mit diesem in Interaktion treten?
- Warum sollte Gott bei jeder Zeugung menschlichen Lebens durch die Hinzufügung der immateriellen und unsterblichen Seele unmittelbar in die Natur eingreifen, wenn er auch sonst nicht in die Entwicklung des Weltalls und in die Weiterentwicklung des menschlichen und nichtmenschlichen Lebens eingreift?
- Wie und zu welchem Zeitpunkt ist die unsterbliche Seele in den Körper gelangt? Bereits bei der Empfängnis oder erst zu einem späteren Zeitpunkt während der Schwangerschaft? In diesem Punkt waren nicht einmal die katholischen Gelehrten durchgehend derselben Meinung. Verschiedene Päpste gaben im Laufe der Jahrhunderte unterschiedliche Zeitpunkte bezüglich der Vereinigung von Körper und Seele an.
- Wie können die Verstorbenen mit den Hinterbliebenen in Kontakt treten, das heißt aus dem Jenseits ihre Angehörigen sehen und hören, und wie können die Lebenden mit den körperlosen Seelen der Toten kommunizieren, um gehört und gesehen zu werden?
- Warum soll nur die menschliche Seele unsterblich sein und nicht etwa auch die Seele von höherentwickelten Tieren, die zumindest einfache Denkleistungen vollbringen können und zu bestimmten Gefühlen fähig sind? Hatten die Neandertaler als Vorfahren bzw. Konkurrenten des Homo sapiens auch eine unsterbliche Seele?
- Warum sollen gerade die seelischen Funktionen des Gehirns, wie etwa das Bewusstsein um die eigene Identität, nach dem Tod des Menschen aufrechterhalten bleiben, während alle anderen Möglichkeiten des Gehirns zur Steuerung der verschiedenen Körperfunktionen mit dem biologischen Ende des Organismus erlöschen?
- In welchem unsichtbaren Raum befinden sich die unsichtbaren Seelen nach dem Tod des Körpers und später dann die Menschen nach ihrer leiblichen Auferweckung? Früher wurde ohne Kenntnis des Weltalls und der Position der Erde im Weltall aufgrund der biblischen Aussagen angenommen, dass der Himmel oben und die Hölle unten sei.

- Wenn der Mensch mit einem *verklärten* Körper von Gott zum ewigen Leben auferweckt werden soll, stellen sich folgende Fragen: In welchem Alters- und Gesundheitszustand geschieht dies: im Zustand unmittelbar vor dem Tod oder im Zustand des bestmöglichen körperlichen Befindens? In welchem körperlichen Zustand befinden sich Menschen im Himmel bzw. im Jenseits, die als abgetriebene Föten, Fehlgeburt oder während der Geburt das Leben verloren haben oder als mehrfach Behinderte von klein auf leben mussten? Zugegebenermaßen sind das wenig pietätvolle Fragen, aber laut Kritikern berechtigte Überlegungen, wenn es um die Auferweckung des Körpers am Jüngsten Tag geht oder um eine Seele, die sich noch gar nicht richtig zu dem entwickeln konnte, was das Wesen der menschlichen Person ausmacht.
- Wie kann der Mensch nach dem Tod in Form einer immateriellen und unsterblichen Seele identisch sein mit seinem Wesen im irdischen Leben, etwa als Mann oder Frau, als jüngerer oder älterer Mensch? Wenn die Seele die Identität des irdischen und postmortalen Menschen garantiert, hängt die Persönlichkeit des Menschen doch auch ganz wesentlich von seinem Körper ab: Wie kann man mit einem weiblichen oder männlichen Körper existieren, ohne dass man diesen sinnlich und geschlechtstypisch wahrnehmen und erleben kann?
- Was bedeutet »Auferweckung des Leibes«, wenn man diesen gar nicht wahrnehmen kann, wie dies bei einer leiblich bereits auferweckten Person wie Maria als der Mutter von Jesus der Fall sein soll? Wenn Menschen laut Jesus (Mk 12,18–27) im Himmel wie Engel sind, welche Bedeutung hat dann der Körper? Wie kann man Aussagen über den Zustand von Menschen jenseits von Raum und Zeit machen, wenn keiner jemals etwas davon wahrgenommen hat?

Das Gehirn macht die Seele: das neurobiologische Erklärungsmodell

Die Neurowissenschaftler *Gerhard Roth* und *Nicole Stüber* erklären in ihrem Buch »Wie die Seele das Gehirn macht« die Suche nach dem »Sitz der Seele« aus neurobiologischer Sicht für beendet.[153] Nach ihrer Darstellung gibt es kein eng umgrenztes Gehirnareal, das als Ort des Seelisch-Psychischen lokalisierbar ist. Alle Aspekte des Psychischen, vor allem auch der Emotionen, beruhen auf dem Zusammenwirken vieler Komponenten des sogenannten limbischen Systems in Form von sich überlappenden Netzwerken und Funktionssystemen. Nach den Erkenntnissen der Neurowissenschaften bringt das Gehirn die Seele in ihrer ganzen Komplexität von Emotionen, Bewusstsein, Denken und menschlicher Identität hervor.

Der *Dualismus,* wonach das Geistige oder Mental-Psychische neurowissenschaftlich nicht erklärbar sei, weil dafür eine eigene, nicht naturgesetzliche Kausalität im Sinne einer immateriellen Seele erforderlich ist, gilt aus naturwissenschaftlich-materialistischer Sicht als überholt. Geist und Bewusstsein lassen sich widerspruchsfrei auf rein biologische Prozesse zurückführen, wenngleich die genauen Details noch nicht ausreichend bekannt seien. Mit dem Tod des Körpers sterben auch die eng damit verbundenen menschlichen Phänomene von Geist und Psyche für immer.

Bereits im Jahr 2004 veröffentlichten elf prominente Neurowissenschaftler, unter ihnen auch Gerhard Roth, ein Manifest, in dem festgestellt wurde, dass sich Geist und Bewusstsein im Rahmen der Evolution der Nervensysteme allmählich ausgebildet haben und damit ausschließlich auf biologischen Prozessen beruhen. Nur auf der Basis komplizierter neuronaler Prozesse im Gehirn ist nach diesen Experten all das möglich, was üblicherweise mit den Worten Geist, Bewusstsein und Seele bezeichnet wird.

Verstärken oder vermindern naturwissenschaftlich-materialistische Sichtweisen die Angst vor dem Tod?

Überprüfen Sie Ihr Denken und Erleben angesichts der Thesen des naturwissenschaftlich-materialistischen Weltbildes, wie Sie dies beim christlichen Glaubensbekenntnis getan haben.

Machen Sie dazu die folgende *Übung*:
Sprechen Sie folgende Sätze laut aus oder schreiben Sie sie auf: »Es gibt keinen Gott, keine körperlose, unsterbliche Seele und auch keine spätere Wiederauferweckung meiner Person mit einem neuen Körper. Mein bisheriger Glaube an ein Leben nach dem Tod ist aus naturwissenschaftlich-materialistischer Sicht ein völliger Irrtum und ein reiner Wunschtraum. Durch meinen Tod ist meine Person für immer und ewig ausgelöscht. Auch meine Angehörigen sind mit ihrem Ableben für immer tot, es gibt keine Möglichkeit des Wiedersehens in einer anderen Welt. Ich verzichte auf die falsche Hoffnung und Sehnsucht nach einem Weiterleben im Jenseits und konzentriere mich voll und ganz auf das eine und einzige Leben, das ich jetzt auf dieser Welt habe. Es gibt auch keine Chance auf ein neues irdisches Leben durch eine Wiedergeburt in einer anderen Existenzform.«

Zeigt sich angesichts dieser Aussagen bei Ihnen eine starke Betroffenheit in Form von großem körperlichen und seelischen Unbehagen oder gar in Form bestimmter Symptome, wie etwa Angst- und Panikzuständen bzw. depressiven Reaktionen, wenn das alles stimmen sollte? Dann sollten Sie sich mit dem Tod als dem Ende Ihrer personalen Existenz näher beschäftigen. Innere Klarheit tut gut, um mit der Angst vor dem Tod und der aus naturwissenschaftlich-materialistischer Sicht gegebenen endgültigen Auflösung der menschlichen Person angemessen umgehen zu können.

Die *naturwissenschaftlich-materialistische Sichtweise* kann Ihre existenziellen Ängste dann erheblich verstärken, wenn Sie auf ein Leben nach dem Tod hoffen, aber Ihre Überzeugung nicht gefestigt genug ist und Sie durch die Macht der naturwissenschaftlich-materialistischen Gegenargumente in Ihren Erwartungen enttäuscht werden. Sie könnten versuchen, hier gegenzusteuern, indem Sie sich intensiver mit nicht materialistischen Sichtweisen der Religionen oder auch der Esoterik beschäftigen bzw. indem Sie versuchen, auf einem der unterschiedlichen spirituellen Wege – z.B. über Meditation – Erfahrungen zu machen, die über die naturwissenschaftlich-materialistische Ebene hinausführen. Die naturwissenschaftlich-materialistische Sichtweise kann aber auch beruhigend auf Sie wirken, und zwar dann, wenn Sie durch sie zu der klaren Erkenntnis gelangen, dass ein Leben nach dem Tod unmöglich ist, auch wenn dies für Sie und Ihre Angehörigen wünschenswert wäre.

Der Frage, ob der Tod das Ende unseres Lebens oder der Anfang des Weiterlebens in einer anderen Existenzform ist, kann keiner von uns ausweichen. Jeder von uns muss seine persönliche Antwort darauf finden. In beiden Fällen handelt es sich um einen Glauben, der auf einer *persönlichen Entscheidung* beruht.

Die persönliche Entscheidung ist gefragt

Reflexion der lebensgeschichtlichen Bedingungen

Neben den Naturwissenschaften haben in der Vergangenheit die jeweiligen gesellschaftlichen Umstände das Denken und den Glauben der Menschen in aller Welt geprägt. Die *politischen, soziokulturellen und psychosozialen Lebensbedingungen* bestimmen oft auch heute noch – völlig unabhängig von den Wissenschaften – die Wahrscheinlichkeit unserer Weltanschauung. Das beste Beispiel dafür sind die USA. Dort, wo die überwiegende Mehrzahl der herausragenden Naturwissenschaftlerinnen und Naturwissenschaftler eine atheistische bzw. agnostische Weltanschauung vertritt, ist die Bevölkerung insgesamt viel religiöser eingestellt als in Europa. Dies hängt mit der dortigen Vielzahl der christlichen Konfessionen und deren gesellschaftlichem Einfluss zusammen, wie er bei uns nicht mehr vorhanden ist.

Weltgeschichtlich betrachtet, haben im Laufe der Jahrhunderte überall auf der Erde die jeweiligen politischen Umstände die Entwicklung und Ausbreitung bestimmter Religionen, wie etwa des Christentums oder des Islams, gefördert und das Ende anderer Religionen eingeleitet. Jeder von uns hat seine religiösen, spirituellen oder agnostisch-atheistischen Lebenseinstellungen in einem ganz bestimmten historischen und geografischen Kontext erworben.

Lebensgeschichtlich betrachtet, werden alle Menschen von Geburt an durch bestimmte familiäre Vorbilder geprägt, die im weiteren Leben durch gesellschaftlich-kulturelle Faktoren verstärkt oder verändert werden. Wir müssen uns im Laufe des Lebens entscheiden, ob wir der Weltanschauung bzw. dem Glauben unserer Kindheit und Jugendzeit treu bleiben oder ob wir aufgrund unserer Lebenserfahrungen und später neu erworbenen Denkmuster völlig andere Vorstellungen vom Leben, Sterben und Tod entwickeln.

Je nach Lebenssituation können wir aufgrund unserer Weltanschauung zur Mehrheit oder Minderheit der Bevölkerung gehören. Wenn wir eine Minderheitenposition vertreten, haben wir einen größeren Druck zur Reflexion unserer weltanschaulichen Orientierung als andere Personen.

Die Notwendigkeit eines persönlichen Glaubensbekenntnisses

Ich habe Ihnen die zentralen Glaubensvorstellungen der Weltreligionen, die Sichtweisen bedeutender Philosophen und die Thesen der materialistischen Naturwissenschaften zur Thematik eines möglichen bzw. unmöglichen Lebens nach dem Tod vorgestellt. Ich möchte Sie jetzt anregen, über Ihr eigenes Glaubenssystem auf höchst persönliche Weise nachzudenken:

Verfassen Sie ein *persönliches Glaubensbekenntnis:* Schreiben Sie einen kurzen Text mit der Überschrift: »Woran ich glaube.« Wenn Ihnen dies schwerfällt, erstellen Sie zuerst einen Text mit dem Titel: »Woran ich nicht bzw. nicht mehr glaube.« Manchmal fällt es uns leichter, uns gegenüber bestimmten religiösen, spirituellen und weltanschaulichen Sichtweisen abzugrenzen, bevor wir unsere eigenen Einstellungen und Überzeugungen formulieren können.

Viele Menschen wünschen sich ein Weiterleben nach dem Tod, vor allem auch in Gemeinschaft mit den engsten Angehörigen, sind aber trotzdem davon überzeugt, dass dies nur ein reines Wunschdenken ist. Machen Sie sich klar, was Sie sich angesichts Ihrer Angst vor dem Tod und einem ungewissen Danach aus tiefstem Herzen und innerer Sehnsucht wünschen und was Sie derzeit tatsächlich für realistisch halten und in Ihrem Verhalten ausdrücken.

Weder das Weiterleben noch das Nicht-Weiterleben nach dem Tod ist naturwissenschaftlich beweisbar oder widerlegbar. Sie sollten aber dennoch eine Glaubensentscheidung treffen, die Sie jederzeit später auch wieder revidieren können. Machen Sie sich bewusst, zu welcher Sichtweise Sie derzeit eher neigen, um im Laufe der Zeit Ihre Einstellung zu festigen und dadurch mit Ihren existenziellen Ängsten besser zurechtzukommen: zu einer religiösen, spirituellen, agnostischen oder atheistischen Grundeinstellung.

Treffen Sie eine ehrliche Entscheidung, die von Ihrer momentanen Sichtweise und nicht von Ihrer Angst getragen ist. Es gibt durchaus auch historische Vorbilder, die aus taktischen Gründen, für den Fall, dass Gott existiert und es ein Weiterleben nach dem Tod gibt, auf die »sichere Karte« gesetzt haben und Mitglied ihrer Religionsgemeinschaft geblieben sind, damit sie nach dem Tod nicht für die im Diesseits erfolgte Leugnung des Jenseits bestraft werden. Nach dem französischen Philosophen Blaise Pascal soll man den Gottesglauben wie eine Wette sehen: Wenn es Gott gibt, gewinnt man alles, wenn es Gott nicht gibt, verliert man nichts. Mit diesem Argument wollte der christlich ausgerichtete Pascal im 17. Jahrhundert jene Menschen zum Glauben an die Existenz Gottes führen, die sich durch die traditionellen Gottesbeweise nicht überzeugen ließen. Vielen Menschen bekannt ist auch die christliche Lehre, dass Menschen ohne Gottesglauben und ohne Religionsausübung dennoch in den Himmel kommen können, wenn sie sich auf dem Sterbebett bekehren. Doch auch wenn Sie selbst dies noch rechtzeitig tun können: Was sagt dies über Sie und Ihr Gottesbild aus?

Ihre Angst vor dem Tod und dem ungewissen Danach wird nur dann geringer, wenn Sie eine klare Entscheidung treffen: Sein oder Nichtsein nach dem Tod? Himmel oder Hölle oder gar nichts? Jetzt oder später kommen Sie um die Antwort auf diese Frage nicht herum: ein oder kein Leben nach dem Tod? Wenn Sie Mitglied einer christlichen Konfession sind, sollten Sie sich auch der *Frage* stellen: Glaube ich an die Auferstehung Jesu nach seinem Tod am Kreuz und in der Folge davon auch an meine eigene leibliche Auferstehung als göttliches Erlösungswerk? Oder glaube ich, ohne mich an die Dogmen der Kirche zu halten, an Gott und eine unsterbliche Seele, wie viele Menschen in der Vergangenheit und Gegenwart?

Leben in Übereinstimmung mit den eigenen Grundüberzeugungen

Religiöse Menschen stehen angesichts von existenziellen Ängsten vor der *Frage:* Lebe ich mein Leben bestmöglich nach den Vorschriften meines Glaubens, sodass ich mich vor dem Gericht Gottes nicht fürchten muss und auf die ewige Seligkeit im Himmel bzw. Paradies hoffen darf? Die Angst vor dem Tod und dem Danach ist für Gläubige dann heilsam, wenn sie dadurch daran erinnert werden, gegenwärtig und zukünftig voll und ganz dafür aufzugehen, was laut ihrer Religion die zentralen Inhalte ihres Lebens sind bzw. sein sollten.

Spirituelle Menschen ohne Bindung an eine bestimmte Religionsgemeinschaft, die sich mit dem größeren Ganzen oder dem Göttlichen verbunden fühlen und von der Unsterblichkeit der Seele überzeugt sind, stehen vor einer ähnlichen *Frage:* Führe ich mein Leben im Wesentlichen nach meinen Grundwerten? Anderenfalls mahnt auch in diesem Fall die Angst vor dem Tod und dem Leben danach zur Entschlossenheit, alles zu unternehmen, um das irdische Leben entsprechend den eigenen Werten zu leben.

Agnostisch bzw. atheistisch eingestellte Menschen mit einer großen Angst vor dem Tod sollten folgende *Frage* beantworten: Stehe ich trotz Angst bzw. Traurigkeit zu meiner Grundüberzeugung, dass es kein Leben nach dem Tod gibt, ohne panisch zu werden beim Gedanken daran, dass es vielleicht doch »etwas Höheres« gibt, ein Jenseits oder eine unsterbliche Seele mit oder ohne den Gott der Religionen? In diesem Fall könnte die Angst vor dem Tod und dem vielleicht doch möglichen Danach der Anlass sein, die bisherigen Einstellungen zu einer Welt ohne Gott und zum Tod ohne ein erwartetes Jenseits zu überprüfen und ggf. zu ändern.

Existenzielle Ängste sind völlig normal und menschlich; sie fordern uns zu einem *Realitätscheck* auf, ob wir unser Leben auf der Basis unserer Grundeinstellungen und zentralen Werte führen, oder ob wir »entfremdet« leben, fern von unseren eigentlichen Lebensidealen und -zielen. Wenn wir diese Überprüfung unserer Gesinnung und unseres Lebensstils nicht leisten wollen, zu der wir durch unsere existenziellen Ängste permanent herausgefordert werden, besteht zumindest für manche von uns unter bestimmten Umständen eine erhöhte Gefahr, an einer psychischen Erkrankung wie einer Angststörung, einer Hypochondrie, einer Zwangsstörung, einer Depression oder einer anderen psychischen oder psychosomatischen Störung zu erkranken.

Die *Angst vor einer falschen Entscheidung* kann zu einer scheinbaren Neutralität oder Gleichgültigkeit gegenüber den Letzten Dingen des Lebens führen. Jede Vermeidung von Angst hält diese jedoch erst recht aufrecht. Was ist dann die Lösung dieses Problems? Es gilt dasselbe Handlungsprinzip wie bei allen Ängsten: Blicken Sie der Angst vor dem Tod und dem möglichen oder unmöglichen Danach ins Angesicht, treffen Sie eine weltanschauliche Entscheidung in die eine oder andere Richtung, die Ihnen momentan am glaubhaftesten erscheint, und seien Sie bereit zu einer späteren Revision, wie dies auch viele andere Menschen tun, sollten sich andere Sichtweisen als stimmiger herausstellen.

Sie sind jetzt am Ende dieses Buches angelangt. Blicken Sie noch einmal zurück und beantworten Sie folgende *Fragen:*

- Welche der sieben Ratschläge sollte ich im Moment angesichts meiner Lebenssituation und meiner religiösen, spirituellen bzw. weltanschaulichen Einstellungen besonders beherzigen?
- Was sollte ich darüber hinaus zur besseren Bewältigung meiner Angst vor dem Tod und dem möglichen Davor und Danach in der nächsten Zeit ganz konkret unternehmen?
- Was gibt mir angesichts der widersprüchlichen Aussagen zu existenziell bedeutsamen Themen, selbst innerhalb der christlichen Kirchen, die Zuversicht und das Vertrauen, dem Ende meines irdischen Lebens so entgegengehen zu können, dass ich das Leben ausreichend genießen kann, ohne mir durch unbewältigte existenzielle Ängste die Freude am Leben nehmen zu lassen?

Schluss

Die Arbeit an diesem Buch hat mich im Alter von 67 Jahren dazu bewogen, das umzusetzen, woran ich im Sinne von Ratschlag 6 schon seit vielen Jahren immer wieder einmal gedacht hatte, nämlich die Regelung aller Angelegenheiten zu treffen, die mit meinem Ableben zu tun haben, inklusive Testament-Erstellung, Planung der Begräbnisfeierlichkeiten sowie Auswahl des Bestattungsorts und der Bestattungsform. Der lange Aufschub trotz 22 Jahren Erkrankung an Diabetes mellitus Typ II – die bei mir aber keine große Angst vor einem zu frühen Tod hervorrief – beruhte auf der naiven Hoffnung, dass ich dazu schon noch genug Zeit haben würde, wenn es in meinem Leben ruhiger zugeht und ich alt genug für derartige Aufgabenstellungen bin.

Vielleicht sind auch Sie gegenwärtig weniger von der Angst vor dem Tod und dem möglichen Davor oder Danach gesteuert, sondern vielmehr von der Überzeugung, dass Ihre Mission auf der Erde noch lange nicht zu Ende ist, Sie von den Menschen Ihres sozialen Umfelds noch dringend gebraucht werden und Sterben und Tod derzeit einfach nicht eintreten dürfen.

Wir neigen zu einem Denken, dass wir erst schwer krank werden müssten, bis wir uns mit Sterben und Tod auseinanderzusetzen haben, und übersehen allzu gerne, dass wir in jedem Alter einen plötzlichen Unfalltod erleiden könnten und dann alles ungeregelt den Angehörigen überlassen bliebe, die unvorbereitet damit völlig überfordert wären. Zumindest gelegentliche Gedanken an Sterben und Tod können uns zum Handeln ermutigen, um das Bestmögliche aus dem Leben für uns selbst sowie für unsere Lieben zu machen.

Dieses Buch hat sein Ziel erreicht, wenn ich Sie dazu anregen konnte, angesichts Ihrer existenziellen Ängste über Ihr Leben und dessen Sinn nachzudenken, Ihren Werten entsprechend zu handeln, und wenn ich Sie in Ihrer spirituellen bzw. weltanschaulichen Grundeinstellung festigen konnte, ohne direkt darauf Einfluss genommen zu haben.

Das Resümee, das ich für dieses Buch ziehen möchte, möge Sie Ihr weiteres Leben begleiten: Die Angst vor dem Tod sowie vor dem möglichen Davor und Danach soll Ihnen nicht die Freude am Leben verderben, sondern vielmehr als Antrieb zu einem möglichst sinnerfüllten

Leben dienen. Ich wünsche Ihnen, dass Sie den Tod als unausweichlich und jederzeit möglich akzeptieren lernen, um Ihr gegenwärtiges und zukünftiges Leben besser als bisher genießen zu können.

Anmerkungen

1 Vgl. Morschitzky (2019b), S. 70ff.
2 Vgl. Juckel & Mavrogiorgou (2018), S. 228.
3 Vgl. Klug (2007); Neimeyer (1994); Ochsmann (1993); Wittkowski (1990, 1996, 2003).
4 Vgl. Stavemann & Hülsner (2019), S. 42.
5 Vgl. Dorst (2013); Vogel (2012, 2015b).
6 Vgl. Frankl (2011).
7 Vgl. Berthold et al. (2017).
8 Vgl. Grieser (2018), S. 12.
9 Vgl. Noyon & Heidenreich (2012); Stavemann & Hülser (2019); Trachsel & Maerker (2016); Trachsel & Noyon (2017).
10 Yalom (2010b).
11 Vgl. Morschitzky (2019a).
12 Vgl. Berthold et al. (2019), S. 117.
13 Vgl. Müller (2018), S. 155.
14 Vgl. https://de.statista.com/statistik/daten/studie/951/umfrage/sterben-und-tod. [Zugriff: 24.6.2020].
15 Vgl. https://yougov.de/news/2016/07/29/viele-haben-mehr-angst-vor-krankheiten-als-vor-dem [Zugriff: 24.6.2020].
16 Vgl. https://www.siekd.de/wp-content/uploads/2018/08/2014127941_Sterbehilfe_layout_web.pdf [Zugriff: 24.6.2020].
17 Vgl. Cave (2012), S. 25–30.
18 Vgl. Cave (2012), S. 10; Yalom (2010b), S. 13; Wetz (2018), S. 53ff.
19 Vgl. Vogel (2015), S. 8.
20 Vgl. Yalom (2010b).
21 Vgl. https://hpd.de/artikel/glaube-an-leben-nach-dem-tod-sinkt-17342 [Zugriff: 24.6.2020].
22 Vgl. Zulehner (2020), S. 68.
23 Vgl. Hagemann (1985), S. 103–120.
24 Vgl. Vetter (1985), S. 85–102.
25 Vgl. Müller-Busch (2016), S. 177.
26 Vgl. Grieser (2018); Kast (2010); Müller (2010); Solomon et al. (2016); Scheuermann (2013); Vogel (2015); Yalom (2010b).
27 Vgl. Begemann et al. (2015); Berthold et al. (2017); Borasio (2019); Buchmann (2017); Brüning et al. (2015); Engelke (2015); Gottschling (2018); Gottschling & Welsch (2019); Großbongardt & Traub (2013); Käßmann (2013); Müller (2019); Reichel (2018); Riedel (2017).
28 Moody (2017).
29 Kübler-Ross (2014).
30 Vgl. Kübler-Ross (2012), S. 35.

31 Vgl. Gottschling & Welsch (2019), S. 184ff.
32 Vgl. Engelke (2015), S. 67.
33 Vgl. ebd., S. 138ff.
34 Vgl. Iverach et al. (2014), S. 581ff.; Menzies et al. (2018), S. 122ff.
35 Vgl. Menzies et al. (2019).
36 Vgl. Morschitzky (2019b); Morschitzky & Sator (2018).
37 Vgl. Morschitzky (2018), S. 63.
38 Vgl. Morschitzky (2017b), S. 27.
39 Vgl. Morschitzky (2017a), S. 28.
40 Vgl. Morschitzky (2019a).
41 Vgl. Morschitzky & Sator (2015), S. 21ff.
42 Vgl. Morschitzky & Hartl (2019).
43 Vgl. Frankl (2015), S. 9.
44 Vgl. Frankl (2007, 2011, 2015a, 2015b, 2017, 2018).
45 Vgl. Schnell (2016).
46 Solomon et al. (2016).
47 Vgl. Morschitzky (2019b), S. 43ff.
48 Vgl. Tomer et al. (2007); Wittkowski et al. (2003), S. 45ff.
49 Ware (2015).
50 Vgl. Gottschling & Welsch (2019), S. 236ff.
51 Zitiert in: Küng (2011), S. 224.
52 Vgl. Schnell (2016), S. 8; 27ff.
53 Vgl. https://www.sinndeslebens24.de/interview-mit-prof-tatjana-schnell-psychologie-des-lebenssinns [Zugriff: 24.6.2020].
54 Vgl. Frankl (2015b), S. 9.
55 Vgl. Müller (2018), S. 158.
56 Vgl. Längle (2018), Yalom (2010 b).
57 Vgl. Schnell (2016), S. 18; 21f.; 37; 55; 59ff.
58 Vgl. ebd., S. 54 und S. 80.
59 Vgl. ebd., S. 57.
60 Vgl. ebd., S. 131.
61 Vgl. Frankl (2007), S. 213ff.
62 Vgl. Frankl (2019), S. 91ff.
63 Vgl. Längle (2018).
64 Vgl. Knuf (2018), S. 23.
65 Vgl. Schnell (2016), S. 131.
66 Vgl. Grossman et al. (2018).
67 Vgl. Costin & Vivian (2019).
68 Vgl. Heller & Heller (2018), S. 47.
69 Vgl. Labitzke & Kuhn-Flammensfeld (o. J.), S. 1.
70 Vgl. Heller & Heller (2018), S. 57f.
71 Vgl. ebd., S. 55.
72 Vgl. Borasio (2019), S. 91f.
73 Vgl. Dorst (2013), S. 12–14.
74 Vgl. Cave (2012), S. 326–334.
75 Vgl. Müller-Busch (2016), S. 194.

76 Zitiert in: Rahner (2016), S. 293.
77 http://www.vatican.va/archive/hist_councils/ii_vatican_council/documents/vat-ii_decl_19651028_nostra-aetate_ge.html [Zugriff: 24.11.2020].
78 Vgl. Schnell (2016), S. 74.
79 Vgl. Yalom (2010b), S. 15.
80 Vgl. ebd., S. 81.
81 Vgl. ebd., S. 55.
82 Vgl. ebd., S. 158.
83 Vgl. Berthold et al. (2017), S. 110; Chochinov (2017).
84 Vgl. Cave (2012), S. 331f.
85 Vgl. Precht (2012), S. 16f.
86 Vgl. Müller-Busch (2016), S. 223ff; Gottschling (2018), S. 180f.
87 Vgl. Gottschling & Welsch (2019), S. 100ff.
88 Vgl. Grimm-Montel (2018); Kast (2014); Maerker & Forstmeier (2013).
89 Kast (2014).
90 Vgl. ebd., S. 164ff.
91 Vgl. Grieser (2018), S. 82.
92 Vgl. Yalom (2010b), S. 143.
93 Vgl. Wetz (2018), S. 222ff.
94 Vgl. Borasio (2019), S. 29f.
95 Vgl. ebd., S. 29f.
96 Vgl. Borasio (2019); Gottschling (2016); Hütten (2019); Müller-Busch (2016).
97 Vgl. Borasio (2019), S. 70ff.
98 Vgl. Bausewein (2015); Gottschling & Welsch (2019), S. 193f.
99 Vgl. Müller (2018), S. 211.
100 Vgl. Borasio (2019), S. 30; Engelke (2015), S. 47.
101 Vgl. Müller (2018), S. 176f.
102 Vgl. Borasio (2019), S. 143f.
103 Vgl. Gottschling & Welsch (2019), S. 123ff.
104 Vgl. Müller (2019), S. 228ff.; Schulz (2019).
105 Vgl. Wittwer et al. (2015).
106 Vgl. Müller (2018), S. 239.
107 Vgl. Yalom (2010b), S. 133f.
108 Vgl. Brüning et al. (2015).
109 Vgl. https://de.wikipedia.org/wiki/Feuerbestattung [Zugriff: 24.6.2020].
110 Zu Salm (2013).
111 Vgl. Grieser (2018), S. 181f.; Lifton (1979).
112 Cave (2012).
113 Vgl. https://fowid.de/meldung/christlicher-glaube-deutschland-2019 [Zugriff: 24.6.2020].
114 Vgl. https://bistum-osnabrueck.de/bibelfenster-11-11-2016/# [Zugriff: 24.6.2020].
115 Vgl. https://religion.orf.at/stories/2946119 [Zugriff: 24.6.2020].
116 Vgl. Zulehner (2020), S. 58ff.

117 Vgl. Zulehner (2020), S. 67.
118 Vgl. Heller & Heller (2028), S. 105.
119 Vgl. Katechismus der katholischen Kirche (2005), S. 299.
120 Vgl. Nauer (2018), S. 46.
121 Vgl. Nauer (2017); Schneider (2012).
122 Vgl. Cave (2016), S. 175.
123 Vgl. Nauer (2018).
124 Vgl. ebd., S. 177f.
125 Nauer (2017).
126 Nauer (2018).
127 Drewermann (2012).
128 Vgl. Hagemann (1985), S. 103–120.
129 Vgl. Vetter (1985), S. 85–102.
130 Vgl. Heller (2012); Vogel (2012); Wittwer et al. (2015).
131 Vgl. Nauer (2018), S. 156f.
132 Vgl. Alexander (2016); Jacoby (2016); Moody (2017); van Lommel (2014).
133 Vgl. Moody (2017).
134 Vgl. Kübler-Ross (2012, 2014).
135 Vgl. Alexander (2016).
136 Vgl. Müller (2018), S. 264ff.; Trachsel & Noyon (2017), S. 12f.
137 Vgl. Parnia (2015).
138 Van Lommel (2014).
139 Vgl. Müller (2018), S. 262ff.; Trachsel & Maerker (2017), S. 30.
140 Vgl. Müller (2018), S. 271f.
141 Vgl. Yalom (2010b), S. 85.
142 Vgl. Müller (2018), S. 167ff.
143 Wetz (2018).
144 Vgl. Precht (2012), S. 371f.
145 Vgl. ebd., S. 15f.
146 Vgl. ebd., S. 372.
147 Vgl. Küng (2011), S. 42–48.
148 Vgl. Noyon & Heidenreich (2012), S. 25–40; Stavemann & Hülsner (2019), S. 18–20.
149 Dawkins (2019).
150 Vgl. Müller (2018), S. 285ff.
151 Vgl. Müller (2018), S. 285ff.
152 Vgl. ebd., S. 294ff.; Wittwer (2014), S. 40.
153 Vgl. Roth & Stüber (2015), S. 42ff.

Literatur

Alexander, E. (2016). Blick in die Ewigkeit. Die faszinierende Nahtoderfahrung eines Neurochirurgen. 2. Auflage. München: Heyne.

Aries, P. (2005). Geschichte des Todes. 11. Auflage. München: dtv.

Barloewen, C. von (2000). Der Tod in den Weltkulturen und Weltreligionen. 2. Auflage. München: Insel.

Becker, E. (1973). Dynamik des Todes. Die Überwindung der Todesfurcht. Olten: Walter.

Begemann, V. / Berthold, D. & Hillmann, M. (2015). Sterben und Gelassenheit. Von der Kunst, den Tod ins Leben zu lassen. 2., ergänzte Auflage. Göttingen: Vandenhoeck & Ruprecht.

Beinert, W. (2010). Tod und Jenseits des Todes. 2., veränderte Auflage. Kevelaer: topos.

Berthold, D. / Gramm, J. / Gaspar, M. & Sibelius, U. (Hg.). (2017). Psychotherapeutische Perspektiven am Lebensende. Göttingen: Vandenhoeck & Ruprecht.

Borasio, G. D. (2019). Über das Sterben. Was wir wissen. Was wir tun können. Wie wir uns darauf einstellen. 7., aktualisierte und ergänzte Auflage. München: dtv.

Braun, H.-J. (1996). Das Jenseits. Die Vorstellungen der Menschheit über das Leben nach dem Tod. Zürich: Artemis & Winkler.

Brausewein, C. (2015). Sterben ohne Angst. Was Palliativmedizin leisten kann. München: Kösel.

Brenner, N. (o. J.). 40 beruhigende Gründe, keine Angst mehr vor dem Tod zu haben. htpps://www.vernuenftig-leben.de/angst-vor-dem-tod [Zugriff: 24.6.2020].

Brüning, B. / Brüning, L. & Zenneck, H.-U. (2015). Wie ich es will. 10 Entscheidungen, die jeder vor dem Lebensende treffen sollte. Weinheim: Beltz.

Brüntrup, G. / Schwartz, M. & Rugel, M. (Hg.). (2010). Auferstehung des Leibes – Unsterblichkeit der Seele. Stuttgart: Kohlhammer.

Buchmann, K. E. (2017). Sterben und Tod. Gelassen und angstfrei mit dem Lebensende umgehen. Berlin: Springer.

Burchardi, F. (2019). Die Angst vor dem Tod als Motor des Lebens. Was uns antreibt. 3. Auflage. Books on Demand.

Cave, S. (2012). Unsterblich. Die Sehnsucht nach dem ewigen Leben als Triebkraft unserer Zivilisation. Frankfurt am Main: S. Fischer.

Chochinov, H. M. (2017). Würdezentrierte Therapie. Was bleibt – Erinnerungen am Ende des Lebens. Göttingen: Vandenhoeck & Ruprecht.

Costin, V. & Vignoles, V. (2019). Meaning is about mattering. Evaluating coherence, purpose, and existential mattering as precursers of meaning in life judgements. In: Journal of Personality and Social Psychology. doi: 10.1037/pspp0000225.

Dawkins, R. (2019). Atheismus für Anfänger. Warum wir Gott für ein sinnerfülltes Leben nicht brauchen. München: Ullstein.

Di Franco, M. (2009). Die Seele. Begriffe, Bilder und Mythen. Stuttgart: Reclam.

Dorst, B. (Hg.). (2013). C. G. Jung – Schriften zu Spiritualität und Transzendenz. Ostfildern: Patmos.

Drewermann, E. (2012). Wendepunkte oder Was eigentlich besagt das Christentum? Ostfildern: Patmos.

Engelke, E. (2015). Die Wahrheit über das Sterben. Wie wir besser damit umgehen können. Reinbek bei Hamburg: Rowohlt.

Ewald, G. (2009). Nahtoderfahrungen. Hinweise auf ein Leben nach dem Tod? Kevelaer: topos plus.

Fischer, H. (2012). Der Auferstehungsglaube. Herkunft, Ausdrucksformen, Lebenswirklichkeit. Zürich: Theologischer Verlag.

Flett, G. (2018). The Psychology of Mattering. Understanding the Human Need to be Significant. London: Academic Press.

Fowid (2019). Christlicher Glaube in Deutschland, 2019. https://fowid.de/meldung/christlicher-glaube-deutschland-2019 [Zugriff: 24.6.2020].

Frankl, V. E. (2007). Ärztliche Seelsorge. Grundlagen der Logotherapie und Existenzanalyse. Mit den »Zehn Thesen über die Person«. München: dtv.

Frankl, V. E. (2011). Der Mensch vor der Frage nach dem Sinn. Eine Auswahl aus dem Gesamtwerk. 24. Auflage. München: Piper.

Frankl, V. E. (2015a). Der Wille zum Sinn. 7. Auflage. Göttingen: Hogrefe.

Frankl, V. E. (2015b). Das Leiden am sinnlosen Leben. Freiburg im Breisgau: Kreuz.

Frankl, V. E. (2017). Wer ein Warum zu leben hat. Lebenssinn und Resilienz. Weinheim: Beltz.

Frankl, V. E. (2018). ... trotzdem Ja zum Leben sagen. Ein Psychologe erlebt das Konzentrationslager. München: Pinguin.

Furer, P. & Walker, J. R. (2008). Death anxiety. A cognitive-behavioral approach. In: Journal of Cognitive Psychotherapy: An International Quarterly, 22, S. 167–182.

Furer, P. / Walker, J. R. & Stein, M. B. (2007). Treating Health Anxiety and Fear of Death: A Practioner's Guide. New York: Springer.

Gestrich, C. (2019). Die menschliche Seele – Hermeneutik ihres dreifachen Wegs. Tübingen: Mohr Siebeck.

Gockel, M. (2019). Sterben. Warum wir einen neuen Umgang mit dem Tod brauchen. Ein Palliativmediziner erzählt. Berlin: Berlin Verlag.

Goller, H. (2017). Das Rätsel Seele. Was sagt uns die Wissenschaft? Kevelaer: Butzon & Bercker.

Gottschling, S. (2018). Leben bis zuletzt. Was wir für ein gutes Sterben tun können. Frankfurt am Main: S. Fischer.

Gottschling, S. & Welsch, K. (2019). Übers Sterben reden. Wie Kommunikation in schwierigen Situationen gelingt. Frankfurt am Main: S. Fischer.

Grieser, J. (2018). Der Tod und das Leben. Vergänglichkeit als Chance zur Entwicklung von Lebendigkeit. Gießen: Psychosozial-Verlag.

Grimm-Motel, G. (2018). Der Lebensrückblick in der Psychotherapie mit älteren Menschen. München: Reinhardt.

Großbongardt, A. & Traub, R. (Hg.). (2013). Das Ende des Lebens. Ein Buch über das Sterben. München: Deutsche Verlagsanstalt.

Grossman, C. H. / Brooker, J. / Michael, N. & Kissane, D. (2018). Death anxiety interventions in patients with advanced cancer. A systematic review. In: Palliative Medicine, 32, S. 172–184. doi:10.1177/0269216317722123.

Hagemann, P. (1985). Eschatologie im Islam. In: A. Th. Khoury & P. Hünermann (Hg.). Weiterleben – nach dem Tode? Die Antwort der Weltreligionen (S. 103–120). Freiburg im Breisgau: Herder.

Heller, B. (2012). Wie Religionen mit dem Tod umgehen. Grundlagen für die interkulturelle Sterbebegleitung. Freiburg im Breisgau: Lambertus.

Heller, B. & Heller, A. (2018). Spiritualität und Spiritual Care. Orientierung und Impulse. 2., ergänzte und erweiterte Auflage. Bern: Huber.

Hoffmann, M. (2011). »Sterben? Am liebsten plötzlich und unerwartet«. Die Angst vor dem »sozialen Sterben«. Wiesbaden: VS Verlag.

Hohensee, T. & Georgy, R. (2017). Der Tod ist besser als sein Ruf. Von einem gelassenen Umgang mit der eigenen Endlichkeit. Wals bei Salzburg: Benevento.

Hütten, F. (2019). Sterben lernen. Das Buch für den Abschied. München: Hanser.

Iverach, L. / Menzies, R. G. & Menzies, R. E. (2014). Death anxiety and its role in psychopathology. Reviewing the status of a transdiagnostic construct. In: Clinical Psychology Review, 34, S. 580–593.

Jacoby, B. (2016). Wie wir die Angst vor dem Sterben überwinden. München: Heyne.

Jong, J. & Halberstadt, J. (2016). Death Anxiety and Religious Belief. An Existential Psychology of Religion. London: Bloomsbury.

Juckel, G. & Mavrogiorgou, P. (2018). Die Angst vor dem Tod und ihre Bedeutung für die Psychiatrie. In: Fortschritte der Neurologie Psychiatrie, 86, S. 225–232.

Kalbitzer, J. (2018). Das Geschenk der Sterblichkeit. Wie die Angst vor dem Tod zum Sinn des Lebens führen kann. München: Blessing.

Kast, V. (2014). Was wirklich zählt, ist das gelebte Leben. Die Kraft des Lebensrückblicks. Freiburg im Breisgau: Herder.

Kastenbaum, R. & Aisenberg, R. B. (2002). Psychology of Death. New York: Springer.

Katechismus der katholischen Kirche (2005). München u.a.: St. Benno / Freiburg (Schweiz): Paulusverlag.

Kessler, H. (2015). Was kommt nach dem Tod? Über Nahtoderfahrung, Seele, Wiedergeburt, Auferstehung und ewiges Leben. 3. Auflage. Kevelaer: Butzon & Bercker.

Kierkegaard, S. (1992). Der Begriff der Angst. Ditzingen: Reclam.

Klug, A (2007). FESTD-Fragebogen zu Einstellungen zu Sterben, Tod und Danach. https://www.psycharchives.org/bitstream/20.500.12034/333/1/PT_9003494_FESTD_Fragebogen.pdf und http://klug-md.de/test/festd.htm [Zugriff: 24.6.2020].

Knuf, A. (2018). Widerstand ist zwecklos. Wie unser Leben leichter wird, wenn wir es annehmen, wie es ist. München: Kösel.

Körtner, U. H. J. (2014). Die letzten Dinge. Neukirchener Theologie. Neukirchen-Vluyn: Neukirchener Verlagsgesellschaft.

Kübler-Ross, E. (2012). Über den Tod und das Leben danach. 40. Auflage. Güllesheim: Silberschnur.

Kübler-Ross, E. (2014). Interviews mit Sterbenden. Freiburg im Breisgau: Herder.

Küng, H (2011). Ewiges Leben? 11. Auflage. Nachdruck. München: Piper.

Labitzke, K. & Kuhn-Flammensfeld, N. (o. J.). Spiritual Care und Seele in der Hospiz- und Palliativversorgung. Konzept der Sektion Seelsorge der deutschen Gesellschaft für Palliativmedizin. https://www.dgpalliativmedizin.de/images/stories/pdf/fachkompetenz/Spiritual_Care_Seelsorge_DGP_Endfassung_170915.pdf [Zugriff: 24.6.2020].

Längle, A. (2018). Sinnvoll leben. Eine praktische Anleitung der Logotherapie. 4. Auflage. St. Pölten: Residenz.

Langs, R. (2018). Death Anxiety and Clinical Practice. London: Routledge.

Lifton, R. J. (1979). Der Verlust des Todes. Über die Sterblichkeit des Menschen und die Fortdauer des Lebens. München: Hanser.

Lohfink, G. (2017). Am Ende das Nichts? Über Auferstehung und Ewiges Leben. Freiburg im Breisgau: Herder.

Maerker, A. & Forstmeier, S. (2013). Der Lebensrückblick in Therapie und Beratung. Berlin: Springer.

Mancuso, V. (2013). Die Seele und ihr Schicksal. München: Kösel.

Mehne, S. (2016). Der große Abflug. Wie ich durch meine Nahtoderfahrungen meine Angst vor dem Tod verlor. Ostfildern: Patmos.

Menzies, R. E. / Menzies, R. G. & Iverach, L. (2018). Curing the Dread of Death. Theory, Research and Practice. Samford Valley: Australian Academic Press.

Menzies, R. E. / Zuccala, M. / Sharpe, L. & Dar-Nimrod, I. (2018). The effects of psychosocial interventions on death anxiety. A meta-analysis and systematic review of randomised controlled trials. In: Journal of Anxiety Disorders, 59, S. 64–73.

Menzies, R. E. / Sharpe, L. & Dar-Nimrod, I. (2019). The relationship between death anxiety and severity of mental illnesses. In: British Journal of Clinical Psychology. https://doi.org/10.1111/bjc.12229.

Moody, R. A. (2017). Leben nach dem Tod. 18. Auflage. Reinbek bei Hamburg: Rowohlt.

Morschitzky, H. (2017a). Wenn Platzangst das Leben einengt. Agoraphobie bewältigen. Ein Selbsthilfeprogramm. Ostfildern: Patmos.

Morschitzky, H. (2017b). Angst und Sorgen die Macht nehmen. Selbsthilfe bei Generalisierter Angststörung. Ostfildern: Patmos.

Morschitzky, H. (2018). Endlich leben ohne Panik. Die besten Hilfen bei Panikattacken. 2. Auflage. Munderfing: Fischer & Gann.

Morschitzky, H. (2019a). Wenn Furcht zur Phobie wird. Ein Selbsthilfeprogramm. Spezifische Phobien verstehen und bewältigen. Ostfildern: Patmos.
Morschitzky, H. (2019b). Wenn Angst das Leben bestimmt. Erfolgreiche Selbsthilfe bei Angststörungen. Ostfildern: Patmos.
Morschitzky, H. & Hartl, T. (2019). Die Angst vor Krankheit verstehen und überwinden. 4. Auflage. Ostfildern: Patmos.
Morschitzky, H. & Sator, S. (2018). Die zehn Gesichter der Angst. Ein Handbuch zur Selbsthilfe. 8. Auflage. München: dtv.
Morschitzky, H. & Sator, S. (2020). Wenn die Seele durch den Körper spricht. Psychosomatische Störungen verstehen und heilen. 12. Auflage. Ostfildern: Patmos.
Müller, M. (2018). Dem Sterben Leben geben. Die Begleitung sterbender und trauernder Menschen als spiritueller Weg. Ergänzte und überarbeitete Neuausgabe. Gütersloh: Gütersloher Verlagshaus.
Müller, O. (2019). Altern. Sterben. Tod. Die Vergänglichkeit des Menschen aus der Sicht der Naturwissenschaften. Gütersloh: Gütersloher Verlagshaus.
Müller, W. (2010). Lebe mit Leidenschaft. Vom gelassenen Umgang mit unserer Angst vor dem Tod. Ostfildern: Patmos.
Müller-Busch, H.-C. (2016). Abschied braucht Zeit. Palliativmedizin und Ethik des Sterbens. 5. Auflage. Berlin: Suhrkamp.
Nauer, D. (2017). Gott – Woran glauben Christen? Verständlich erläutert für Neugierige. Stuttgart: Kohlhammer.
Nauer, D. (2018). Christliches Menschenbild heute? Verständlich erläutert für Neugierige. Stuttgart: Kohlhammer.
Neimeyer, R. A. (Ed.). (1994). Death Anxiety Handbook. Research, Instrumentation, and Application. New York: Taylor & Francis.
Noyon, A. & Heidenreich, T. (2012). Existenzielle Perspektiven in Psychotherapie und Beratung. Weinheim: Beltz.
Ochsmann, R. (1993). Angst vor Tod und Sterben. Beiträge zur Thanato-Psychologie. Göttingen: Hogrefe.
Ostaseski, F. (2017). Die fünf Einladungen. Was wir vom Tod lernen können, um erfüllt zu leben. München: Knaur.
Parnia, S. (2015). Der Tod muss nicht das Ende sein. Berlin: Scorpio.
Precht, R. D. (2012). Wer bin ich und wenn ja, wie viele? Eine philosophische Reise. München: Goldmann.
Radchenko, P. (2015). Zwischen Ende und Endlichkeit. Warum wir unseren Tod weder verdrängen noch beherrschen sollten. Marburg: Tectum.

Rahner, J. (2016). Einführung in die christliche Eschatologie. 2., durchgesehene und aktualisierte Auflage. Freiburg im Breisgau: Herder.

Ratzinger, J. (Benedikt XVI.) (2016). Eschatologie – Tod und ewiges Leben. 3. Auflage. Regensburg: Pustet.

Reichel, R. (2018). Vom Sinn des Sterbens. Gedanken und Anregungen für den Umgang mit Sterben und Sterbenwollen. Wien: Facultas.

Renz, M. (2015). Hinübergehen. Was beim Sterben geschieht. Annäherungen an letzte Wahrheiten unseres Lebens. Freiburg im Breisgau: Herder.

Riedel, C. (2017). Psychological Care am Lebensende: Psychotherapie in der Sterbe- und Trauerbegleitung. Stuttgart: Kohlhammer.

Ritter, M. & Ising, T. (2013). Das Allerletzte. Was Sie schon immer über den Tod wissen wollten. München: Riemann.

Roth, G. & Strüber, N. (2015). Wie das Gehirn die Seele macht. 6. Auflage. Stuttgart: Klett-Cotta.

Salm, C. zu (2013). Dieser Mensch war ich. Nachrufe auf das eigene Leben. München: Goldmann

Scherrer, L. (2015). Angst vor dem Tod – kann man sie verlieren? Eine empiriegeleitete Typologie. Bödldorf: Asanger.

Scheuermann, U. (2011). Wenn morgen mein letzter Tag wäre. So finden Sie heraus, was im Leben wirklich zählt. München: Knaur.

Schlitz, M. (2016). Das Mysterium vom Leben und Sterben. Die Angst vor dem Tod verlieren und erfüllter leben. München: Trinity.

Schneider, T. (2012). Was wir glauben. Das Apostolische Glaubensbekenntnis verstehen. 2. Auflage. Ostfildern: Grünewald.

Schnell, T. (2016). Psychologie des Lebenssinns. Berlin: Springer.

Schulz, R. (2019). So sterben wir. Unser Ende und was wir darüber wissen sollten. München: Piper.

Sogyal Rinpoche (2010). Das Tibetische Buch vom Tod und vom Sterben. Ein Schlüssel zum tieferen Verständnis von Leben und Tod. 13. Auflage. München: Knaur.

Solomon, S. / Greenberg, J. & Pyszczynski, T. (2016). Der Wurm in unserem Herzen. Wie das Wissen um die Sterblichkeit unser Leben beeinflusst. München: Deutsche Verlagsanstalt.

Sörries, R. (2015). Vom guten Tod. Die aktuelle Debatte und ihre kulturgeschichtlichen Hintergründe. Kevelaer: Butzon & Bercker.

Stavemann, H. H. (2017). Lebensziele in Therapie und Beratung. Sinn- und Wertefragen klären, Handlungsziele bestimmen. 2., überarbeitete Auflage. Weinheim: Beltz.

Stavemann, H. H. & Hülsner, Y. (2019). Integrative KVT bei existenziellen Problemen. Umgang mit der eigenen Endlichkeit und Todesangst. Weinheim: Psychologie Verlags Union.
Tausch, A.-M. (2017). Gespräche gegen die Angst. Krankheit – ein Weg zum Leben. Reinbek bei Hamburg: Rowohlt.
Tomer, A. / Eliason, G. T. & Wong, P. T. P. (2007). Existential and Spiritual Issues in Death Attitudes. New York: Laurence Erlbaum.
Trachsel, M. & Maerker, A. (2016). Lebensende, Sterben und Tod. Fortschritte der Psychotherapie. Band 61. Göttingen: Hogrefe.
Tugendhat, E. (2006). Über den Tod. Frankfurt am Main: Suhrkamp.
Union Evangelischer Kirchen in der EKD (2008). Unsere Hoffnung auf das ewige Leben. 2. Auflage. Neukirchen-Vluyn: Neukirchener Verlagsgesellschaft.
Utsch, M. / Bonelli, R. M. & Pfeiffer, S. (2014). Psychotherapie und Spiritualität. Mit existenziellen Konflikten und Transzendenzfragen professionell umgehen. Berlin: Springer.
Van Lommel, Pim (2014). Endloses Bewusstsein. Neue medizinische Fakten zur Nahtoderfahrung. Neuausgabe der 6. Auflage. Ostfildern: Patmos.
Vetter, D. (1985). Leben nach dem Tod im Judentum. In: A. Th. Khoury & P. Hünermann (Hg.) Weiterleben – nach dem Tode? Die Antwort der Weltreligionen (S. 85–102). Freiburg im Breisgau: Herder.
Vogel, R. T. (2012). Todesthemen in der Psychotherapie. Ein integratives Handbuch zur Arbeit mit Sterben, Tod und Trauer. Stuttgart: Kohlhammer.
Vogel, R. T. (2015). Der Tod ist groß, wir sind die Seinen. Mit dem Sterben leben lernen. Patmos: Ostfildern.
Ware, D. (2015). 5 Dinge, die Sterbende am meisten bereuen. Einsichten, die Ihr Leben verändern werden. 15. Auflage. München: Goldmann.
Wetz, F. J. (2018). Tot ohne Gott. Eine neue Kultur des Abschieds. Aschaffenburg: Alibri.
Wittkowski, J. (1990). Psychologie des Todes. Darmstadt: Wissenschaftliche Buchgesellschaft.
Wittkowski, J. (1996). FIMEWST Fragebogeninventar zur mehrdimensionalen Erfassung des Erlebens gegenüber Sterben und Tod. Göttingen: Hogrefe.
Wittkowski, J. (2002). Psychologie des Todes: Konzepte, Methoden, Ergebnisse. In: Verhaltenstherapie und Verhaltensmedizin, 23, S. 1–29.

Wittkowski, J. (Hg.). (2003). Sterben, Tod und Trauer. Stuttgart: Kohlhammer.

Wittkowski, J. & Strenge, H. (2011). Warum der Tod kein Sterben kennt. Neue Einsichten zu unserer Lebenszeit. Darmstadt: Wissenschaftliche Buchgesellschaft.

Wittwer, H. (2014). Der Tod. Philosophische Texte von der Antike bis zur Gegenwart. Ditzingen: Reclam.

Wittwer, H. / Schäfer, D. & Frewer, A. (Hg.). (2015). Sterben und Tod. Geschichte – Theorie – Ethik. Ein interdisziplinäres Handbuch. Stuttgart: Metzler.

Yalom, I. D. (2010a). Existenzielle Psychotherapie. 5., korrigierte Auflage. Bergisch Gladbach: Edition Humanistische Psychologie – Verlag Andreas Kohlhage.

Yalom, I. D. (2010b). In die Sonne schauen. Wie man die Angst vor dem Tod überwindet. 12. Auflage. München: btb.

Zulehner, P. M. (2020). Wandlung. Religionen und Kirchen inmitten kultureller Transformation. Ostfildern: Grünewald.